*Sylvia Egli von Matt* ist Direktorin des MAZ, der Schweizer Journalistenschule in Luzern. Sie arbeitete zuvor als freie Journalistin und Redakteurin für verschiedene Tageszeitungen, Wochenpublikationen und das Schweizer Radio DRS. Sie ist Mitglied diverser Jurys für Journalismuspreise, Vizepräsidentin der European Journalism Training Association EJTA sowie Gründungspräsidentin des schweizerischen Vereins »Qualität im Journalismus«.

*Hanspeter Gschwend* arbeitet als Redakteur für Politik, Gesellschaft und Kultur beim Schweizer Radio DRS. Verfasser von Hörspielen, Erzählungen, Essays und Sachbüchern. Verschiedene Preise, u. a. »Prix Europa – Bestes europäisches Hörspiel 1997«.

*Hans-Peter von Peschke* ist vor allem für das Schweizer Radio DRS, aber auch als freier Journalist und Publizist tätig. Er war zuvor beim Bayerischen Rundfunk in München und erhielt für seine groß angelegten Hintergrundsendungen mehrere Preise.

*Paul Riniker* produziert in seiner Firma eigene und fremde Dokumentarfilme. Er war zuvor 30 Jahre beim Schweizer Fernsehen als Redakteur und Produzent tätig. Er drehte mehr als 70 Dokumentarfilme, vornehmlich Porträts, für die er mehrfach ausgezeichnet wurde.

Sylvia Egli von Matt
Hanspeter Gschwend
Hans-Peter von Peschke
Paul Riniker

# Das Porträt

2., überarbeitete und erweiterte Auflage

HERBERT VON HALEM VERLAG

Praktischer Journalismus
Band 54

**Bibliografische Information der Deutschen Nationalbibliothek**
Die Deutsche Nationalbibliothek verzeichnet diese Publikation
in der Deutschen Nationalbibliografie; detaillierte
bibliografische Daten sind im Internet über
http://dnb.ddb.de abrufbar.

Sylvia Egli von Matt / Hanspeter Gschwend /
Hans-Peter von Peschke / Paul Riniker
*Das Porträt*
Praktischer Journalismus, 54
Köln: Halem, 2018

ISBN 978-3-7445-0061-6
ISSN 1617-3570

Dies ist ein Nachdruck der Originalausgabe aus dem Jahr 2008,
erschienen bei UVK unter der ISBN 978-3-86764-061-9

Alle Rechte, insbesondere das Recht der Vervielfältigung und Verbreitung
sowie der Übersetzung, vorbehalten. Kein Teil des Werkes darf in irgendeiner
Form (durch Fotokopie, Mikrofilm oder ein anderes Verfahren) ohne schriftliche
Genehmigung des Verlages reproduziert oder unter Verwendung elektronischer
Systeme (inkl. Online-Netzwerken) gespeichert, verarbeitet, vervielfältigt
oder verbreitet werden.

© 2018 by Herbert von Halem Verlag, Köln

EINBANDGESTALTUNG: Susanne Fuellhaas, Konstanz
EINBANDFOTO: © Istock Inc.
LEKTORAT: Artur Göser, Stockach
SATZ: Claudia Wild, Stuttgart
DRUCK: fgb · freiburger graphische betriebe, Freiburg

Herbert von Halem Verlagsgesellschaft mbH & Co. KG
Schanzenstr. 22, 51063 Köln
Tel.: +49(0)221-92 58 29 0
E-Mail: info@halem-verlag.de
URL: http://www.halem-verlag.de

# Inhalt

Vorwort .................................................. 9

1   **Menschen schreiben Geschichten** ..................... 11

2   **Definition des Porträts** ............................. 17

3   **Kurzformen des Porträts** ............................ 19

4   **Chancen und Risiken des Porträts** ................... 25
4.1   Die Themenwahl ................................. 25
4.2   Wann eignen sich Porträts? ...................... 26
4.3   Wo Warnsignale aufleuchten sollten ............... 29
4.4   Acht Gefahren .................................. 32
      Fotoblock 1: Künstlerinnen ....................... 35

5   **Am Anfang steht die Reflexion** ...................... 41

6   **Vorbereitung des Porträts** .......................... 47
6.1   Die Recherche ................................... 47
6.2   Den eigenen Standpunkt klären ................... 51
6.3   Themen vorbereiten .............................. 52
6.4   Ort und Zeit .................................... 53
      Fotoblock 2: Home Stories ........................ 57

7   **Grundlage des Porträts: der persönliche Kontakt** ..... 63
7.1   Kleine Psychologie des Gesprächs ................. 63
7.2   Erste Eindrücke nutzen .......................... 70
7.3   Kleine Hilfsmittel .............................. 71

8   **Die Verarbeitung: vom Zauber zum Wahn** .............. 73
8.1   Nähe und Distanz ................................ 73
8.2   Dramaturgie ..................................... 76

| 8.3 | Die Sprache | 86 |
|---|---|---|
| 8.4 | Nachbereitung | 88 |
| | Fotoblock 3: Manager | 93 |

| 9 | **Das Porträt in den verschiedenen Medien** | 97 |
|---|---|---|
| 9.1 | Radio | 97 |
| 9.2 | Fernsehen | 106 |
| 9.3 | Fotografie | 114 |
| 9.4 | Multimedia | 118 |

| 10 | **Porträts sind so alt wie die Menschen – ein kurzer Rückblick** | 127 |
|---|---|---|
| 10.1 | Ein Blick in die Presse | 130 |
| 10.2 | Das Porträt in der Fotografie | 132 |
| 10.3 | Töne für das innere Auge | 136 |
| 10.4 | Das Porträt im Fernsehen | 142 |
| | Fotoblock 4: Kinder | 147 |

| 11 | **Beispiele** | 151 |
|---|---|---|
| 11.1 | Elisabeth Pletscher: Appenzeller Jungbrunnen | 151 |
| 11.2 | Jürgen E. Schrempp: Prügelknabe Rambo | 158 |
| 11.3 | Margrit Staub-Hadorn: Gedankenfetzen zum Tag | 168 |
| 11.4 | Daniel Hope: Der Geniestreicher | 171 |
| 11.5 | Roger Federer: Global Player | 173 |
| 11.6 | Claudia Schiffer: »Hey Baby, come Girl, happy happy – sehr schön!« | 180 |
| 11.7 | Gerhard Schröder: Bär vor gefülltem Honigtopf | 185 |
| 11.8 | Roeland Wiesnekker: Ich ging nie an Anlässe | 190 |
| 11.9 | Otto Schily: Der doppelte Otto | 192 |
| | Fotoblock 5: Vereinsmenschen | 205 |

| 12 | **Aus der Sicht Oft-Porträtierter** | 211 |
|---|---|---|
| 12.1 | Keto von Waberer (Schriftstellerin, München):<br>»Ansprüche der porträtierten Person spiegeln« | 211 |
| 12.2 | Hanspeter Uster (ehemaliger Zuger Regierungsrat):<br>»Die Grenze zur Beliebigkeit...« | 213 |
| 12.3 | Renate Schmidt (ehemalige SPD-Chefin Bayerns):<br>»Frauen nicht aufs Frausein reduzieren« | 215 |
| 12.4 | Werner Schneyder (Kabarettist):<br>»Wir brauchen sie, die Interviewer« | 217 |

12.5 Jana Caniga (Unternehmerin und ehemalige Fernsehmoderatorin):
»Je stärker die Persönlichkeit ...« .......................... 223

Literatur ............................................... 227
Register ............................................... 229

## Vorwort

Dieses Buch ist ein Plädoyer für das Porträt als eigenständige Form.

Das Porträt, wie es hier propagiert wird und dessen Bedingungen in diesem Buch aufgezeigt sind, ist ein Ideal, das im journalistischen Alltag auf Grund der ökonomischen, zeitlichen und anderweitigen Umstände selten erreicht wird. Dennoch ist es sinnvoll, sich Gedanken zu machen, die über die gewohnte Praxis hinausgehen. Nur wer nach besserem Journalismus strebt, ist davor gefeit, Konzessionen zu machen, bevor sie zwingend sind.

Schließlich sind wohl die meisten mit Erwartungen und Hoffnungen in den Journalismus eingestiegen, die in der Alltagshektik nur allzu oft enttäuscht werden und einem – leider schon fast berufstypischen – Zynismus Platz machen. Etwas Rückbesinnung auf Ideale, ein kurzes Innehalten kann kleine Wunder bewirken, und plötzlich zeigen sich Möglichkeiten, unserem Beruf wieder mehr Gehalt zu geben. Wenn wir wissen, was guter Journalismus leisten könnte, und wenn wir das uns und anderen möglichst oft beweisen, ist vermutlich die immer wieder erlebbare Spannung zwischen Anspruch und Wirklichkeit leichter auszuhalten.

Dennoch ist das Buch praxisorientiert. Es setzt sich zuerst mit den verschiedenen Formen des Porträts auseinander, liefert theoretische Überlegungen zu ethischen Fragen, die zur Selbstreflexion anregen sollen. Dann folgen ganz praktische Anleitungen, beginnend von dem Moment an, in dem wir ein Porträt in unserer Redaktion vorschlagen, über die Vorrecherche, die Vorbereitung der Begegnung, das Porträtgespräch selbst bis hin zur Verarbeitung und Nachbereitung. Diese praktischen Hinweise sind nicht apodiktisch gemeint, sondern als Anregungen zu verstehen für den immer wieder beschwerlichen Weg gelingenden Produzierens. In Kapitel 8 werden medienspezifische Eigenheiten beleuchtet. Das Schlusskapitel ist dreigeteilt: Es beginnt mit einem kurzen geschichtlichen Abriss zum Porträt, dann folgen Gespräche mit Oft-Porträtierten, die Erfahrungen, Wünsche und Ideen liefern. Schließlich sind beispielgebende Porträts abgedruckt, die Mut machen sollen.

Wir haben für dieses Buch all unsere praktischen Erfahrungen einfließen lassen und versucht, möglichst handfeste Hinweise zu geben. Auch und gerade bei so anspruchsvollen journalistischen Formen wie dem Porträt ist vieles schlichtes Handwerk, das beherrscht und beherzigt werden sollte. Wir waren uns nicht immer einig und haben in der Auseinandersetzung voneinander gelernt. Wir haben das im Buch ebenso deutlich gemacht wie die unterschiedlichen Bereiche, aus denen wir kommen. Gerade bei den praktischen Hinweisen haben wir Printmedien, Radio, Fernsehen und Online getrennt. Unabdingbar wichtig war für uns ein Teil, der sich mit dem Fotoporträt beschäftigt. Wir haben die Ausführungen darüber in einen historischen und einen zusammenfassenden praktischen Teil getrennt.

Wir würden uns freuen, wenn unser Buch in einer Zeit verflachender Personalisierung Mut zu einer der spannendsten und bereicherndsten Formen des Journalismus machen könnte, zum Porträt.

Wir können an dieser Stelle allen danken, die uns mit ihren Anregungen und ihrer Kritik bei diesem Buch geholfen haben. Besonders erwähnen aber möchten wir Nadine Olonetzky, die den Teil zur Fotografie geschrieben hat, Nicole Aeby, Studienleiterin Fotografie am MAZ – Die Schweizer Journalistenschule, die uns mit Rat und Tat zur Seite stand, Caroline Minjolle, die Fotografin, die uns ihre Porträtaufnahmen zum Abdruck zur Verfügung gestellt und kurz kommentiert hat sowie Gabriela Murer, die uns das Register erstellt hat. Wir danken schließlich den Studierenden des MAZ. Die jungen Journalistinnen und Journalisten haben uns durch ihre Diskussionen und ihr stetes Hinterfragen etliche Anregungen und Anlässe zum Nachdenken gegeben.

Ein letztes Wort zur Sprache: Der Lesbarkeit zuliebe sind in diesem Buch nicht konsequent beide Formen, die männliche und weibliche, geschrieben, wir wechseln aber nach Möglichkeit ab.

*Sylvia Egli von Matt*
*Hanspeter Gschwend*
*Hans-Peter von Peschke*
*Paul Riniker*

# 1    Menschen schreiben Geschichten

Menschen faszinieren – auch uns Journalisten. Begegnungen und Gespräche verwandeln ansonsten trockene Berichte in farbige, authentische Geschichten. Wenn wir Probleme oder fernes Geschehen über Menschen vermitteln, entwickelt unser Publikum eine Beziehung zu dem, was es liest, hört oder sieht. Und weil wir gelesen, gehört oder gesehen werden wollen, spielen Menschen in unserer journalistischen Arbeit eine wichtige Rolle.

Verleger, Radio- und Fernsehdirektoren wissen: Geschichten mit und um Menschen verkaufen sich, »bringen Quote«. Als Konsequenz erleben wir in den letzten Jahren verstärkt, dass beliebige Themen über Personen abgehandelt werden; und immer häufiger genügt allein schon ein bekannter Name, um grenzenlose Belanglosigkeiten druckfähig zu machen. Illustrierte, Wochenblätter und Boulevardzeitungen wissen: Ein bekannter Filmstar, eine Goldmedaillengewinnerin oder ein Minister im Pool auf dem Titelblatt steigern die Auflage, auch wenn dahinter bedeutungslose Storys oder gar Nullmeldungen stehen.

Die totale Personalisierung scheint zu funktionieren, bringt Einschaltquoten und Verkaufszahlen. Diese Entwicklung nutzen die Einflussreichen unserer Tage, um sich in der Öffentlichkeit ins rechte Licht zu setzen. Im labilen Gefüge von Prestige und Macht spielen die Medien mit und werden gleichzeitig instrumentalisiert. Geschichten über Menschen bieten Identifikationsmöglichkeiten – effektive und scheinbare: Eine Band wie »Take That«, vier erfolgreiche junge Männer, mag Jugendliche ermutigen; Roger Federer oder David Beckham stehen für Lust auf Spitzenleistungen; ein Mann wie Bill Gates dafür, dass das Märchen vom Tellerwäscher zum Millionär gelegentlich wahr wird. Mächtige und Berühmte unserer Zeit helfen – als Projektions- und Identifikationsobjekte – den Lesern und Radio/TV- und Internet-Konsumenten durch die Öde der Orientierungs- und Ideologielosigkeit.

Personalisierung steuert der Verunsicherung entgegen, sie liegt deshalb im Trend. In ihrer besten Form kann sie helfen, komplizierte Sachverhalte verständlicher zu machen. Verbreiteter ist leider die mit dem Ruf nach dem Schuldigen verbundene Personifizierung eines Problems. Gertrud Erismann Peyer, ehemalige Pressesprecherin und Direktionsmitglied einer Schweizer Großbank, erlebte dies so:

> »Mechanismen in Wirtschaft und Politik sind in ihrer heutigen Komplexität schwer zu vermitteln. Deshalb will man heute nicht einfach eine Institution,

eine Großbank beispielsweise. Man sucht einen Menschen, der dann auch verantwortlich gemacht werden kann für die Geschehnisse, jemanden, auf den man seine Wut projizieren kann. Auf eine Bank kann man ja kaum böse sein, auf einen Direktionspräsidenten schon.«

Wenn die Aktien der Deutschen Telekom absacken werden der oder die »Schuldigen« in die Zange genommen. Das ist richtig und legitim, denn die Akteure sind auf Grund ihres politischen Mandats oder ihrer Funktion verantwortlich. Oft jedoch werden während des munteren publizistischen Kesseltreibens komplexere Zusammenhänge und strukturelle Probleme ausgeblendet. Nach erfolgreicher Hatz, nach Rücktritt oder wenigstens Schuldeingeständnissen der Angefeindeten gehen die Medien dann zur Tagesordnung über.

Inmitten dieser Flut von Geschichten über Menschen, Homestories, Personifizierungen und Schuldzuweisungen steht das Porträt, wie wir es verstehen, eher quer in der Medienlandschaft. Es hebt sich ab, weil es eine eigene journalistische Form ist, die sich nicht einfach eines Menschen »bedient«. Beim Porträt, wie wir es verstehen, interessiert die Auseinandersetzung mit einer Person, von der wir überzeugt sind, dass sie und ihre Geschichte auch unser Publikum interessiert. Es ist die sachgerechte und künstlerische Aufbereitung einer journalistischen Begegnung. Vielleicht gelingt es uns dabei, allgemeine Probleme durch Beschreibung von Menschen, die sie erfahren oder erlitten haben, verständlicher zu machen. Es ist der liebevolle oder zumindest faire Versuch, Menschen so zu schildern, wie sie sind, mit all ihren Schwächen und Vorzügen.

Der derzeitige Trend zur Personalisierung spricht nicht gegen das Porträt, im Gegenteil! Aber er verlangt nachdrücklich, diese faszinierende Form mit großer Sorgfalt anzuwenden. Dazu gehören namentlich Reflexion und Selbstreflexion und das Erkennen der Tatsache, wie relativ auch bei der Gattung des Porträts der Begriff »Wahrheit« ist.

Truman Capote formuliert es im Vorwort seines Buchs »Wenn die Hunde bellen« so:

> »Alles in diesem Buch beruht auf Tatsachen, was nicht heißt, dass es wahr ist; es ist so wahr, wie ich es vermag. Journalismus aber kann niemals völlig ungetrübt sein – ebenso wenig wie das Bild der Kamera, denn schließlich ist die Kunst kein destilliertes Wasser: Persönliche Wahrnehmungen, Vorurteile, das eigene Gefühl für Trennschärfe trüben die Reinheit der keimfreien Wahrheit […].« (Capote, 1992)

Gerade wenn wir den Kern, das Wesentliche einer bedeutenden oder faszinierenden Person herausarbeiten wollen, ist die Gefahr des Irrtums groß. Wenn Max

Frisch festhält: »Jeder Mensch erfindet früher oder später eine Geschichte, die er für sein Leben hält«, heißt das auch, dass wir Journalisten nicht nur unsere eigenen Geschichten, sondern gern auch die anderer erfinden und diese dann auch noch für das wahre Leben ausgeben.

Zugleich sollten wir uns bewusst sein, dass Porträtieren Macht ausüben heißt. Die Linguistin Susanne Kappeler schreibt zu Recht: »Darstellung durch andere ist Fremdbestimmung, ist Ausübung von Macht.« Ob wir wollen oder nicht, wir greifen in das Leben eines anderen Menschen ein, wenn wir sein Porträt schreiben oder für Radio/Fernsehen produzieren. Daran ist nichts Amoralisches, denn jede menschliche Tätigkeit birgt in sich die Möglichkeit, die Tätigkeit anderer einzuschränken, festzulegen oder zu steuern. Dennoch stellen wir diesem Buch bewusst den Hinweis voran, dass jedem Porträt die Gefahr eines Übergriffs innewohnt.

## Das Porträt – eine anspruchsvolle Form

In diesem Sinne ist ein Porträt eine potente, sinnvolle, journalistisch vielschichtige Form, die zwar auch mit Identifikation und Projektion arbeitet, die aber einen bewussten und subtilen Umgang damit voraussetzt. Gute Porträts machen ebenso viel Arbeit wie Spaß, sie können Höhepunkte in unserem Schaffen sein.

Das Porträt ist anspruchsvoll, weil es von den Journalistinnen und Journalisten verlangt, dass sie sich – mehr noch als bei ihrer sonstigen Tätigkeit – klar werden über ihre eigenen Gefühle, Vorurteile, ihre eigenen Projektionen und Identifikationen. Und weil ein Porträt nur verfassen sollte, wer grundsätzlich die Würde seines Gegenübers achtet und sich jederzeit Rechenschaft darüber ablegt, dass ein Porträt eine interaktive Form ist, die die Person des Journalisten und die des Porträtierten in ihrer Verletzlichkeit tangiert. Dazu eine kommunikationstheoretische Vorbemerkung:

> »Nicht Dinge, sondern Funktionen machen das Wesen unserer Wahrnehmungen aus […]. Auch die Selbsterfahrung des Menschen beruht im Wesentlichen auf der Erfahrung von Funktionen, von Beziehungen, in die er einbezogen ist, mag er diese Beziehungen rein subjektiv auch noch so sehr ihres Funktionscharakters entkleiden und verabsolutieren oder verdinglichen.« (Watzlawick, 1974)

Das ist eine vor dreißig Jahren noch fast revolutionäre Ansicht, heute ist sie Standard der Kommunikationstheorie, die uns auf die wichtigsten Prinzipien und Voraussetzungen des Porträts verweist.

Eine Botschaft, der Inhalt einer Zeitungsmeldung, eines Radio- oder TV-Berichtes kann nicht allein aus sich selbst heraus verstanden, bewertet und eingeordnet werden – ohne Vorwissen und vor allem ohne Wissen um den Übermittler der Botschaft (Zeitung, Radio, TV-Station, Internet) und dessen gesellschaftlichen Kontext. Sowohl beim Herstellen einer Botschaft als auch in der Aufnahme durch die Leserinnen, Hörer und Zuschauerinnen finden Rückkopplungsprozesse statt.

Bei der gewöhnlichen Meldung wird auf Grund bewusster oder unbewusster Konventionen die Fiktion aufrechterhalten, es handle sich um objektive, »dingliche« Fakten; beim Porträt jedoch verlangt offenbar der Gerechtigkeitssinn der Leserinnen und Leser – weil es hier um Persönliches geht und Wertungen von selbst einfließen – nach einer Reflexion der Verhältnisse. Die Haltung des Autors wird vom Publikum nachgefragt und damit ein Teil der Botschaft.

So ist in der journalistischen Form des Porträts die Frage nach der Funktion der Überbringer, mithin nach deren Position gegenüber den Porträtierten, zentral. Im Gegensatz zum Kommentar, in dem die Schreibenden zwar begründen, werten und damit ihren eigenen Standpunkt statisch fixieren, ist die Arbeit der Porträtisten ein dynamischer Prozess, in den nicht nur die Konsumenten des Porträts, sondern auch der Porträtierte eingreift. Daraus ergibt sich von selbst, dass es beim Porträt den Journalisten verwehrt ist, sich allwissend über die Porträtierten zu stellen. Der Rückzug auf eine so genannte »neutrale Position«, auf die Stellung des objektiven Richters führt zum Scheitern. Dies kann und wird der Porträtierte, wenn wirklich Begegnung und Auseinandersetzung stattfinden, nicht mit sich machen lassen. Und auch der Autor des Porträts weiß, dass er nicht mehr kann als eine faire Annäherung an das, was er in der Begegnung erlebt hat. Anders als die Biografie, die Einordnung einer Person und ihres Lebens in Gesellschaft und Geschichte, ist das Porträt eine Momentaufnahme, die den Fokus auf ganz bestimmte überraschende, interessierende, charakteristisch scheinende Aspekte der Porträtierten richtet.

Gerade vor diesem Hintergrund sind wir uns Rechenschaft darüber schuldig, dass ein Porträt nur mit einer Portion Sympathie möglich ist. Ohne den kritisch liebenden Blick wird das Porträt schnell zur Häme, zur Beschimpfung, und disqualifiziert den Porträtierenden – nicht die Porträtierte. Unserer Ansicht nach unverzichtbare Voraussetzungen eines Porträts sind: respektvolle Neugierde, Achtung vor dem Schicksal der Porträtierten, die Bereitschaft, sich wirklich einzulassen und auf Dinge zu stoßen, die weder voraussehbar noch programmierbar sind. So wird es – zusammen mit der unbestreitbaren Faszination interessanter Menschen – eine journalistische Form, die den Funktionscharakter menschlicher Kommunikation zwingend mitreflektiert und unser Publikum in die Begegnung, die wir selbst erlebt haben, mitnimmt. Daraus bezieht das Porträt einen wesentlichen Teil seiner Attraktivität.

Wer sich dieser Vorgaben bewusst ist, legt sich Rechenschaft ab über die Subjektivität jedes Porträts. Ist das Streben nach einer stets weit entfernten »Objektivität«

bei anderen journalistischen Formen zumindest teleologisch gerechtfertigt, kann dies beim Porträtieren nicht genügen. Hier ist Subjektivität so offensichtlich, dass sie nicht mehr auszuklammern ist; sie ist qualitativ zu deklarieren.

Ein Porträt soll den Prozess der Annäherung spürbar machen. Die innerpsychischen Prozesse der Autorin müssen sich im Porträt spiegeln.

Im Folgenden werden Regeln, wird das Allgemeingültige für das Porträt in den Print- und den elektronischen Medien aufgezeigt. Dabei sollte aber stets bewusst bleiben, dass Persönlichkeit und Engagement der Macherin oder des Machers maßgeblich sind für die Qualität des Porträts.

## 2   Definition des Porträts

Rudolf Augstein sagte in einer Rede über das »Spiegel«-Konzept:

> »Versuche dem Zeitgenossen das Zeitgeschehen klar zu machen anhand der Personen, die es vorantreiben! Personen sind farbiger und erregen mehr Interesse als abstrakte Vorgänge. Personen machen eine Geschichte lebendig. Nichts ist interessanter für den Menschen als der Mensch ... Es kann gesagt werden, dass die aktuelle Nachricht ungleich mehr Interesse erregt, wenn es gelingt, sie in Beziehung zu setzen zu den Eigenarten von Persönlichkeiten.«

Hans Magnus Enzensberger indes schreibt, ebenfalls in einem Text über den »Spiegel«:

> »Human interest, Storys aus Fleisch und Blut: Solche Parolen gründen auf der Scheinwahrheit, dass Geschichte vom Einzelnen gemacht wird.«

Diese zwei kurzen Aussagen umfassen praktisch die ganze Debatte über das journalistische Porträt, zeigen eindrücklich Chance und Gefahr. Und sie verdeutlichen, wie unterschiedlich diese Gattung verstanden wird.

Das vorliegende Buch ist ein Plädoyer für das Porträt als eigenständige große Form. Wir subsumieren diese journalistische Darstellungsform nicht unter Feature und auch nicht unter Reportage.

Ein Porträt ist eine *Auseinandersetzung* mit einer Person, welche die Medienschaffenden interessiert und von der man annehmen kann, dass sie auch andere interessiert. Im Mittelpunkt steht die journalistische Aufbereitung einer *Begegnung*. Wegleitend ist das Thema, das man an den Anfang der Porträtarbeit setzt. Dieses wird in der Begegnung modifiziert.

Das Porträt *beschreibt, reflektiert, analysiert.* Es ist eine Mischung aus Eckdaten der Person, geschildertem, beobachtetem, beschriebenem und gewichtetem Lebenslauf, sowie aus Reflexionen über Persönlichkeit, Charaktermerkmale, über Kongruenzen und Widersprüche.

Die Medienleute bringen sich beim Porträt selbst sehr stark ein, ob sie dies erklären oder nicht. Das Porträt ist demnach *Dokumentation und Interpretation* zugleich. Das führt zu Fiktion, denn Abbildung ist immer auch Inszenierung. Ein Mensch wird durch das mit ihm verknüpfte Thema zu öffentlichen Zwecken aus seinem Umfeld herausgeholt und, bei allem Bemühen um Objektivität, um Herausschälen seiner Identität, in eine neue Geschichte verwoben.

Ein Porträt ist stets eine *Momentaufnahme*: So sieht eine Journalistin, ein Journalist eine Person hier und heute. In diesem Sinne ist ein Porträt immer zu einem guten Teil auch *Spiegelung der Medienleute*, denn wir können beim Gegenüber nur das wahrnehmen, was uns selbst bewegt und interessiert.

In dem Maß, in dem das Porträt wirklich das Porträt eines Menschen ist, muss es *unverwechselbar* sein. Gleichzeitig aber sollte es eine gewisse Transparenz und gesellschaftliche Relevanz haben und stellvertretend für andere Menschen wirken. In diesem Maße muss es *allgemein gültiger* sein.

Jürgen Leinemann sagt: »Das journalistische Porträt ist ein *Instrument der Aufklärung*. Ein Mensch wird erkennbar, vielleicht sogar verständlich.«

Ebenso deutlich wird die Form, wenn wir definieren, was sie nicht ist: Ein Porträt ist weder Kommentar noch Interview, weder Biografie noch Nekrolog noch Selbstporträt, weder Pamphlet noch Abrechnung und auch keine Lobeshymne.

Es stellt sich die Frage, ob eine Person nicht ebenso gut oder gar besser in einem Interview dargestellt werden kann. Wir meinen: Ja und Nein. Beim Porträtieren stellen wir ausschliesslich die Person ins Zentrum, beleuchten nur sie, dafür von allen Seiten. Wir lassen sie sprechen und wir reflektieren sie. Im Interview fallen Beobachtungen, Interpretationen und emotionale Feinheiten tendenziell weg. Dafür kommen mehr die verbalen Stärken oder Schwächen zum Ausdruck, Eloquenz, Ausdruck, Sachwissen. Doch wenn sehr wenig Zeit für die Herstellung einer Geschichte über eine Person bleibt, ist das Interview zur Person eine gute Alternative. Das Porträtinterview wird als Form des Porträts gar immer beliebter. Selbst »Menschen und Horizonte«, eine Porträtsendung von Schweizer Radio DRS, besteht heute weitestgehend aus Interviews. Das Interview muss allerdings klar und eindeutig zur Person geführt werden.

# 3 Kurzformen des Porträts

Wir setzen uns in diesem Buch primär mit dem klassischen Porträt auseinander. Dieses bedingt Zeit für die Erarbeitung und angemessenen Platz in der Zeitung und den Sendern. Beides ist jedoch im Alltag nicht immer vorhanden, deshalb sind in den letzten Jahren verschiedene Varianten entstanden. Wir stellen diese an den Anfang, widmen aber der klassischen, großen Form den Hauptteil des Buches.

## Kurzporträts in Zeitungen und Zeitschriften

Viele Redaktionen leiden an Zeitmangel. Und gleichzeitig weiß man, wie gern Menschen über andere Menschen lesen. Was liegt da näher als jemandem schnell ein paar Fragen zu stellen und die Antworten zu einem so genannten kleinen Porträt zusammenzumischen. Noch einfacher ist es, wenn das – meist schriftlich geführte – Kurzinterview gleich als solches abgedruckt wird.

Volontäre erklären auch immer wieder, dass sie gern Porträts schreiben würden, die Redaktion ihnen aber nur zwei, drei Stunden und kaum mehr als 60 bis 80 Zeilen zur Verfügung stellt. Ein wirkliches Porträt ist da nicht möglich. Wir raten dann, lieber eine andere Form zur wählen, ein »Gespräch mit...«, oder eine »Begegnung mit...« oder eine »Annäherung an...«. So betreibt man keinen Etikettenschwindel.

Die Länge indes sagt nichts über die Qualität eines Porträts aus. Die »NZZ am Sonntag« schafft es immer wieder, auf relativ wenig Raum pointierte Nachrufe auf bekannte und unbekannte Menschen zu schreiben. Sie fußen meist nicht auf einer persönlichen Begegnung, beinhalten aber so viele Facetten und oft auch Anekdoten, dass die Leser das Gefühl bekommen, die Person tatsächlich noch kennenzulernen. Solche Texte brauchen jedoch kaum weniger Zeit als ausgewachsene Porträts.

Der Zürcher Tages-Anzeiger stellt, wie andere Publikationen auch, den Kopf des Tages vor. Auch diese Texte basieren nicht auf Gesprächen, sie sind Zusammenschnitte aus verschiedenen Publikationen. Ist der Text attraktiv aufgebaut und gut geschrieben, sind diese Kurporträts durchaus lesenswert – als Ergänzung zu den klassischen, großen, die einen länger mit der Person verweilen lassen.

Da für Kurzformen oft wesentlich kürzere Produktionszeiten berechnet werden, drohen mehr Gefahren. Die Würde von Porträtierten beispielsweise wird öfter verletzt als in längeren Beiträgen, weil die dargestellten Menschen fast immer auf einen einzigen Aspekt reduziert werden. Es besteht so die Gefahr der entstellenden Eindeutigkeit, die keinerlei Zwischentöne oder Nuancen zulässt. Die Form darf nicht missbraucht werden, um irgendwelche Thesen zu belegen.

Ein professionell gemachtes Kurzporträt kann höchst attraktiver Lesestoff sein und einen differenzierten Einblick in menschliche Realitäten geben. Die »NZZ am Sonntag« hat für die 5000 Zeilen ihrer Nachrufe einen speziellen Raster definiert. Der leitende Redakteur Willi Wottreng beschreibt ihn wie folgt:

»Erster Abschnitt: eine Einleitung, die bereits einen Widerspruch andeutet und damit neugierig macht. Zweiter Abschnitt: ein Zitat, das Authentizität vermittelt und nahe an die Person heranführt. Ab dem dritten Abschnitt: chronologisch dem Leben nach, linear erzählen, ohne Reflexion und Bildungsballast. Doch mit ein, zwei biografischen Schwerpunkten. Aufregenden Geschehnissen etwa, dramatischen Wendepunkten. Diese werden normalerweise in die szenische Gegenwart gesetzt, im Unterschied zum Lauftext, der grundsätzlich in der Vergangenheit steht.«

Dies ist eine Möglichkeit, ein Leben gerafft zu erzählen. Es gibt andere, der Kreativität sind kaum Grenzen gesetzt.

## Kurzporträts im Radio

Der Trend zum Kurzporträt ist im Radio besonders ausgeprägt, nachdem nicht nur der Sparzwang, sondern auch die wiederentdeckte Bedeutung des Wortes im Tagesprogramm sowie zusätzliche Programme dank DAB und DAB+ die Nachfrage nach kurzen und mit möglichst wenig Aufwand möglichst schnell hergestellten Beiträgen enorm gesteigert hat. Die im obigen Abschnitt geschilderten Gefahren und Chancen dieses Trends gelten für das Radio umso mehr, als das Schwergewicht zunehmend auf Live-Produktionen gelegt wird. Man kann sich fragen, ob Live-Porträts überhaupt möglich sind; Tatsache ist jedenfalls, dass Fragen zu Person und Biographie in Gesprächssendungen eine immer größere Rolle spielen und dass insbesondere die ethischen Regeln, die für das Porträt gelten, auch in Live-Porträts gelten sollten. Als Regel gilt: Je mehr live, desto gründlicher die Vorbereitung. Eine Besonderheit vieler Live-Sendungen erschwert die Einhaltung dieser Regel: Moderatoren, die die entsprechenden Gespräche am Mikrofon führen, werden oft von Redakteuren im Hintergrund gebrieft, haben aber oft vor der Sendung überhaupt keinerlei Kontakt mit der Person, mit der sie sprechen sollen, gehabt. Hier kann nur eine besondere Sensibilität und möglichst gute Kommunikation mit den Redaktionskollegen helfen.

Wo vorproduzierte Kurzporträts möglich sind – zum Beispiel in Sendungen wie »Memo« auf SR DRS, in Inserts zu Geburts- oder Todestagen von Prominenten, als Einführung in ein Hörspiel, eine Lesung, ein Konzert, eine Hintergrund- oder eine Specials-Sendung – in all diesen Fällen kann das Kurzporträt eine spannende und lohnende Herausforderung sein, ein oder zwei Charakteristika einer Person herauszuarbeiten. Entscheidend für ein Kurzporträt, das die besonderen Möglichkeiten des Radios nutzt (siehe Kapitel 9.1), ist das Prinzip »weniger ist mehr«: Äußerlichkeiten, Aufzählungen von Fakten und Daten weglassen, sich konzentrieren auf die vertiefte und möglichst anschauliche Darstellung eines zentralen Aspekts im Leben der porträtierten Person, vielleicht der bekanntesten (oder am wenigsten bekannten) Tätigkeit, eine Charaktereigenschaft und deren Auswirkung auf das Leben, eine schicksalshafte Erfahrung, ein entscheidendes Ereignis im Leben.

Dies verlangt natürlich sehr gute Vorbereitung, sowohl in den Recherchen als auch in deren Auswertung im Hinblick auf das Gespräch, und diese Forderung kommt bald einmal in Konflikt mit der Forderung nach raschem und billigem Arbeiten. Mit etwas Glück können Intuition, Routine, ein Gespräch mit Kollegen oder mit Bekanten der zu porträtierenden Person helfen – und, wo dies möglich ist, ein offenes Vorgespräch mit dieser.

Besonders wichtig sind beim Kurzporträt die Auswahl von O-Tönen und der Schnitt. Da die Stimme und Sprechweise der porträtierten Person schon an sich sehr viel aussagen können, da andererseits ein auch noch so gut verfasster Zwischentext nicht die Anschaulichkeit des O-Tons haben kann, ist im Grund das Zusammenschneiden eines Gesprächs zu einem Selbstläufer der Idealfall. Oft ist dies jedoch nicht möglich. Umso wichtiger ist es, möglichst knapp zu texten und möglichst aussagekräftige Ausschnitte aus dem Gespräch und eventuell auch aus Archivmaterial zu verwenden.

## Kurzporträts im Fernsehen

In Fernsehprogrammen sind Kurzporträts in Informations-, Sport- und Unterhaltungssendungen eine oft verwendete Form. Sie eignet sich gut, um dem Publikum Menschen näher zu bringen, die in irgendeinem gesellschaftlichen Kontext eine aktuelle Bedeutung erlangen. Leider entsprechen die Kurzporträts im Fernsehen selten den in den folgenden Kapiteln aufgelisteten Ansprüchen.
Das Problem: »Kurz« heißt nicht unbedingt, dass der Aufwand entsprechend geringer ist. Sich einem Menschen in der Absicht anzunähern, ihm mit einem

Porträt gerecht zu werden, ihm zumindest in dem Bereich, in dem der dargestellte Mensch eine aktuelle Bedeutung hat, Konturen zu geben, erfordert eine offene Aufmerksamkeit, die der Journalistenalltag in den Redaktionen selten zulässt. Jemanden zu porträtieren verlangt eine andere Haltung als die zielgerichtete Recherche und Umsetzung eines Informationsbeitrags. Wir suchen beim Porträt einen Zugang zu jemandem, trachten danach, ihn zu öffnen und dazu zu bringen, uns etwas Berührendes, Bedeutsames seiner Persönlichkeit zu zeigen. Das verlangt von der Journalistin, dem Journalisten mehr als handwerkliche Fertigkeiten, es erfordert die Bereitschaft von uns, offen und mit Sympathie jemandem zu begegnen. Da kann es durchaus sein, dass wir einmal eine halbe Stunde mit jemandem über Dinge plaudern müssen, von denen wir wissen, dass sie für das Porträt keine direkte Bedeutung haben.

Es bedarf also im Verhältnis zum gewohnten Redaktionsalltag eines Paradigmenwechsels. Wer den Auftrag entgegennimmt, ein Kurzporträt zu drehen, sollte sich zuerst informieren, lesen und anschauen, was in Archiv und Internet zugänglich ist. Danach aber lohnt es sich, sich ein paar Minuten Zeit zu nehmen und durchzuatmen, die Hektik abzulegen und Druck abzulassen. Wenn wir die zu porträtierende Person anrufen, muss uns bewusst sein, dass Tonfall und Wortwahl, dass die Art und Weise, wie wir uns vorstellen und unser Anliegen vorbringen, bestimmend sein kann für alles, was folgt. Wir müssen dem Gegenüber zeigen, dass wir etwas Persönliches wollen, und dass wir dabei behilflich sind, dass dieses Persönliche von uns geschützt wird.

Kern eines jeden Kurzporträts im Fernsehen ist ein Gespräch. Um dieses Gespräch herum lassen sich jedoch Bilder, Szenen bauen. Diese sollten – was immer wieder zu sehen ist – nicht auf einen Gang des Porträtierten durchs Bild reduziert werden, um auf diese Einstellung eine Einführung zu texten. Es ist übrigens völlig unlogisch, dass die Person aus dem Bild geht, bevor sie danach in einem Gespräch gezeigt wird. Wenn schon müsste sie gezeigt werden, wie sie den Raum, den Drehort betritt und sich dort beispielsweise setzt. Sauber gedreht in einer Totale oder Halbtotale und danach etwas näher in einem anderen Winkel das Gespräch an diese Aufnahme geschnitten, das wäre logischer und organischer, verlangt aber von Regie und Kamera etwas sorgfältigere Planung.

Ein Gang zeugt aber immer von wenig Einfallsreichtum, es ist die billige, uninspirierte Variante. In der Regel lässt sich – mit wenig zusätzlichem Aufwand – etwas aufnehmen, was über die porträtierte Person mehr aussagt. Einen bekannten Sportler könnte man zum Beispiel auch einmal in seinem Privatwagen zeigen oder, falls er das zulässt, wie er bei sich zu Hause etwas kocht oder sich, respektive uns, einen Kaffee zubereitet oder wie er mit einem Fan oder einem Freund, einer Freundin plaudert. Unsere Aufgabe ist es, gesprächsweise herauszufinden: Wo fühlt er sich wohl, wo ist er anders als wenn er in der Arena auftritt, wo zeigt sich etwas Persönliches von ihm. Um ihn dazu zu bringen, sich in einer anderen als seiner offiziellen Funktion zu zeigen, müssen wir mit ihm in einen persönlichen, unverkrampften Dialog treten. Absolutes Gift wäre hier, wenn wir ihm mit den immer gleichen, dümmlichen Fragen entgegenträten: »Wie haben Sie sich gefühlt, als Sie aufs Tor schossen?« – »Was sagen Sie zum Spielverlauf?« etc., das sind Fragen, die bloß zeigen, dass wir uns im Grunde genommen für den befragten Menschen gar nicht interessieren.

Kurzporträts über Sportler, Kulturschaffende oder Politiker sollten in jedem Fall über das aktuelle Ereignis, das die Person zum Thema macht, hinaus weisen. Wir möchten damit einen Aspekt der Person in den Vordergrund rücken, der die Aktualität in gewisser Weise erhellt, sie verständlicher macht oder zumindest in ein anderes Licht rückt. Gelingt dies nicht, so macht das Porträt keinen Sinn, da reicht ein reiner Informationsbeitrag über die Aktualität und vielleicht noch zwei ergänzende Fragen des Reporters an die Person, die im Zentrum der Aktualität steht. Bloß um ein paar biografische Daten mitzuteilen, braucht es kein Porträt, auch kein kurzes.

Motivation der Redaktion, ein Kurzporträt in Auftrag zu geben, ist ja oft, der – wichtigen – Aktualität das ihr zustehende Gewicht zu geben. Gerade das misslingt aber, wenn das Kurzporträt gar kein solches ist, sondern sich als verkappter Informationsbeitrag erweist. Das wirkt peinlich, ist aber dennoch sowohl in Sport- wie in Politsendungen immer wieder zu sehen.

Gefragt sind nicht harte Interviewfragen, sondern Einfühlung. Oft lohnt es sich, wenn wir beispielsweise unserem Gegenüber schildern, wie wir es wahrnehmen, welche Emotionen es bei uns auslöst. Das können positive oder negative sein, sie dürfen von uns aus aber weder schwärmerisch noch hart kritisch daher kommen, sondern sollten zeigen, dass wir verstehen möchten, dass wir durchaus bereit sind, unsere Vorurteile zu revidieren, wenn unser Gegenüber uns dabei hilft. Voraussetzung ist hierbei immer: Der zu porträtierende Mensch muss uns vertrauen. Wir müssen ihm helfen, dass er zu diesem Vertrauen finden kann. Das ist die eigentliche Kunst des Porträtierens.

# 4 Chancen und Risiken des Porträts

Das Porträt ist eine äußerst attraktive journalistische Form – wenn sie adäquat angewendet wird.

## 4.1 Die Themenwahl

Selten werden wir Journalistinnen und Journalisten mehr gefordert als durch den Versuch, ein differenziertes, kritisches und faires Porträt zu produzieren. Das beginnt bei der Auswahl der Person, geht weiter, es angesichts von Sparzwängen und Kollegenneid durchzusetzen und sich die dafür erforderlichen Mittel und die benötigte Zeit bewilligen zu lassen. Es erfordert Selbstreflexion darüber, ob mehr als journalistische Gründe uns zur Wahl des Porträtierten führen und welche Emotionen im Hintergrund mitspielen. Oft bedarf es einiger Courage, dem sanften Druck von außen, oben und auch des Porträtierten nicht nachzugeben.

Doch Medien und ihre Konsumentinnen und Konsumenten interessieren sich für alles, was von der Norm, der Gewohnheit abweicht. Medien fokussieren deshalb möglichst viel auf menschliche Einzelschicksale. Also werden viele Porträts geschrieben. Und gerade darum ist es wichtig, sich dessen bewusst zu sein und zu prüfen, ob das Porträt wirklich die adäquate Form für das Thema, die Absicht ist und sich zu fragen, ob allenfalls ein kontroverses Interview und ein Kommentar den Sachverhalt besser erhellen könnten und ob es in einer der kommenden Ausgaben des eigenen Mediums noch einen Leitartikel dazu braucht. Wenn wir aber erkennen, dass unsere Leser, Zuschauerinnen und Zuhörer durch ein Porträt emotional an ein Thema oder Problem herangeführt werden können und ihnen dies auch verständlich gemacht werden kann, dann sollten wir diese Form ganz bewusst wählen.

Im Prinzip kann jede Frau, jeder Mann, jede Gruppe in dieser Form gezeigt werden. Ein aktueller Aufhänger ist nicht zwingend, auch ein thematischer nicht, aber er kann die Porträtarbeit erleichtern. Wahlen, Geburtstage, Höchstleistungen, Misserfolge weisen uns das Thema zu, führen zur Stoßrichtung eines Porträts.

Schwieriger wird es, fehlt eine solch klare Ausgangslage, ein klarer Grund für ein Porträt. Fast regelmäßig taucht in den Diskussionen zu Sommerserien die Idee auf, doch einmal Frauen und Männer zu porträtieren, die üblicherweise nie in den Medien erscheinen, keine Politiker, keine Künstlerinnen, keine Sportler mit einem Welt- oder Landesrekord, keine skandalumwitterte Unternehmerin, kein Mann mit einem außerordentlichen Geburtstag oder einem extremen Pech. Solche Ideen fallen meist auf fruchtbaren Boden, doch die Realisierung ist schwierig. Aus den gefundenen Personen muss erst ein Hauptthema, ein roter Faden für das Porträt entwickelt werden.

## 4.2  Wann eignen sich Porträts?

### Aktueller Anlass

Vor und nach Wahlen, bei runden Geburtstagen oder nach dem Tod bekannter Persönlichkeiten, bei großen Preisgewinnen, bei außerordentlichen Leistungen oder Vorstößen, bei Schwierigkeiten von Gruppen, z. B. Schulklassen, bieten sich Porträts als journalistische Form an. Der pensionierte Bahnhofsvorstand, dessen 80. Geburtstag dem Lokal- Redakteur eine Verpflichtung ist, birgt unter Umständen die Chance zur fesselnden Schilderung eines Lebens, das zwar eher im Schatten lag, das uns aber bei genauerem Hinsehen berührt und Existenzielles über unsere Zeit und ihre Vorgeschichte offenbart. Vielleicht weiß der Bahnhofsvorstand auch Szenen zu schildern aus den Jahren, als der Dorfbahnhof noch ein wichtiger Treffpunkt und Umschlagplatz war, vielleicht blieben ihm Erinnerungen an ganz besondere Ereignisse, die in keiner Dorfchronik zu finden sind.

### Hintergründe ausleuchten

Warum geben so viele Lehrer ihren Job auf, warum will eine Mutter ihr Kind allein erziehen, warum schaffen so wenig Drogensüchtige die Therapie, warum kandidiert ein Mitglied einer Splittergruppe ohne jede Chance fürs Parlament, warum gibt ein Spitzenmanager seinen Job auf, weshalb treten katholische Pfarrer aus der Kirche aus? All dies sind mehr oder weniger relevante gesellschaftliche Fragen, die sich durch Porträts verständlich beleuchten lassen und die gesellschaftliche Auseinandersetzung über die dahinterstehenden Probleme befruchten können.

## Überraschende Bekannte

Wenn ein stramm konservativer Wirtschaftsführer plötzlich öffentlich für eine liberale Drogenpolitik eintritt oder der katholische Bischof Vater wird, wenn also Prominente aus dem selbst oder von uns Medien gesetzten Rahmen fallen, wenn sie in unseren und des Publikums Augen etwas völlig Unerwartetes tun, dann können wir das oft am besten mit einem Porträt ausleuchten. Es irritiert und fasziniert uns, wenn ein Mensch sich von gewohnten Mustern trennt und teilweise seine Rolle in der Gesellschaft neu definiert. Dies ist eine viel versprechende Ausgangslage für ein Porträt.

## Wiederkehrende Ereignisse und Veranstaltungen

Feiern zum ersten Mai, Muttertag, Weihnachten, Schulanfang, Ferienlager sind Anlässe, über die wir Journalisten oft und gerne stöhnen, die wir aber jedes Jahr wieder medial bearbeiten müssen, nicht nur weil der Chefredakteur, sondern auch weil das Publikum es will. Die klassische Form dafür ist die Reportage, aber wir können sie auch über die Schilderung einer Einzelperson lebendig machen, spezielle Aspekte herausheben, überraschen, am Einzelfall den Mechanismus zeigen.

## Neuer Zugang zu bekanntem Thema

Es gibt Themen, die ermüden, die man aber nicht aus den Medien verschwinden lassen soll. Wenn jahrelang über Sterbehilfe referiert wird, kann ein Sterbebegleiter porträtiert werden. Wenn wir das Thema Umnutzungen von großen Altbauwohnungen anschaulich aufbereiten wollen, besuchen wir eine Rentnerin in ihrer günstigen Fünf-Zimmer-Altbauwohnung und eine junge Familie in der kleinen modernen Absteige. So bietet das Porträt fast immer einen neuen, auf jeden Fall persönlichen Zugang zu einem alten Thema.

## Veranschaulichung komplexer Themen

Oft ist es schwierig, unsere Leser und Nutzerinnen im Alltag für die Auseinandersetzung mit schwierigen, großen Themen zu gewinnen. Die Ratsdebatte über Subventionen oder über Raumplanung kann prägnant am Beispiel eines Bauern gezeigt werden, der von den Gesetzesänderungen konkret betroffen ist. Die Folgen globaler Erderwärmung an einem Fischer, der kleinere Fänge macht, an einem

Wirt der Hochgebirgshütte, der unter zunehmendem Steinschlag und Eisabbruch leidet. Porträts können neue Mediennutzer ansprechen, die einen großen Hintergrundbericht kaum lesen würden.

### Schaffung von Identifikation

Indem ein Thema personalisiert wird, weckt es unter Umständen auch dort Interesse, wo sonst jedes journalistische Bemühen umsonst wäre. Es eröffnen sich über einen Menschen Zugänge zu Bereichen, die uns üblicherweise nicht primär interessieren. Zudem können Ängste genommen und Vorurteile abgebaut werden, beispielsweise wenn ein Ehepartner einer Alzheimerpatientin mit seinen Sorgen, Nöten und Hoffnungen dargestellt oder eine Rentnerin bei ihrem Eintritt ins Altersheim porträtiert wird.

### Klischees brechen und »Luft rauslassen«

Porträts, die hinter eine Fassade blicken lassen, die hinterfragen und ausleuchten, können entmystifizieren, Überhöhungen und Klischees brechen. Wie mächtig ist ein Minister wirklich und wie abhängig vom Apparat? Was analysiert ein Analyst und wie viel Kaffeesatzleserei ist dabei? Wie glücklich ist der gefeierte Popstar oder wie erfüllt der reiche Manager? Diese Fragen werden gerade angesichts der wachsenden PR-Maschinerie immer wichtiger. Dabei ist allerdings auch immer darauf zu achten, dass das Porträt nicht zum Podium für die Interessen des Porträtierten wird – der Porträtierende darf sich nicht manipulieren lassen, denn sonst wird er zum Manipulator.

### Geschichte lebendig machen

Den Kampf für die Gleichstellung der Frauen zu Beginn des 20. Jahrhunderts können wir etwa anhand der ersten Juristin in der Stadt zeigen, Anpassung und Widerstand gegen den Nationalsozialismus an zwei Bürgermeistern eines kleinen Ortes. Aussagen von Zeitzeugen, von Menschen, die keine offizielle Geschichte schrieben, werfen oft gerade deshalb einen unverkrampften und originellen Blick auf Aspekte, die der üblichen Geschichtsschreibung verborgen bleiben. Dieser subjektiven Sichtweise, dieser Oral History kommt, im richtigen Licht betrachtet, eine große ergänzende Aufgabe zu.

Wenn die Schilderungen über diese Personen und das geschichtliche Umfeld gut genug sind und/oder überzeugendes literarisches, Originalton- oder Filmmaterial vorhanden ist, können Person und Archivmaterial zu einem beeindruckenden, dokumentarischen Porträt gebündelt werden. In den allermeisten Fällen wird man aber dafür andere Formen wählen, sei es die der übergreifenden Dokumentation, sei es die des sachlichen Berichts.

## 4.3  Wo Warnsignale aufleuchten sollten

Es könnte nun der Eindruck entstanden sein, dass alle Menschen jederzeit und von allen porträtiert werden könnten. Das wäre falsch. Thematische Grenzen gibt es zwar in der Tat kaum, dennoch sollten wir einige innere Warnlichter entwickeln. So gibt es bei jedem Porträtisten die Tendenz, dass ihm ständig interessante Menschen über den Weg laufen. Bei einem Tagesausflug – etwa in einem Berggebiet – lässt sich mühelos ein gutes Dutzend Objekte der Betrachtung finden: Wie fühlt sich ein österreichischer Skilehrer, der jedes Jahr zur Winterszeit hierher kommt? Weshalb will der junge Höhlenforscher mit Freunden die offen gelassenen Erzminen als Schauobjekte wieder restaurieren? Wie erlebt der Bergführer, der schon seit den Dreißigerjahren Gäste ins Hochgebirge begleitet, die heutigen Touristinnen? Und ist nicht auch der letzte Bauer, der auf der Alm noch Milchwirtschaft betreibt, ein dankbares Thema?

### Banale Geschichte

Dass jeder Mensch eine Geschichte hat, ist eine selbstverständliche Feststellung. Doch manchmal erweisen sich auf den ersten Blick interessant erscheinende Geschichten als banal, als wenig geeignet für ein Porträt. Wenn immer nur das Alltagsleben, so genannte ganz gewöhnliche Menschen oder sympathische Sonderlinge im Vordergrund stehen, wird dies mit der Zeit ebenso langweilig wie das ständige Abfeiern von Promis. Kurz, es stellt sich immer wieder die Frage, ob mit und durch die porträtierte Person, sei sie prominent oder nicht, Leser, Hörer und Zuschauer an ein wichtiges, interessantes, berührendes Thema oder Problem oder eine außergewöhnliche Persönlichkeit herangeführt werden können.

## Emotionsgeladene Themen

Grenzen gibt es auch bei höchst emotionsgeladenen Themen: Die Mutter einer ermordeten jungen Frau kurz nach der Tat zu porträtieren, wäre nicht nur pietätlos, sondern würde auch kaum etwas zu einer gesellschaftspolitischen Diskussion über Gewalt beitragen. Ein Porträt über einen Asylsuchenden ist inmitten einer durch einen Brandanschlag aufgeheizten Atmosphäre zumindest von uns zu hinterfragen: Tragen wir zu einer fruchtbaren Diskussion bei oder schüren wir die Emotionen noch? Haben wir die, bei aller Betroffenheit, für einen Journalisten notwendige Distanz zum Geschehen?

## Zu große Abneigung

Weitere Fragen, die wir uns ganz am Anfang eines Porträts stellen müssen, sind: Haben wir mit den zu porträtierenden Personen noch Rechnungen zu begleichen? Hat mich nicht jener Parteichef, als er noch ein kleiner Abgeordneter war, vor zehn Jahren schnöde abgekanzelt? Oder kämpfe ich als weißer Ritter gegen korrupte Politiker, selbst ernannte Saubermänner, bigotte Moralapostel und Demagogen? Wie lange schon habe ich davon geträumt, einem Populisten, der mir seit Jahren auf die Nerven geht, einmal seine ganzen Stammtischsprüche um die Ohren zu schlagen, zu zeigen, dass ihm jegliche differenzierte Argumentation mangelt?

Denkbar schlechteste Voraussetzungen für ein Porträt! Da wird es nahezu unmöglich, fair zu sein.

## Zu starke Bewunderung

Auch das Gegenteil ist gefährlich, Menschen, die wir fast grenzenlos bewundern, stellen wir auf einen Sockel und werden ihnen nicht gerecht. Der äußerst sympathische und charismatische Kleinunternehmer, der sehr erfolgreich Ökoprodukte einführte und beste Arbeitsplätze schuf, scheint keinen Makel zu haben. Ebenso wenig wie der charmante Winner des Tennis Open. Verehrung verengt unseren Blick und unsere Gedanken, Lobeshymnen sind keine glaubwürdigen Porträts und schaffen auch nicht einmal Identifikation.

## Fehlende Distanz

So sollte ein Warnsignal immer aufleuchten, wenn wir die nötige Distanz zur porträtierten Person nicht aufbringen können. Das kann wie in den vorangegangenen Beispielen emotionale Gründe haben, die unser Porträt zur Schmeichelei, zur verkappten Liebeserklärung oder zur kaum verhüllten Hasstirade abgleiten lassen können. Aber es können auch sachliche und berufliche Gegebenheiten sein, die die nötige Distanz zumindest schwierig machen. Können wir bei einem Porträt ausblenden, dass wir als Parlamentsberichterstatter mit einem Politiker fast täglich Kontakt haben? Ist es eine gute Idee, den prominenten Regisseur, mit dem wir seit Jahren freundschaftlich verkehren, zu porträtieren? Solche Beziehungen machen das nicht unbedingt unmöglich. Die intime Kenntnis der Person und ihres Lebens kann sogar ein Vorteil sein, aber wir müssen uns der damit verbundenen Gefahren bewusst sein.

## Extremistische Position

Das Porträt eignet sich nicht zur Entlarvung. Beispielhaft kann dafür das engagiert gemeinte Porträt des Neonazis Althans angeführt werden, der sich dabei minutenlang selbst produzieren durfte. Es war hohles, pathetisches Geschwätz; für die meisten Zuhörenden – auch für den Filmemacher – hat er sich dabei selbst entlarvt. Bei politisch engagierten Demokraten bestätigte der Film also das, was sie ohnehin über Rechtsextreme dachten. Für die offenen Rechtsradikalen und für jene, die gewisse Sympathien für die rechte Szene haben, wirkten die wirren Ausführungen aber durchaus vernünftig. Sie fühlten sich in ihren Ansichten durch den Film bestätigt. Dass vorhandene Anschauungen durch Massenmedien verstärkt, aber kaum verändert werden können, ist eines der wichtigsten Ergebnisse der Medien-Wirkungsforschung. Meinungsbildend wirken Aussagen vor allem bei den eher Unentschiedenen. Nur, auf die dürften die Äußerungen des Neonazis weder erhellend noch entlarvend gewirkt haben, sie fühlten sich durch diese Art von Porträt allein gelassen, gelangweilt oder verärgert. Nicht zuletzt kann, wenn die Beschreibung allzu einseitig auf die negativen Seiten fokussiert wird, ein Solidarisierungseffekt eintreten, im Sinne von: Dieser arme Mensch bekam vom bösen Journalisten keine Chance.

Wenn die Absicht eine Entlarvung sein soll, dann mit offenen Karten – und mit einer anderen journalistischen Form, beispielsweise mit einem kontroversen Interview und einem Kommentar.

## 4.4 Acht Gefahren

Gute Porträts faszinieren. Sie ermöglichen Begegnungen in unserer von Informationen übersättigten Gesellschaft, in der parallel dazu die Vereinsamung vieler Menschen zunimmt. Sie liefern ein Gegenüber, mit dem man sich auseinander setzen kann. Sie schaffen Identifikation, erklären, veranschaulichen, unterhalten.

Doch so verlockend Porträts sind, so gefährlich sind sie auch. Ein Satz aus einem Lied von Erika Pluhar macht es deutlich: »Lüge«, singt sie, »ist wahrer als die Wahrheit, weil die Wahrheit so verlogen ist.«

### Gefahr 1: Porträts blenden gesellschaftliche Realitäten aus

Im Porträt werden Konflikte und Probleme, auch gesellschaftspolitische, an einer Person festgemacht. So werden Schwierigkeiten zur individuellen Angelegenheit. Porträts können suggerieren, dass es beispielsweise ohne Franz Schönhuber, ohne Christoph Blocher, Jean Marie Le Pen und ohne Jörg Haider keinen gefährlichen Nationalismus gäbe. Dass dies nicht stimmt, ist klar. Porträts haben in ihrer Wirkung also die Tendenz, gesamtgesellschaftliche Momente zu unterschlagen, Systeme zu ignorieren und die Bedeutung von Personen zu verfälschen. Wer von Widersprüchen und Differenzen ablenkt, trägt bei zu vorschneller, unreflektierter Meinungsbildung und zu Polarisierung, zu unversöhnlich starren Gegensätzen.

### Gefahr 2: Porträts heizen Emotionen an

Das Porträt ist eine emotionale Form. Wird es bei einem ohnehin emotional hoch besetzten Thema angewendet, kann es eine sachliche Auseinandersetzung verhindern. Wenn Fragen der Gesellschaft, der Macht, der Mittel und Ziele außer Acht gelassen werden zugunsten von viel Privatsphäre, persönlichem Schicksal und Seelenleid, kann dies ein Verlust an Öffentlichkeit bedeuten. Das heißt, auch für das Porträt gilt die journalistische Richtschnur: Je emotionaler ein Thema, desto sachlicher die Berichterstattung darüber.

### Gefahr 3: Porträts simplifizieren und verführen

Weil Porträts emotionalisieren, ja geradezu von Gefühlen leben, können sie auch zur Simplifizierung verführen und damit verfälschen. Unter Umständen wird jemand idealisiert und dadurch eine sachliche Auseinandersetzung über die Thematik, für die eine Person steht, unmöglich.

## Gefahr 4: Porträts trivialisieren

Die Stilisierung, Überhöhung, Verhätschelung des Trivialen darf nicht mit publizistischer Qualität verwechselt werden. Erotik und Privatleben dürfen niemals Selbstzweck sein. Das gute Porträt erhält sein Profil nicht durch einen wohlfeilen Allerweltshumanismus, sondern durch die seriöse Aufbereitung einer ernst genommenen Begegnung und durch die Einordnung in einen größeren Zusammenhang.

## Gefahr 5: Porträts pauschalisieren

Porträts zeigen immer bloß, wie eine Einzelperson in einem bestimmten Umfeld in einer bestimmten Lebensperiode von jemand anderem wahrgenommen wird. Nur das Bewusstsein, wie selektiv jegliche Wahrnehmung ist, schützt vor einer schnellen Verallgemeinerung, vor einer Pauschalisierung.

## Gefahr 6: Porträts bestätigen Klischees

Gerade weil Porträts verallgemeinert und manchmal bewusst als pars pro toto eingesetzt werden, können sie Klischees bestätigen. Sie werden, obwohl sie einen Einzelfall darstellen, dazu missbraucht, ein Vorurteil gegenüber einer ganzen Bevölkerungsgruppe zu belegen.

## Gefahr 7: Porträts instrumentalisieren Menschen

Porträts können Menschen instrumentalisieren. Nicht die Persönlichkeit interessiert uns letztlich, wir brauchen die Person vorab als Transportmittel für ein Thema. Ist es ethisch vertretbar, wenn das Leben des schwer behinderten Mannes zu journalistischen Zwecken so gebogen wird, dass das schwierige Thema Rente anschaulicher wird?

### Gefahr 8: Es fehlt die Zeit

Wunsch und Wirklichkeit prallen beim Produzieren eines Porträts oft aufeinander. Man möchte sich intensiv auf die Person einlassen, mit dem Umfeld reden, Fragen klären, Vermutungen absichern, Interpretationen überprüfen. Doch die Zeit fehlt. Da gilt es zu prüfen, statt eines Porträts mit vielen Unsicherheiten allenfalls ein Interview zur Person zu führen.

### Fazit

So faszinierend Porträts sind, so gern sie gelesen werden, sie bergen auch Risiken. Sie sollten daher bei der Behandlung eines wichtigen gesellschaftlichen Themas nie die einzige journalistische Form bleiben. Porträts erübrigen weder die kritische Analyse noch den pointierten Politkommentar.

## Fotoblock 1: Künstlerinnen

Die folgenden Porträtfotos entstanden im Dialog. Keine Zwänge von außen, alles wird selbst bestimmt: das Sujet, der Kontext, der Ort, die Zeit. Einzige Bedingung: Das Modell muss mit dem Setting einverstanden sein und sich darin bequem fühlen. Die Aufgabe ist erfüllt, wenn das Modell sich im Bild wieder findet oder noch besser, darin eine neue Seite von sich selbst entdeckt.
(Fotos: Caroline Minjolle/freie Arbeiten)

Milena Moser, Schriftstellerin

Elektra Sturmschnell, Performerin

Die Schwestern Froschlocke, Schmuckdesignerinnen

Marisa Godoy, Choreografin

# 5 Am Anfang steht die Reflexion

Der Mensch, nicht irgendein Thema, ist der Mittelpunkt eines Porträts. Das klingt banal, ist es aber in der Praxis nicht. Oft gehen wir von einem uns interessierenden Thema aus und suchen dazu »nur« einen Menschen, über dessen Geschichte wir dieses Thema »gut rüberbringen« können. In diesem Buch möchten wir dagegen einer Form von Porträt näher kommen, die den porträtierten Menschen nicht dazu missbraucht, ein Thema abzuhandeln, sondern in der der Mensch das Thema ist. Er soll nicht vorgeführt werden wie der dressierte Affe auf dem mittelalterlichen Jahrmarkt. Wir müssen uns auf den Porträtierten wirklich einlassen. Stark wird ein Porträt dadurch, dass eine Journalistin, ein Journalist mit vollem Risiko und im Bewusstsein, auch etwas von sich selbst zu zeigen, die eigene Begegnung mit der porträtierten Person medial umsetzt. »Porträtieren braucht Mut. Ich muss wagen, zu einem Ergebnis, zu einer Wertung zu kommen«, sagte Herbert Riehl-Heyse, der deutsche Porträtist. Dabei dürfen es sich die Medienschaffenden nicht leicht machen. Die Motive des Machers müssen – auch wenn dies nicht explizit dargestellt wird – transparent und damit für die Konsumenten relativierbar werden. Ihr Einstieg, ihre Identifikation mit den Protagonisten, gelingt dort, wo in der Exposition schon klar wird, warum jemand porträtiert wird, welche Motive den Macher dazu bewegen, für die Leserinnen, Hörer, Zuschauenden gerade diese Person zu porträtieren, und mit welcher Haltung dies geschieht.

Bevor wir uns definitiv für eine Porträtperson entscheiden, sollten wir uns einige Aspekte überlegen. Bis jetzt argumentierten wir – vordergründig – primär journalistisch. Es sind keine vorgeschobenen Kriterien, die wir vorbringen: Diese Frau, dieser Mann ist eine Persönlichkeit der Zeitgeschichte, schillernd dazu, und wenn nicht, ist es umso spannender, ihre Funktion im Getriebe der Macht zu verdeutlichen. Und wenn wir nicht gerade Prominenz, sondern die sprichwörtliche Frau oder den Mann aus dem Volk porträtieren, werden wir Exemplarisches zeigen, Zeitgeschichte lebendig machen, Alltagsprobleme aufzeigen und reflektieren. Solch ein Porträt wirkt anschaulicher als ein knochentrockener Bericht über gesellschaftliche Probleme und ist bei unseren Lesern, Hörerinnen und Zuschauern beliebt. Deshalb besteht die Gefahr, dass wir unter Umständen allzu schnell dazu neigen, ein Thema in Form eines Porträts abzuhandeln.

Nur – vielleicht, oder sogar höchstwahrscheinlich – gibt es noch ganz andere Gründe, warum wir auf diese oder jene Person gekommen sind. Diesen persönlichen Motiven sollten wir nachspüren, bevor wir uns in die Arbeit stürzen. Das heißt: Zu Beginn der eigentlichen Arbeit stehen Fragen an uns selbst.

### Weshalb wollen wir die Person porträtieren?

Was fasziniert uns, was irritiert uns, was ärgert uns an ihr? Müssen wir sie porträtieren, werden wir von der Redaktion gezwungen? Spielt beim Interesse an der Unternehmerin des Jahres, am Ski-Champion, am Wirtschaftsmagnaten nicht auch Neid mit? Darüber müssen wir uns im Klaren sein. Sonst bekommt die Schilderung des großzügigen Lofts oder der erfolgreichen Partnerin garantiert einen falschen Zungenschlag.

Wollen wir gerade diese Politikerin, diese berühmte Schauspielerin porträtieren, damit auch ein wenig Glanz auf uns herabfällt? Dass sie uns fasziniert, ist normal; fast bei jedem Menschen, den wir näher kennen lernen, werden wir faszinierende Seiten entdecken. Aber was beeindruckt uns so? Ist es die politische Arbeit, die Grundsatztreue, ihr Charme, ihr Aussehen, oder sind es die rhetorischen Fähigkeiten? Wir müssen uns der Gefahr, der Faszination einer solchen Person zu erliegen und deshalb alles Kritische auszublenden, bewusst sein.

Oft ist es auch nur die vorhandene oder eingebildete Aura der Macht, die uns Journalistinnen und Journalisten anzieht, vor allem, weil wir insgeheim glauben, mindestens so viel von Politik zu verstehen wie die meisten Amtsträger. Und so – wenigstens kurzfristig – Zugang zum Kreis der Mächtigen zu gewinnen, das kann schmeicheln und korrumpieren, vor allem wenn uns eine Ministerin oder ein Konzernchef zu verstehen geben, wie sehr sie unsere Meinung schätzen. Die meisten von uns eitlen Medienschaffenden sind für solche Schmeicheleien einigermaßen empfänglich.

### Haben wir genügend Distanz?

Eine nahe Freundin oder den Vorgesetzten zu porträtieren ist schwierig. Trotz aller Selbstreflexion werden im Porträt unsere Gefühle aufscheinen, entweder das Porträt verfälschen oder die Beziehung belasten.

Wir gehen davon aus, dass jeder Mensch ein inneres Geheimnis hat, einen Kern, der – sehen wir etwas von ihm – uns einen Weg zum tieferen Verständnis öffnet, der uns die zu porträtierende Person sympathisch macht, weil wir etwas von ihr begreifen. »Wir sollen alles wissen wollen, aber nicht zum Preis, dass eine emotionale Beziehung aufgebaut wird, die uns am Schreiben, am Produzieren hindert«, rät Herbert Riehl-Heyse. Um an den Kern heranzukommen, müssen

Journalistinnen und Journalisten sich öffnen, etwas von *ihrem* Kern bloßlegen. Aus dieser Sicht muss das Thema Nähe und Distanz beim Porträt neu durchdacht werden. Die Frage nach der üblicherweise von der Journalistin geforderten kritischen Distanz gegenüber ihrem Sujet stellt sich beim Porträt anders und kann nicht allein mit den Grundregeln des journalistischen Handwerks beantwortet werden.

Das bedeutet nicht, kritiklos zu werden. Die Kunst des Porträts ist die Balance zu halten. Vorbehalte entwickelt man auch gegenüber seinen Nächsten, Kritik hat auch zwischen sich liebenden Menschen Platz, Streit und Auseinandersetzungen gehören in jede funktionierende Beziehung, also können sie auch in der Beziehung von Porträtierenden und Porträtierten Sinn machen. Erlaubt ist alles, wenn dabei die allgemein gültigen Regeln zwischenmenschlichen Umgangs gewahrt bleiben und die Würde des Gegenübers geachtet wird.

### Haben wir genügend Offenheit?

Selbstverständlich haben wir zu unserer gewählten Person eine emotionale Beziehung. Sie ist eine Voraussetzung des Porträts. Nur so erfahren wir etwas von unserem Gegenüber und nur so gelingt uns eine farbige, naturgemäß widersprüchliche Schilderung der Person. Diese Beziehung soll im Porträt spürbar, lesbar sein. Bedingung dazu ist, dass wir sie reflektieren. So gewinnen wir beim Gestalten eines Beitrags wieder jene Distanz, die wir brauchen, um das von uns mit dem Porträtierten Erlebte den Konsumenten zu vermitteln.

Im Laufe der Arbeit erfahren wir oft, dass der Mensch, den wir porträtieren, ganz anders ist als wir erwartet haben. Das ist jedoch nur möglich, wenn wir ohne die Scheuklappen der eigenen positiven wie negativen Vorurteile auf die Porträtierten zugehen und um die in uns selbst angelegten Gefahren wissen. Und weil bei unserer Leser-, Hörer- und Zuschauerschaft oft dieselben Vorurteile vorhanden sind, geben wir ihnen unser »Aha-Erlebnis« weiter. Dieses Miterleben unserer Wandlung kann ein reizvoller Aspekt in einem Porträt sein.

### Haben wir die Grenzen definiert?

Nähe bedeutet Eindringen in eine Sphäre, die viele Porträtierte gern für sich behalten würden. Menschen begegnen uns auch von ihrer intimen und verletzlichen Seite. Jene, die die Medienmechanismen am besten kennen und auch damit spielen, klagen am meisten über Verletzung ihrer Privatsphäre: die Stars und Sternchen aus Politik, Medien und Kultur. Natürlich werden sie oft von den

(Boulevard-)Medien belästigt, doch als Personen öffentlichen Interesses haben sie dies – bis zu einem gewissen Grad – in Kauf zu nehmen, sozusagen als Berufsrisiko. Freilich, beim Porträt geht es weniger um Klatsch und Tratsch als um typische, teils unbekannte Aspekte einer Persönlichkeit. Privates macht Berufliches verständlich und umgekehrt.

Nun haben selbstverständlich auch Prominente ein Recht auf ihre Persönlichkeits- und Intimsphäre. Wir müssen uns immer wieder fragen, wie weit bestimmte private Aspekte geschildert, aufgedeckt werden müssen, um ein stimmiges Porträt zu erreichen. Insbesondere dann, wenn der oder die Porträtierte um Respektierung gewisser Teile des Privatlebens bittet. Nachgeben müssen wir dem nicht immer: Ein Politiker, dessen Frau wichtiger Teil seines Wahlkampfes war, der sein Image stark durch die angeblich heile Familie aufpoliert hat, wird dies auch hinterfragen lassen müssen.

Wir wollen es so formulieren: Wir müssen nicht alles und jedes respektieren, aber wir müssen der gewählten Person den ihr gebührenden Respekt bezeugen, sie fair behandeln. Wir müssen auch nicht alles glauben, aber zunächst einmal alles für möglich halten.

### Das Porträt wider Willen

Es muss das Recht der Journalistin sein, selbst zu entscheiden, wen sie porträtieren will. Das ist in der Realität oft bloß frommer Wunsch. Wenn die Chefredakteurin des Lokalblattes in bestimmter Absicht den Dorfkönig porträtiert haben will, wird sich der Redaktionsneuling dem kaum entziehen können. Genauso schwierig dürfte es sein, sich dem Privatfernsehbetreiber zu verweigern, wenn er sich ein Porträt des eigenen Sponsors wünscht. Doch es gibt Grenzen.

Wenn wir den Anspruch erheben, dass bei einem Porträt wesentlich mehr von der Persönlichkeit der Macherin oder des Machers aufscheint als bei der sonstigen journalistischen Arbeit, so muss es das Recht der Medienschaffenden bleiben, ein bestimmtes Porträt unter bestimmten Umständen verweigern zu dürfen. Dies wird zuweilen zu einer Frage der Integrität und der Glaubwürdigkeit. Gefragt sind dann kreative Lösungen: geschicktes Nachfragen nach dem Sinn dieses Porträts, Aufzeigen von geeigneteren journalistischen Formen.

Wir halten dafür: Ein Porträt setzt geradezu voraus, dass der Macher Lust darauf hat. Wie sollen wir die Leser, Hörer und Zuschauer für eine Begegnung mit der porträtierten Person gewinnen, wenn wir selbst nicht neugierig sind? Ein gutes Porträt hat mit dem Wunsch zu tun, sich auf jemanden einzulassen ohne zu wissen, wohin uns diese Begegnung führt. Lustlosigkeit setzt eine Grenze, engt uns ein und überfordert uns. Deshalb: Wer auch nach gründlichem Überdenken keine Lust verspürt, sollte sich weigern – am besten, indem er eine attraktive Alternative anbietet.

## Verantwortung für die Auswirkungen

Beim Typus der mediengewohnten Porträtpersonen können wir davon ausgehen, dass sie die Mechanismen kennen und wissen, worauf sie sich einlassen, was sie mit ihren Voten und Darstellungen auslösen können. Ganz anders und weit wichtiger ist das Thema Personenschutz bei den so genannten kleinen Leuten. Die sind, wenn wir sie einmal für ein Porträt gewonnen haben, oft hellauf begeistert, sich in der Zeitung, im Fernsehen zu sehen oder im Radio zu hören. Sie machen dann – was vor allem von der Boulevardpresse und den elektronischen Privatmedien weidlich ausgenutzt wird – ziemlich vieles mit. Sie fassen Vertrauen zu uns, öffnen sich und reden sich Leid und Frust von der Seele.

Doch: Weiß der Knecht, der sein hartes Leben vom Waisenjungen bis ins karge Altersheimzimmer schildert, was die Radiosendung für sein weiteres Leben bedeutet, wenn er über seinen früheren Arbeitgeber herzieht, den jeder in seiner Umgebung schätzt und kennt? Ahnt die Grundschülerin, die sich offen über die Heuchelei von Lehrern und Verwandten in Fragen Sex und Gewalt aufregt, was das für Folgen in Schule und Familie hat? Hier müssen wir als Journalistinnen und Journalisten über die ganz konkreten Folgen nachdenken, die bestimmte Sätze oder Sequenzen für die Porträtierten haben können.

## Fazit

Gründliches Nachdenken hilft, Probleme vorsichtiger und differenzierter anzugehen, sich als Journalistin, als Journalist bewusster einzubringen, die eigene Haltung und Rolle deutlich zu machen und so für Transparenz zu sorgen. Dies gilt übrigens nicht nur für die Welt der großen Politik, der Wirtschaft, der Kultur oder der Medien. Auch bei den Porträts sogenannter kleiner Leute ist das Suchen nach persönlichen Motiven angebracht. »Wir sollten, wenn wir über Menschen schreiben, immer daran denken, dass wir zwei Leuten hinterher noch ins Gesicht schauen müssen – uns selbst im Spiegel und dem, über den man geschrieben hat«, sagt Jürgen Leinemann.

# 6 Vorbereitung des Porträts

Journalismus ist Handwerk – das Verfassen oder Produzieren eines Porträts folgt gewissen Regeln. Das folgende Kapitel widmet sich den ersten Schritten hin zu einem attraktiven Text, einer anregenden Sendung.

## 6.1 Die Recherche

Die erste Kontaktnahme mit der zu porträtierenden Person ist ziemlich entscheidend. Denn auch sie macht sich ein Bild von der kommenden Begegnung und von dem Journalisten, der sie darstellen will. Deshalb sind bereits bei diesem Schritt Vorinformationen hilfreich. Ist die ausgewählte Person introvertiert, muss sie sanft angegangen und zum Mitmachen erst überzeugt werden? Oder hat sie ein politisches Interesse, in den Medien ein Forum zu erhalten, weil sie beispielsweise bei den nächsten Wahlen kandidiert? Oder ist sie richtig gehend publizitätssüchtig und lässt keine Gelegenheit aus, sich öffentlich darzustellen?

Je nachdem werden wir den ersten Kontakt gestalten: zurückhaltend, vorsichtig, motivierend oder von Anfang an klar tonangebend und zeigend, dass Medienleute sich nicht instrumentalisieren lassen. Besonders überzeugend müssen wir an jene herantreten, die bisher in keiner Weise öffentliche Personen waren. Ihnen müssen wir Ängste nehmen, Vertrauen geben. Dazu gehört auch das Vereinbaren des Gesprächstermins. Nicht Mediengewohnten soll mehr Steuerungsmöglichkeit gegeben werden als Medienprofis. Sie sollen mitbestimmen können, wo man sich trifft. Allerdings sollen Medienleute die eigenen Vorstellungen auch einbringen.

Aus den abgesteckten ethischen und journalistischen Grenzen leiten wir nun praktische Bedingungen für das journalistische Porträt ab. Wir möchten Mut machen zu einem bewussten Umgang mit einer chancenreichen und auch für die Macherinnen und Macher anregenden journalistischen Form.

Nach der Auswahl gilt es, sich auf die entsprechende Person einzustellen. Dann spätestens kommt der Zeitpunkt, wo deutlich wird, wie komplex Menschen sind und wie verwegen der Versuch ist, sie zu porträtieren. Wir müssen uns, nicht nur im Hinblick auf das Porträt als anvisiertes Endprodukt, sondern schon während der ganzen Vorbereitungsphase, bewusst sein: Wir versuchen, einem Menschen gerecht zu werden. Wirklich gelingen kann uns das nie. Wir spiegeln die Menschen in unseren Gefühlen, unserer Reaktion auf sie. Also sind wir nicht bloß Berufsleute, die professionell ihre Aufgabe angehen. Wir sind als ganze Menschen gefragt. Wird unsere Beziehung intensiv – was wir uns ja auch wünschen –, kann es geschehen, dass wir selbst durchgeschüttelt werden, uns keine professionelle Coolness oder kritische Distanz mehr schützen kann. Wir erwarten von unseren Porträtpartnern, dass sie etwas geschehen lassen, dass sie bereit sind, jetzt und hier über ihr Leben nachzudenken und vielleicht auch zu ganz anderen, überraschenden, erfreulichen oder erschreckenden, auf jeden Fall aber neuen Schlüssen zu kommen. Also ist es ein Gebot der Fairness, dass auch wir uns einlassen und uns öffnen und nicht bloß als funktionsorientierte Journalisten mittun. Ehrlichkeit und Offenheit, die wir von den Porträtierten erwarten, sind auch unsere Pflicht. »Porträtieren hat viel mit Fleiß zu tun. Ebenso viel aber auch mit Demut«, sagte Herbert Riehl-Heyse.

Den wenigsten mag es so gehen wie Eva Herrmann, der berühmten deutschen Porträtistin der Dreißigerjahre. Sie sagte einmal, es sei ihr oft gegeben, einen Menschen sozusagen wie eine Pille zu schlucken. Sie erfasse ihn schlagartig, sehe, rieche, schmecke, erfühle ihn total.

Für die meisten Medienleute ist das Erfassen einer Person eine anstrengende Leistung, zu der es mehrere Komponenten braucht: Wissen und Interesse, ein bereits bestehendes Bild und die Offenheit, dieses zu ändern. Der radikale Konstruktivismus sagt: Wir machen Bilder und meinen, es sei so. Dabei, so Paul Watzlawick, »ist jede Wahrheit geschaffen, das Resultat verschiedener Kommunikationen«, wobei man mit seinen eigenen Wertungen meist einverstanden sei. Das heißt, es braucht das Bewusstsein, dass jede porträtierte Person durch die Brille der Journalistin, des Journalisten betrachtet wird.

Eine kleine Einstiegsübung in einer Porträt-Unterrichtswoche bringt es an den Tag: Eine den Teilnehmenden unbekannte Person sitzt schweigend in der Runde. Sie sagt kein Wort. Die Kursteilnehmerinnen und -teilnehmer haben den Auftrag, Mister oder Misses X kurz zu beschreiben und zu interpretieren: Was macht sie, wie lebt sie, wie politisiert sie? Die Auswertung ist verblüffend. Wer selbst Wert auf schicke Schuhe oder Designer-Brillen legt, begutachtet diese auch beim Gegenüber und bewertet sie positiv. Wer Hobbymusiker ist, interpretiert in ein sympathisches Visavis ebenfalls Musik, viel eher als Sport. Wer sich mit Kindern befasst, spricht der Person eher eine Familie zu als ein eingefleischtes Singledasein. Das heißt, Sympathie und Antipathie, Identifikation und Ablehnung sind zentrale Mitspieler beim Porträtieren. Zudem erkennen wir alle im Anderen vor allem jene Züge und Themen, die uns selbst bewusst sind und die uns beschäftigen.

Dennoch haben wir Medienschaffende – und oft in Unkenntnis der Entstehung auch die Leserschaft – insgeheim einen höheren Anspruch: Die Idee, die Person so zeichnen zu können, wie sie ist. Allerdings: »Indem wir Erfahrungen machen, begegnen wir keineswegs unmittelbar der Wirklichkeit. Jede Erfahrung ist hypothesengetränkt – und Hypothesen können falsch sein« (Alt, 1994). Oder nochmals Watzlawick: »Von der wirklichen Wahrheit können wir höchstens wissen, was sie nicht ist« (Watzlawick 1974).

## Wer viel weiß, kann besser fragen

Der journalistische Zugang zum Porträtierten ist sehr subjektiv. Da müssen alle selbst herausfinden, wie sie der Person am effizientesten näher kommen. Doch in den allermeisten Fällen stehen, wie bei jeder Medienform, auch beim Porträt Recherche und Selbstreflexion am Anfang. Wir müssen möglichst viel über die Person und ihre Sachthemen wissen, damit wir echte, kompetente Gesprächspartner sind und nicht den Eindruck vermitteln, in eine bestimmte, vorgefasste Richtung gehen zu wollen.

»Nur wer recherchiert, ist ein guter Journalist. Ich hoffe aber, dass gerade im heiklen persönlichen Bereich sauber und vor allem unvoreingenommen recherchiert wird und nicht einfach Vorurteile bestätigt werden sollen. Mit den Recherche-Ergebnissen, gerade mit negativen, will ich konfrontiert werden, damit ich dazu Stellung nehmen kann. Das andere ist hinterhältig«, sagt die oft porträtierte Gertrud Peyer Erismann, ehemaliges Geschäftsleitungs-Mitglied einer Schweizer Großbank.

Dazu sammeln wir möglichst viele Fakten und Aussagen über die zu porträtierende Person. Wir suchen Informationen über die Person in Archiven und im Netz und prüfen diese genau. Im Internet finden sich sehr viele Fehler, die nie mehr korrigiert werden. Es ist fatal für ein Porträtgespräch, wenn die Vorbereitung, wenn Fragen und Thesen auf einem falschen Fundament fußen. Besonders aufschlussreich können Frühwerke sein, da zeigen sich Entwicklungen, Veränderungen, Brüche.

Aussagekräftige Informationen bekommen wir auch, wenn wir die Person bitten, uns ein kleines Dossier mit Publikationen, Lebenslauf und allfälligen Fotos über sie zusammen zu stellen. Daraus können wir ableiten, wie sich unser Gesprächspartner sieht bzw. gesehen werden möchte. Darauf können wir später gut reagieren.

Eine der Schwierigkeiten des Porträtierens besteht jedoch darin, möglichst viele Vorinformationen über die porträtierte Person zu haben, trotzdem aber die Offenheit zu bewahren, Neues und unter Umständen dem recherchierten Bild Widersprechendes zu erfahren und dann auch aufzunehmen.

Wir sollten uns aber auch in die Hauptthemen unseres Gegenübers hineindenken. Wenn wir eine besonders ökologisch handelnde Unternehmerin porträtieren und keine Ahnung von Ökobonus, Umweltvorschriften und Management haben, kann sie uns erzählen, was sie will. Wenn wir einen behinderten Menschen in seinen Existenznöten zeigen und keine Ahnung von sozialen Systemen haben, werden wir ihn kaum recht verstehen können.

## Kolleginnen und Kritiker

Wir sprechen mit Freunden und Gegnern. Vertrauensfördernd ist, wenn wir der zu porträtierenden Person mitteilen, dass wir möglicherweise mit der einen oder anderen Personen aus ihrem Umfeld kurz sprechen werden. Den Befragten erklären wir, dass wir verschiedene Leute kontaktieren, um im Vorfeld der ersten Begegnung mit diesem ihrem Bekannten ein möglichst facettenreiches Bild zu bekommen. Gesprächsbereit und offen zeigen sich die Informanten, wenn wir ihnen versichern, das von ihnen Vernommene diskret zu verwenden, es aber, wenn es uns zentral erscheint, im Gespräch zur Stellungnahme zu unterbreiten. Gelegentlich sind solche Fremdaussagen eigentliche Türöffner für ein intensives Gespräch: Über eine Politikerin, die von der kommunalen in die nationale Politik wechseln will, hört die Journalistin in Vorgesprächen, dass sie wenig eigenständig denke, dass die von ihr propagierten Ideen von ihrem Ehepartner, einem bekannten Unternehmer, stammten. Als die Journalistin sie damit im Gespräch konfrontiert, atmet die Politikerin geradezu erleichtert auf und erklärt, wie froh sie sei, dass dies endlich öffentlich zur Sprache komme. Sie hätte schon lange gern erklärt, dass… Es folgt eine differenzierte Antwort, welche stark relativierend wirkt und neben das Gerücht gestellt werden kann.

Wichtig ist, dass Informationsquellen kritisch eingeordnet und bewertet werden. Aussagen von Gegnern, Konkurrenten sind ebenso mit Vorsicht zu genießen wie solche von ganz Nahestehenden.

## Beobachtungen vor Ort

Eine weitere Informationsquelle sind öffentliche Begegnungen im Vorfeld des Gesprächs. Wir beobachten die Person bei Parteiauftritten, Parlamentsverhandlungen, bei Reden auf Kundgebungen, auf der Bühne, bei Lesungen, auf dem Elternabend in der Schule, bei der Mieterversammlung oder bei der Alltagsarbeit an der Kasse. Wir können das kundtun – müssen es im öffentlichen Raum aber nicht – und damit zeigen, dass wir uns wirklich bemühen, verschiedene Facetten der Person kennen zu lernen.

### Die Recherche bei unbekannten Personen

Bei bislang nicht in den Medien aufgetretenen Personen finden wir kaum gedruckte Informationen. Wir können sie aber um einen Lebenslauf bitten, um uns vorzubereiten. Folgender Tipp ist oft ergiebig: Wir fragen die zu porträtierenden Personen nach Fotos und allfälligen Schriftstücken, die sie betreffen und die ihnen wichtig sind. So ergeben sich Selbsteinschätzungen und Bilder davon, wie sich die Person selbst gerne sieht und darstellt.

Wir beobachten die Kassiererin, die wir wegen ihres geringen Lohns porträtieren, im Geschäft, aber auch beim mittäglichen Schwatz im Café gegenüber, und die 90-Jährige beim Kaffeetrinken im Altersheim. Wir reden auch mit Mitarbeiterinnen und Kollegen. Ob diese Informationen im Gespräch tatsächlich eingebracht werden, hängt von der Stimmung ab. Tendenziell werden hier eher wohlwollende Aussagen übernommen. Kritische Stimmen sollten sich an Fakten und weniger an Einordnungen orientieren.

Erzählt die Kollegin, dass die Kassiererin auch im größten Stress ruhig bleibe, kann dies zitiert werden. Sagt sie aber, dass sie in schwierigen Situationen regelmäßig die Nerven verliere, sollte man äußerst vorsichtig sein. Fairer wäre zu beobachten, ob im Stress die Kolonne vor der Kasse immer länger wird und Fehler passieren und sie dann damit zu konfrontieren. Ob wir dann tatsächlich darüber schreiben, ist nochmals eine andere Frage, allfällige Folgen für die notabene von uns ins Rampenlicht geholte Verkäuferin sind gründlich zu prüfen (Vgl. Kap. 8.2)

## 6.2 Den eigenen Standpunkt klären

Nachdem das Recherchematerial zusammengetragen ist, gilt es, dieses zu ordnen und zu gewichten. Wir fassen die biografischen Daten zusammen, suchen nach Schlüsselereignissen, nach ganz Besonderem, nach Brüchen und Widersprüchen. Hilfreich kann ein kurzer Biografiespickzettel mit Eckdaten zur Person sein. Er ermöglicht, sich während des Gesprächs zurechtzufinden, ohne ständig nachfragen zu müssen, wann, wo und wer das war. Zudem macht er auch Lücken eher sichtbar. Wenn jemand zwei, drei Jahre seiner Biografie stets ausblendet, liegt dort möglicherweise ein interessantes Thema. Ein Blick auf unseren Zettel kann solch gezieltes Weglassen schnell sichtbar machen.

Dann versuchen wir unsere eigene Haltung gegenüber der zu porträtierenden Person zu klären, Rechenschaft abzulegen, ob wir sie sympathisch finden, ob wir ihr vielleicht zu nah sind, ob sie uns eher anwidert oder ob sie uns, was wohl das

Schlimmste wäre, gleichgültig lässt. Am besten notieren wir unsere Gefühle, so sind sie erst einmal festgehalten und können uns weniger hinterhältig aus dem Unbewussten blockieren.

In einem zweiten Schritt versuchen wir zu ergründen, weshalb diese Meinung über die Person zu Stande kam, wie fundiert sie ist und wo es Möglichkeiten für Gegenpositionen zu den eigenen Bildern gibt. Das sind Anzeichen dafür, dass wir offen sind und nicht mit engem Blick und starr vorgefasster Meinung auf unsere Person zugehen – eine Grundbedingung für guten Journalismus.

## 6.3 Themen vorbereiten

Es gilt nun noch, die Gesprächsthemen vorzubereiten. Dabei sollten nicht Fragen formuliert, sondern Bereiche ausgemacht werden, die unbedingt angesprochen gehören. Bei bereits oft porträtierten Personen besteht die Gefahr, dass man kaum auf neue Aspekte stößt, da alles schon gefragt und beschrieben worden ist. Möglicherweise hilft da ein Cluster weiter. Gabriele L. Rico beschreibt in ihrem Buch »Garantiert schreiben lernen« ein nicht lineares Brainstorming-Verfahren, verwandt mit freier Assoziation.

Ein Cluster ist eine assoziative Verknüpfung von Ideen und Vorstellungen. Es geht darum, die Fähigkeiten der linken und der rechten Gehirnhälfte zu verbinden. Es heißt, die linke denke linear, verarbeite die Informationen nacheinander, die rechte denke bildhaft, verarbeite das Wissen gleichzeitig. Oder anders gesagt: Links dominiert das begriffliche Denken, rechts das bildhafte. Unsere üblichen Lehrmethoden fördern tendenziell die Fähigkeiten der linken Hälfte mehr. Durch das Clustering soll die rechte Hälfte aktiviert, einbezogen werden. Denn für kreatives Schreiben ist beides wichtig, die Logik, die Abstraktion ebenso wie das bildhafte Beschreiben. Das Clustering verhilft zu einem schnellen Überblick über ein Thema. Es ermöglicht aber auch neue Ansätze, neue Fragestellungen, neue Sichtweisen.

Die Methode dazu ist einfach: Auf einem möglichst großen Blatt schreibe ich das Kernwort in die Mitte, beim Porträt also den Namen der zu beschreibenden Person. Dann lasse ich meinen Assoziationen drei bis vier Minuten freien Lauf. Ich kann bei jedem einzelnen Wort, völlig frei von der Person, bildhaft anknüpfen. Ich versuche, meine Gedanken nicht durch lineares Denken zu begrenzen. Ich lasse ganz fremde, absurde Ideen ungestört zu. Ich muss mein Cluster ja niemandem zeigen.

Ich erweitere es dann einige Minuten lang. So spüre ich von der scheinbaren Zufälligkeit her allmählich einen Schwerpunkt heraus, eine Richtung, einen

Zugang zur Person, die ich porträtieren möchte. In einem dritten Schritt lasse ich das Gebilde auf mich wirken – und versuche, eine zentrale Aussage, einen Kernsatz, bezogen auf mein Thema, zu formulieren. Damit schaffe ich die Verbindung zwischen den beiden Denkweisen.

So komme ich möglicherweise auf einen neuen Zugang zu einer Person, die stets ähnlich dargestellt wird. Ansonsten gelange ich vielleicht mindestens zu einem überraschenden Einstieg.

## 6.4 Ort und Zeit

Es empfiehlt sich grundsätzlich, die zu porträtierenden Menschen in ihrem persönlichen Umfeld zu treffen. Dort erleben wir unser Gegenüber wahrscheinlich am echtesten. Wer aus dem Haus geht, zieht sich entsprechend an, auch im übertragenen Sinn. Die meisten Menschen sind zu Hause und an ihrem Arbeitsplatz mehr sie selbst als auf der Straße. Und weil wir sie möglichst echt erleben möchten, besuchen wir sie dort, wo sie es auch sein können. Zudem geben uns die Einblicke in Wohn- und Arbeitswelten weitere Informationen. Also nutzen wir diesen Heimvorteil, allerdings ohne ihn auszunutzen. Namentlich Boulevardmedien arbeiten heute fast ausschließlich mit privaten oder eben pseudoprivaten Geschichten. Oberflächlicher Voyeurismus ist hoch im Kurs. Das berufliche oder persönliche Umfeld soll lediglich ein illustrierendes Element und nicht die Hauptgeschichte sein. Und vor allem soll es ein optimales Klima fürs Gespräch schaffen.

Das kann aber auch der Schrebergarten, das Einkaufszentrum, oder das Kaffeehaus sein – kurz: Orte, die für den Porträtierten wichtig sind, ihm Besonderes bedeuten, ihn möglicherweise auch prägen.

Möglichkeiten, Leute umfassender kennen zu lernen, sind manchmal auch Spaziergänge. Die zu Porträtierenden können den Weg selbst vorschlagen. Eine Stadtarchitektin, die nach zwanzig Jahren aus ihrem Beruf geht, kann sich und ihre Tätigkeit am besten auf einem Spaziergang durch Quartiere zeigen, in denen sie etwas bewirken konnte. Ein 90-jähriger kann seine Geschichte möglicherweise auf dem Weg zu seinem täglichen Bier besser illustrieren als in seinem Wohnzimmer.

Effizient kann eine Zweiteilung der Begegnung sein. Erst an einem stillen Ort ein strukturiertes Gespräch über jene Themen, welche die Medienschaffenden unbedingt ansprechen wollen. Ein zweites, lockeres Gespräch lässt sich danach beispielsweise auf einem Spaziergang, einem Kneipen- oder Museumsbesuch führen. So erlebt man die zu porträtierende Person in unterschiedlichen Situationen.

Nicht nur Termin und Ort des Gesprächs sind zu fixieren, sondern von vornherein auch die ungefähre Dauer. Dies ist vor allem bei gewieften Medienprofis wichtig. So können diese nicht andere Termine vorschieben, falls das Gespräch für sie in eine Richtung geht, die ihnen nicht passt. Andererseits hilft es den Medienleuten, das Gespräch besser zu strukturieren. Wenn eineinhalb Stunden vereinbart sind und man nach fünfzig Minuten noch immer bei der schwierigen Kindheit verweilt, muss die Warnlampe aufleuchten. Denn nach weiteren vierzig Minuten hat das Visavis die Möglichkeit abzubrechen. Es kann jedoch auch Sinn machen, ungeplant an einem Thema zu bleiben, dann nämlich, wenn sich eine spannende Seite zeigt, die das Porträt in eine ungewohnte Richtung lenkt.

Der Zeitpunkt für ein Porträtgespräch ist so zu wählen, dass er der ausgewählten Person passt. Dies hört sich zwar einfach und selbstverständlich an, doch es gehört zum journalistischen Alltag, dass wir aus eigener Terminnot zu viel Druck auf andere ausüben und unter Umständen nicht merken, dass allein schon der für ein Gespräch gewählte Zeitpunkt ein Gelingen fast verunmöglicht. Der Journalist darf sagen, wann es ihm am genehmsten wäre, aber er sollte genau auf die Antwort hören.

Ein gutes Gespräch braucht Zeit, im Minimum zwei Stunden. Wie soll ein Fremder jemanden dazu bringen, sich wohl zu fühlen, seine Ängste und seine Skepsis abzubauen und Verborgenes zu zeigen, wenn die Stoppuhr tickt, der nächste Termin auf allem lastet?

Die zu porträtierende Person, der vereinbarte Ort und der Zeitpunkt bestimmen möglicherweise auch das Outfit des Journalisten, der Journalistin. Klar soll sie sich so geben, wie sie ist. Nun neigt unser Berufsstand ja gelegentlich zu einer gewissen Ausgefallenheit. Das muss nicht stören, im Gegenteil. Stellt die Journalistin bei ihrem Gegenüber eine Irritation fest, so kann sie diese ja daraufhin ansprechen. Selbstironie kann in derlei Situationen unter Umständen auflockern und einer gewissen Nähe förderlich sein. Es gibt allerdings Situationen, in denen die Irritation nur zu Abgrenzung führt, Distanz schafft, die kaum ansprechbar, damit auch nicht mehr abbaubar ist und das Gespräch erschwert.

Deshalb kann es sich lohnen, eine halbe Minute darüber nachzudenken, in welche Welt und welche Konventionen wir eindringen, und ob wir uns nicht mit Leichtigkeit ein bisschen anpassen könnten. Im Grunde genommen gehen wir auf Besuch, bei dem es uns darauf ankommt, einen guten ersten Eindruck zu machen und damit eine gute Voraussetzung für weitere Begegnungen zu schaffen. Bedenken wir doch kurz genau das, worüber wir bei einem entsprechenden privaten Besuch auch nachdenken und welche Risiken wir da vermeiden würden.

## Fazit

Jedes Porträt braucht Vorbereitung. Idealerweise kann man sich vor der Begegnung intensiv mit der Person befassen und sich auf sie einstellen, damit die Journalistin ein kompetentes Gegenüber ist. Wer viel weiss, kann gezielter fragen, wenn die zu porträtierende Person spürt, dass man sie bereits kennt, wird das Gespräch in aller Regel ergiebiger..

> **Checkliste: Vorbereitung für ausführliches Porträt**
> 1. Was macht mich neugierig an der zu porträtierenden Person? Welche Haltung habe ich ihr gegenüber? Diese positiven und/oder negativen Gefühle notieren.
> 2. Was wurde über die Person bereits publiziert? Was hat sie allenfalls selbst schon geschrieben? Archive, Internet und Bibliotheken durchstöbern und die Informationen kritisch analysieren und gewichten.
> 3. Die zu porträtierende Person selbst nach Unterlagen über sie fragen, die ihr wichtig sind.
> 4. Sich Wissen aneignen über Hauptthemen der zu porträtierenden Person.
> 5. Termin, Ort und Gesprächsdauer vereinbaren.
> 6. Kollegen, Kritiker und Konkurrentinnen und/oder Mitarbeitende zur Person befragen.
> 7. Einen Biografiespickzettel sowie einen Themenkatalog erstellen.
> 8. Nach Möglichkeit öffentliche Auftritte oder die Arbeitssituation beobachten.
> 9. Überlegen, ob Geräte für ein multimediales Porträt frei sind und ob eine Fotografin organisiert werden muss.
> 10. Bild- und Ton-Dokumente sowie Drehorte suchen.

Wir sind uns bewusst, dass die zehn Punkte nur in Ausnahmesituationen vollumfänglich durchgearbeitet werden können. Realistischer ist heute, dass von der Idee bzw. vom Auftrag bis zur Fertigstellung eines Print- oder eines Radioporträts für den Privatsender oft nur wenige Stunden vergehen. Einige Vorarbeiten sind jedoch auch dann unabdingbar.

**Checkliste: Vorbereitung für Kurzporträt**
1. Eine schnelle Phase der Reflexion: Was macht mich neugierig an der zu porträtierenden Person? Welche Haltung habe ich ihr gegenüber? Diese positiven und/oder negativen Gefühle notieren.
2. Was wurde über die Person bereits publiziert? Was hat sie allenfalls selbst schon geschrieben? Internetrecherche und die Informationen kritisch analysieren und gewichten.
3. Einen Biografiespickzettel sowie einen Themenkatalog erstellen.
4. Sich möglichst etwas Wissen aneignen über Hauptthemen der zu porträtierenden Person.
5. Sich sehr genau überlegen, wie man der zu porträtierenden Person den Gesprächswunsch mitteilt, und aus den Reaktionen Schlüsse für die Gesprächsführung ziehen.
6. Termin, Ort und Gesprächsdauer vereinbaren.
7. Überlegen, ob Geräte für ein multimediales Porträt frei sind und ob eine Fotografin organisiert werden muss.

**Fotoblock 2: Home Stories**

Das Modell wird nicht nur körperlich dargestellt, sondern durch seine Umgebung beschrieben: Räumlichkeiten, persönliche Gegenstände und Kindheitserinnerungen fügen sich zusammen und liefern wertvolle Informationen zu der porträtierten Persönlichkeit.
(Fotos: Caroline Minjolle/für Sonntagsblick Magazin)

Zoe Jenny, Schriftstellerin

Gardi Hutter, Clownin

# 7 Grundlage des Porträts: der persönliche Kontakt

Fürs klassische Porträt treffen sich die Journalistin und der zu Porträtierende und reden miteinander. Ist genügend Zeit vorhanden, führen die beiden ein offenes Gespräch. Ist der Zeitrahmen eng, kann auch ein Interview zur Person geführt werden. Dieses ist effizienter, lässt aber weniger Raum für Zwischentöne, für Überraschendes und macht es schwieriger, hinter die Fassade zu schauen.

Neuere Kurzformen verzichten auf die Begegnung – ein kurzes Telefongespräch, drei bis vier schriftlich gestellte Fragen oder gar nur Internetrecherche müssen genügen. Diese Personengeschichten erfüllen sicher nicht die gleichen Erwartungen wie die klassische Form, sind aber Realität.

## 7.1 Kleine Psychologie des Gesprächs

Grundlage der meisten Porträts ist das offene Gespräch. Wer ein möglichst authentisches Porträt schreiben will, muss sich mit dem Menschen auseinandersetzen, ihm begegnen, muss geschickt fragen, sehr gut zuhören, nachhaken, ausgesprochen gut beobachten, nicht nur auf knackige Quotes aus sein und auch von sich etwas preisgeben. Nicht als taktisches Kalkül, sondern im Bewusstsein, dass sonst eine echte Begegnung unmöglich ist.

In jede Begegnung, in jede Wahrnehmung fließen subjektive Komponenten, Emotionen ein, bewusste und unbewusste. Der Ursprung der emotionalen Ergänzungen, Verzerrungen und Erweiterungen des Sprachlich-Rationalen ist mehrheitlich unbewusst und kaum kommunizierbar.

Gespräche – im privaten wie im beruflichen Alltag – spielen sich innerhalb von Konventionen ab. Begrüßungsrituale, eine Einigung über die Sprache, in der man kommunizieren will, und eine unendliche Serie stillschweigend akzeptierter gesellschaftlicher Regeln bestimmen den Rahmen einer jeden Begegnung. Diese Konventionen unterliegen zwar einer gewissen Dynamik, sie wandeln sich, werden laufend neu ausgehandelt, doch geschieht dies kaum auf der sprachlichen Ebene, sondern zur Hauptsache auf der nonverbalen. Somit zeigt schon das banalste Alltagsgespräch eine derartige Fülle einzelner Komponenten, dass es mehrerer Gigabytes an Speicherkapazität bedürfte, um sie abzuspeichern.

### Verbale und nonverbale Kommunikation

Jedes Gespräch zwischen zwei Menschen basiert also auf einer Fülle von Automatismen, unbewusst strukturierter Erwartungen und entsprechender Verhaltensvorgaben. In unserer Kultur wird zwar ein Gespräch primär als Austausch verbaler Informationen verstanden. Doch über Tonfall, Mimik, Gestik, spontane Wortwahl und Betonungen wirken unbewusste Wertungen, Ängste, Aggressionen und die ganze Palette menschlicher Regungen permanent auf den Kommunikationsfluss ein.

Gerade in den ersten Sekunden der ersten Begegnung zwischen zwei Menschen geschieht auf der Ebene der nonverbalen Kommunikation Entscheidendes. Wesentlich beeinflussen können wir dies nicht. Aber wir können uns immerhin vornehmen, entspannt, offen, aufmerksam, höflich und flexibel auf eine Person zuzugehen – und, noch einmal sei es gesagt, uns bewusst zu sein, dass die erste Begegnung jene am Telefon, notfalls im E-Mailkontakt oder bei gewissen Personen mit Vorteil in einem Brief ist.

Störend wirkt in der Kommunikation nicht in erster Linie dieser emotionale Untergrund an sich, sondern das permanente Bemühen, ihn dorthin zurückzudrängen, wo er herkommt, nämlich ins Unbewusste. Sprache ist ein Mittel der Aufklärung, des Bewusstmachens. Sprache ist aber nicht nur Behelf für rationale Kommunikation, sie ist ebenso sehr Ausdrucksmittel für Emotionen und, nebst anderen Kunstformen, ein für den Ausdruck menschlicher Fantasie vielseitiges Medium. Mittels Sprache wurden virtuelle Welten erschaffen, bevor das Wort virtuell im Zusammenhang mit Computern in aller Munde war.

### Die Irrationalität eines Gesprächs

Wir wehren uns gegen die Reduktion eines Gesprächs auf den Austausch rationaler Sprachinhalte. Das mag dort noch angehen, wo zwei Philosophen ein zur schriftlichen Publikation bestimmtes Streitgespräch führen, in dem sie sich permanent Rechenschaft ablegen über den exakten Gebrauch und die Übereinstimmung der Begriffe. Doch kaum ein Interview, geschweige denn ein Porträtgespräch, wie es in unseren Medien üblich ist, lässt sich in seinem Verlauf aus dem rationalen Gehalt der gebrauchten Wörter allein erklären.

Man mag dies bedauern; es stört den Ordnungssinn, schränkt unsere Kontrollmöglichkeiten ein; es sind Irrationalismen, die unseren aufgeklärten Geist irritieren. Doch letztlich ist dem Leben mit Logik allein nicht beizukommen.

## Raum geben

»Wer fragt, gibt dadurch zu erkennen, dass er etwas nicht weiß. Wenn wir zum Fragen ermuntern, dann offenbar auch zum Eingeständnis, einiges, vielleicht auch vieles nicht zu wissen. Wir brauchen also mehr Toleranz gegenüber dem Nichtwissen ...« (Vollmer, 1993).

Diese Forderung gilt beim Porträtgespräch für beide Seiten. Wir möchten etwas erfahren und zwar nicht bloß, was wir vermuten. Die zu porträtierende Person soll Raum beanspruchen, soll Geschichten erzählen dürfen, von denen wir von vornherein wissen, dass sie im Porträt später nicht aufscheinen werden. Maßstab des Möglichen ist das gegenseitige Interesse. Das kennt keine durch das berufliche Ziel bestimmte Grenzen. Die Auswahl erfolgt in einer späteren Produktionsphase.

Die Schriftstellerin Susan Sontag formuliert es im »Das Magazin« so:

»Die Gesprächssituation, die ich am meisten liebe, ist das Tête-à-Tête. Ich liebe es, mit Taxifahrern zu sprechen. Zweimal in meinem Leben fuhr ein Taxifahrer mitten in New York an den Straßenrand, stellte den Taxameter ab und fragte mich: Haben Sie es eilig? Einer erzählte mir die Geschichte seiner Scheidung und wie er versuche, wieder mit seiner Frau zusammenzukommen. Und ich riet ihm: Sie haben doch gesagt, sie seien mit ihrer Schwiegermutter gut ausgekommen. Laden Sie diese zum Abendessen ein und erklären Sie ihr, dass Sie zurück zu ihrer Tochter wollen. Und so muss ein gutes Interview sein: ein organisches Gespräch, das ganz neu ist, unbelastet und frei von Vorurteilen. Einfach eine menschliche Begegnung.«

Der Interviewer wirft die Frage dazwischen:

»Aber man hat doch ein Bild von jemandem wie Ihnen?«

»Vergessen Sie's, seien Sie flexibler. Sie sind noch jung«,

antwortet Susan Sontag.

»Toller Ratschlag. Aber danke.«

»Ja, das ist meine mütterliche Seite. Sie sollten flexibel genug sein, um nach fünfzehn Minuten Gespräch Ihre Klischees von mir aufzugeben.«

Ein Porträtgespräch ist aber keine Plauderei, sondern eben ein Gespräch. Es geht dabei nicht bloß um gegenseitige Bestätigung, sondern um ein Eingehen auf das, was der andere mitteilen möchte. Der Porträtierte muss das Gefühl haben, bei der Themensetzung einbezogen und ernst genommen zu werden. So ist oft am Ende des Gesprächs die Frage nützlich, ob etwas Wichtiges nicht angesprochen worden sei, welche Frage er gerne noch gestellt haben, bzw. beantworten möchte.

Wer offen ist und bereit, eigene Wertungen infrage zu stellen hat die Chance, dass der Augenblick eine Verdichtung erfährt, die im glücklichen Falle dazu führt, dass zwei Menschen miteinander neu über etwas nachzudenken beginnen und dabei vielleicht auf Dinge stoßen, die ihnen zuvor noch nie in den Sinn gekommen sind.

### Aktiv zuhören

Ob sich uns jemand mitteilt oder nicht, hängt vor allem von unserer Bereitschaft ab hinzuhören.

Zuhören heißt aktiv sein. Wo sich bei uns Widerspruch regt, muss er, zurückhaltend, formuliert werden. Wenn sich das Gefühl einschleicht, da stimme etwas nicht, da werde Schönfärberei gemacht, abgespalten, müssen wir dies thematisieren.

Fühlen wir uns bei der Unterhaltung nicht wohl, so kann das daran liegen, dass unsere Gesprächspartnerin uns bequatscht, nicht von sich selbst redet oder mit Worten etwas zudecken will. Da kann es durchaus angebracht sein, dieses eigene Unwohlsein auszusprechen. Erzählt uns die Porträtierte Geschichten an der Grenze des Mitteilbaren, so will sie eine Reaktion von uns, und zwar eine echte, keine gespielte. Sie braucht unsere Gefühle, braucht uns als Bezugsperson, denn Wichtiges erzählt man nicht in den leeren Raum, in eine imaginäre Öffentlichkeit hinaus.

Wer uns zum Beispiel vom Tod eines Angehörigen erzählt, wird dies offener tun, wenn er oder sie weiß, wie wir selber mit dem Tod umgehen, ob wir auch schon jemanden Nahestehenden verloren haben und welche Gedanken wir uns darüber machen. Und es wird der erzählenden Person gewiss leichter fallen weiterzureden, wenn sie spürt, dass uns die Geschichte bewegt.

Solche Momente sind wichtig für ein Porträt – können aber schwierig sein. Wir müssen den Porträtierten zeigen, dass wir uns auf sie einlassen und mit ihnen für ein paar Stunden einen gemeinsamen Weg gehen wollen.

Wir leugnen indes aber nicht, dass unsere Offenheit letztlich auch ein Ziel hat, dass wir auf ein Produkt hinsteuern. Dass wir somit ein professionelles Gespräch führen, nicht eines unter Freunden. Der Grundtenor ist Respekt. Wir suchen nicht Unsicherheiten, Ängste usw., um zu demaskieren, sondern weil wir überzeugt sind, dass sich hinter diesen Gefühlen das Wertvolle, Besondere, Einzigartige dieser Menschen verbirgt.

## Die Metaebene

Eine der Schwierigkeiten des Porträtierens besteht jedoch darin, zwar möglichst viele Vorinformationen über die zu porträtierende Person zu haben, trotzdem aber die Offenheit zu bewahren, Neues und unter Umständen dem recherchierten Bild Widersprechendes zu erfahren und dann auch aufzunehmen.

Je besser wir einen Menschen kennenlernen, desto mehr mögen wir ihn in der Regel. Klar lässt sich bei jedem Menschen irgendwo eine kleinliche, eine großspurige, eine prahlerische oder sonst wie unsympathische Seite finden. Wenn wir trotzdem hinschauen und neugierig bleiben, so werden wir dahinter anderes entdecken, werden sehen, dass auch die schwierigen Seiten eine Geschichte haben. Wir werden verstehen und unser Interesse nicht verlieren. Unsere Eindrücke anzusprechen, hinter die schwierigen Seiten zu schauen statt wegzusehen, lohnt sich immer. Das Porträt wird dadurch differenzierter und stärker, gewinnt Konturen. Das bedeutet aber auch, dass wir, wo wir skeptisch sind und zweifeln, nachhaken und die zu porträtierende Person kritisch befragen.

Das Wichtigste für den Journalisten ist, sich bewusst zu machen, dass die eigenen Gefühle und Gedanken, welcher Art sie auch immer sind, in das Gespräch hineinspielen. Wertungen in Richtung Idealisierung oder Schuldzuweisung verstellen unseren Blick oder sind die Folge eines verstellten Blickes.

Stammen Porträtierende und Porträtierte aus unterschiedlichen Gesellschaftsschichten, Regionen oder Kulturen, oder besteht ein großes Machtgefälle zwischen ihnen, kann dies Vorurteile oder zumindest Vorbehalte auslösen, die unbewusst das Gespräch behindern.

Das Gegenüber nimmt, bewusst oder unbewusst, davon immer etwas wahr. Es macht folglich keinen Sinn, Energien in ein Versteckspiel zu investieren. Im Gegenteil, Metakommunikation, Reden über die Gesprächssituation, über Hemmungen, Ängste, Vorurteile, kann Schranken abbauen und den Weg freilegen für ein wirklich offenes Gespräch.

Es kann Sinn machen, wenn die aus einer Arbeiterfamilie stammende Journalistin der zu porträtierenden Millionärin erzählt, wie sie aufgewachsen ist, dass sie sich vielleicht auch nicht allzu behaglich fühlt in der von Geld strotzenden

Umgebung, oder dass sie durchaus auch neidisch ist auf ihr Gegenüber, das sich alles leisten kann. Es ist oft erstaunlich, wie gerade derart heikle Offenbarungen das Eis brechen können.

## Das Klima

Fast alles hängt davon ab, ob wir ein gutes Gesprächsklima schaffen, ein anregendes und respektvolles. Hierfür kann der Einstieg prägend und entscheidend sein. Hier gilt: »You never get a second chance to make a first impression.« Unser Vorwissen über eine Person kann uns dazu dienen, den richtigen Weg, den richtigen Ton zu finden. Ein Beispiel:

Besuche ich einen Bergbauer, der den ganzen Sommer allein mit seinem Vieh auf der Alp verbringt, so stelle ich mich auf sein Schweigen ein und halte mich zurück, wohl wissend, dass für ihn »Nichtreden« alltäglich ist. Eine Wortflut meinerseits würde ihn irritieren.

Besuche ich aber eine mediengewohnte Person, so kann es Sinn machen, dass ich gleich zu Beginn etwas Persönliches von mir erzähle, z. B. in welcher Stimmung ich gerade hergekommen bin, um deutlich zu machen, dass ich nicht als Journalist Nummer X mit den ewig gleichen Fragen komme, sondern eine persönliche Begegnung suche.

Unser erster Eindruck, vor allem, was uns überrascht, kann einen guten Einstieg in das Gespräch liefern. Wenn wir offen zeigen, wie etwas auf uns wirkt, bieten wir unserem Gesprächspartner die Möglichkeit, darauf Bezug zu nehmen: Wir zeigen mit unserer Reaktion, wohin wir schauen; wir geben damit etwas von uns preis, wir spielen nicht Verstecken. Eine gute Voraussetzung für ein offenes Gespräch. Im Arbeitszimmer eines Politikers fällt uns fast immer etwas auf, aus dem sich sofort Fragen ergeben: Aktenberge – also zu viel Arbeit? Fast nichts auf dem Schreibtisch – sorgt er selbst für Ordnung? Da afrikanische Maske in der Ecke – wer hat sie ihm geschenkt? Warum dieses Kunstbuch im Regal?

Es gibt keine allgemein gültigen konkreten Handlungsanleitungen. Jede Journalistin, jeder Journalist muss so auf sein Gegenüber zugehen, dass ihm selbst dabei wohl ist; dann wird sich auch der Gesprächspartner am ehesten wohl fühlen.

## Der kleine Unterschied

Nun porträtieren Journalisten und Journalistinnen Frauen und Männer. Dabei spielt offensichtlich das Geschlecht eine Rolle. Männer scheinen beim Porträtieren von Frauen des Öfteren Opfer einer eigentlichen Verblendung zu werden:

Sie idealisieren. Oft porträtierte Frauen erklären jedoch zu Recht, dass zu viel Goodwill ihnen schade. Idealisierungen lösen beim Publikum einen Abwehrreflex aus, die porträtierte Person wirkt abgehoben, wird unglaubwürdig. Überhöhtes verliert an Echtheit, lebt nicht.

Wir forderten zwar Einfühlung, meinen damit aber nicht Kritiklosigkeit. Der Kern, das Spannende eines jeden Menschen ist nie ideal, sondern voller Widersprüche.

Wenn Journalistinnen Frauen sympathisch finden, ihr Engagement herausstreichen wollen und sie entsprechend porträtieren, geht gelegentlich vor lauter guter Absichten das kritische Fragen, die echte Neugier verloren. Wenn wir aber einer Person stets verbal auf die Schulter klopfen, sie quasi in Watte einpacken, kann diese kein Profil bekommen, kann ihre Stärken, ihre Persönlichkeit gar nicht zeigen.

»Ich kämpfe dagegen, dass Frauen gerade aus der Erstmals-Position heraus allzu perfekt beschrieben werden. Schließlich koche ich auch mit Wasser: Es scheint mir gesellschaftspolitisch gefährlich, das Außergewöhnliche zu stark hervorzustreichen. Es ist ja niemandem möglich, im Beruf 150 Prozent, in der Politik auch noch 100 Prozent zu arbeiten und dazu Militärdienst zu leisten und erst noch eine glückliche Ehe zu führen. Aus engagierten Frauen Musterfrauen zu machen, hat auf andere Frauen einen total negativen Einfluss, das verunsichert, frustriert und schreckt ab«,

sagt Gertrud Peyer-Erismann, ehemals Geschäftsleitungsmitglied einer Schweizer Großbank. Eine ehemalige Schweizer Politikerin ergänzt:

»Kritische Porträts lassen die gezeigten Personen glaubwürdiger erscheinen. Doch Kritik muss fair sein, muss stimmen. Ja, ich wünsche mir kritische Porträts. Denn mindestens so fragwürdig wie einen totalen Verriss finde ich die Lobhudeleien, die aus fehlender Distanz entstehen. Dann wissen Sie ja auch ganz genau, das ist nicht wahr, das kann sie nicht sein. So gut ist gar niemand. Das ist auch politisch fatal. Erscheinen solche Porträts, denke ich: Das ruft wieder Neider auf den Plan, das gibt wieder Retourkutschen und politischen Schaden.«

Und ihre deutsche Kollegin Renate Schmidt schließlich:

»Der Mensch ist vielschichtig. Ich halte es für wichtig, dass Frauen nicht reduziert werden auf Aussehen, Familie, Kinder, Freund, Mann oder was auch immer: Das mag auch seine Bedeutung haben, aber man muss das verbinden mit dem, was wir politisch zu sagen haben und wie wir politisch agieren. Leider scheint das für manche Medienvertreter absolut uninteressant zu sein.«

Wer eine ihm ausnehmend sympathische Person porträtiert und der Gefahr, dass das Porträt unglaubwürdig werden könnte, mit ein paar alibimäßig gestellten kritischen Fragen begegnen will, betrügt sich selbst und ist schnell durchschaut. Dies genügt nicht, denn Zuschauer, Hörer und Leser entlarven derlei schnell. Es geht auch hier um die Haltung: Diese soll empathisch, muss aber gleichzeitig kritisch sein, neugierig eben. Und echte Neugier verträgt sich mit Idealisierung so wenig wie mit Vorverurteilung.

## 7.2  Erste Eindrücke nutzen

Der erste Eindruck von der zu porträtierenden Person liefert möglicherweise Spannendes auch für unsere Leser, Hörerinnen oder Zuschauer. Wenn wir nach unserer Vorbereitung schließlich der Person begegnen, erleben wir vielleicht Unerwartetes. Die Stimme ganz anders als im Radio, die Wohnung ist viel bürgerlicher eingerichtet als wir dachten, der Mann viel kleiner als wir ihn im Fernsehen wahrnehmen, der CEO bereitet selbst den Kaffee zu.

All diese Kleinigkeiten sind wichtig, wir sollten diese Eindrücke noch am gleichen Tag notieren. Denn vermutlich sind unsere Leserinnen, Hörerinnen und Zuschauerinnen darüber genauso erstaunt wie wir, ob es sich nun um die Pfeifensammlung, die Ordnung oder auch Unordnung auf dem Schreibtisch oder die Trivialliteratur auf dem Zeitungstischchen eines Konzernchefs handelt.

Solches macht ein Porträt lebendiger, wirkt jedoch oft zum Leidwesen von Porträtiertem und Porträtmacher recht dominant und bleibt vielleicht gar allein im Gedächtnis des Publikums haften.

Beispielsweise wurde der ehemalige bayerische Ministerpräsident Max Streibl an vier Tagen im Mittagsmagazin des Schweizer Radio DRS vorgestellt. Sein Lieblingsgericht, so erwähnte er nebenbei, sei ein »Wiener Tafelspitz«. Hörer und Hörerinnen riefen an, was denn das sei, ein Moderator gab ein Rezept durch. Schließlich kamen Hunderte von Telefonaten zum Thema, wie denn ein echter Wiener Tafelspitz zuzubereiten sei. Eigentlich hatte der Porträtist aber so viel anderes, politisch Wichtiges und spezifisch Bayrisches zeigen wollen. Jenseits solch journalistischer Empfindlichkeit hat er aber gerade durch eine solche Kleinigkeit die Aufmerksamkeit geweckt, eine Aufmerksamkeit, die sicher auch über den Tafelspitz hinausgegangen ist.

## 7.3 Kleine Hilfsmittel

Wir steuern zwar das Gespräch, sollen aber offen bleiben und eingehen auf das, was uns die zu porträtierende Person zeigt. Deshalb kommen wir nicht mit einem ausformulierten Fragenkatalog, sondern nur mit Themen, die wir ansprechen wollen. Ein Hilfsmittel sind auch kleine Kärtchen mit einigen möglichen Zwischenfragen privater, aber auch provokativer Natur. Das können Nebensächlichkeiten sein, die einem aufgefallen sind (z. B. das Skatspiel auf dem Schreibtisch), oder etwa das unflätige Zitat eines politischen Gegners, mit dem wir eine emotionale Reaktion provozieren wollen. Diese Kärtchen sind eine Art Joker im Gespräch, mit diesen vorbereiteten Fragen lockern wir die Stimmung auf, schaffen Atmosphäre, bringen Besinnliches und Nachdenkliches ein. Oft erweist sich diese Art von Vorbereitung als unnötig, in anderen Fällen sind wir froh um sie.

### Fazit

Das Porträtgespräch ist meist eine Gratwanderung zwischen Nähe und Distanz ebenso wie zwischen rationalem Diskurs und Kommunikation auf der emotionalen Ebene. Es braucht Nähe und Empathie, ist aber kein freundschaftliches, sondern immer eine professionelle Begegnung mit der klaren Absicht, möglichst viel Information zu bekommen, um ein Porträt daraus fertigen zu können. Die Gesprächspartner brauchen somit gleichzeitig eine gewisse Distanz. Dies transparent zu machen schafft Vertrauen und damit Offenheit.

# 8 Die Verarbeitung: vom Zauber zum Wahn

Ein gutes Porträt liest sich, hört sich an wie eine Kurzgeschichte. Die vorgestellte Person erscheint in verschiedenen Facetten, mit Markantem, Prägendem aus ihrem Leben, Schwerpunkten, Vorlieben, Erfolgen und Misserfolgen. Man hört sie reden, sieht, wie sie lebt und/oder arbeitet, wie sie mit dem Sekretär, der Chefin, der Kollegin umgeht. Man vernimmt auch, was andere über die Person denken. Und das alles in einer attraktiven, stimmigen, lebendigen Sprache. Nichts leichter als das. Oder doch nicht?

## 8.1 Nähe und Distanz

Ein Porträt lässt sich kaum je so locker herstellen wie es sich nachher dem Publikum präsentiert, oder zumindest präsentieren sollte. »Je länger ich Porträts schreibe, desto schwieriger finde ich sie«, sagte Herbert Riehl-Heyse als leitender Redakteur der »Süddeutschen Zeitung«. Die Qualität eines Porträts hängt maßgeblich von der gelungenen Nähe und der Distanz ab. Ein Widerspruch? Mitnichten. Es braucht beides.

Das Porträt ist eine komplexe journalistische Form. Gerade weil es zur Hauptsache über Emotionen funktioniert, lässt es sich nicht so leicht geradlinig konstruieren wie ein Sachbericht. Entscheidend wird damit die Haltung des Machers; sie muss sichtbar, spürbar werden. Ein Porträt ist per definitionem eine interaktive Form. In seiner radikalen Subjektivität bedarf es einer Objektivierungsmöglichkeit, welche der Porträtierende liefern muss, indem er seine Haltung durchschaubar macht und damit zum kritisierbaren Angelpunkt wird. Das Publikum kann auf diese Weise den Zugang des Machers, seine Haltung, kritisch würdigen und damit das Porträt relativieren. So gesehen verliert die »kritische Distanz« aus dem Handbuch des Journalisten hier ihren ethischen Anspruch. Weil wir uns – beim Porträtieren – nicht als die neutralen Beobachter verstehen, sondern als kritisierbare Vermittler, dürfen wir den Porträtierten phasenweise nahe sein – und diese Nähe auch zeigen. All diese Überlegungen fließen in jede der Phasen, in denen ein Porträt entsteht, ein:

In der *Vorbereitungsphase* fordern wir Selbstreflexion. Dies bedeutet schon terminologisch Distanz. Ohne eine bestimmte Entfernung vom Objekt lässt sich nicht reflektieren; sinngemäß heißt dies sogar: Wir müssen uns auch von uns selbst distanzieren, um zu erkennen. Oder anders formuliert: In der Vorbereitungsphase ist kritische und selbstkritische Wertung gefragt, also keine Nähe.

In der *zweiten Phase*, während des Porträtgesprächs, bei Radio und Fernsehen die Zeit der Aufnahmen, des Sammelns, geht es um Authentizität, Echtheit von Machenden und Porträtierten. Da wirkt bewusste Distanz künstlich und zerstört die erstrebte Offenheit. Da ist Nähe der Schlüssel.

In der *Verarbeitungsphase,* beim Schreiben und beim Schnitt, kommen wieder reflektorische und damit auch distanzierende Elemente ins Spiel. Wir bewerten Aussagen und Eindrücke kritisch und versuchen, uns ein stimmiges Bild der Person zu machen.

Bei großen Porträts, bei denen über Wochen gedreht oder aufgenommen wird, kann sich der Ablauf aller drei Phasen mehrmals wiederholen. Da wird Reflexion die Nähe gelegentlich brechen, wird Inszenierung zeitweilig das Authentische überspielen. Aber im Grundsatz bleibt die Regel: Wenn Machende sich nicht über Porträtierte stellen wollen, wenn sie weder bewundernd auf – noch verächtlich herunterschauen auf ihr Gegenüber, wenn die Interaktion Teil des Porträtkonzeptes ist, ist Nähe unabdingbar. Und Distanz ebenso.

## Kritisch und fair

Ausgehend von unserer Definition des Porträts, fordern wir an dieser Stelle den kritischen, aber fairen Zugang zu allen Personen. Falsche Schonung ist für alle Beteiligten kontraproduktiv, geschont werden in der Regel eher Schwache – und wer will das schon sein. Zudem verhindert Schonung, dass Ecken und Kanten sichtbar werden.

Die Würde des Menschen muss beim Porträtieren zentrale Überlegung sein. Würde, sagt Hans Georg Gadamer, gehört zu jenen Dingen, die, wie Autorität auch, durch kein Wollen und äußeres Bestehen erstrebt oder erworben werden können. Würde ist etwas, was einem zuwächst, was einem nicht eigentlich gehört, sondern dem man gehört, auf das man zu hören und das man zu wahren hat. Sie bewahrt einen vor einer letzten Grenze im Besessensein von sich selbst und gewährt einem damit, dass man den anderen nicht verletzt.

Die Medienschaffenden bestimmen weitgehend, was öffentlich werden soll und was nicht. Guckloch-Journalismus gehört auch beim Porträt nicht zur edlen Sorte. Anlass und Stoßrichtung eines Textes legen weitgehend die Richtlinien für Privates fest. Tritt eine Rocklegende trotz gegenteiliger Aussage doch wieder auf, spielen ihre sechs Scheidungen keine wesentliche Rolle. Heiratet sie aber zum siebten Mal und wird deshalb porträtiert, bekommt ihr bisheriges Privatleben ein ganz anderes Gewicht. Wird ein Behinderter in seinen finanziellen Engpässen beschrieben, interessiert sein Sexleben wenig. Geht es aber um das Thema Liebe und Sexualität bei behinderten Menschen, liegt der Fall anders.

Allerdings gibt es auch schwierig zu entscheidende Grenzbereiche: Ist ein Politiker homosexuell, ist das in der Regel seine Privatsache und gehört kaum in ein Porträt, man thematisiert ja schließlich Heterosexualität auch nicht. Vertritt der Homosexuelle aber eine Partei, die immer wieder Minderheiten ausgrenzt, stellt sich die Frage, wie er, der doch selbst einer solchen Gruppe angehört, damit umgeht.

Hier müssen wir als Journalistinnen und Journalisten über die ganz konkreten Folgen nachdenken, die bestimmte Sätze oder Sequenzen für die Porträtierten haben können, wobei – und das ist das Fatale – es meist jene Ausschnitte aus einem Gespräch sind, die wir, weil sie offen und bezeichnend sind, als Highlights empfinden. Das Mindeste ist, mit unserem Gegenüber die möglichen Folgen zu diskutieren. Oft findet sich auch ein Weg, Heikles ohne wesentlichen Substanzverlust zu entschärfen.

## Medienprofi oder Medienneuling?

Mal porträtieren wir Medienprofis, mal heben wir Frauen und Männer zum ersten Mal auf die öffentliche Bühne, stellen sie ins Schaufenster. Die Mechanismen dabei sind verschieden. Wenn Fabrikarbeiter Fritz Müller, bisher noch in keiner Zeile einer Zeitung erwähnt, in Redelaune über seine Verwandten und Nachbarn loszieht, wenn er erzählt, dass er an seinem Arbeitsplatz lange Jahre große Alkoholprobleme hatte und auch zu Hause oft gewalttätig gewesen sei, müssen die Medienschaffenden sehr sorgfältig filtern, was davon im Porträt erscheinen soll. Das meiste würde zur Thematik kaum viel beitragen, aber Müller und sein Umfeld im Nachhinein schwer desavouieren.

Oder wenn Fritz Müller aus Unkenntnis der Rechtslage völlig falsche Aussagen zum Mieterschutz macht, ist es am Journalisten, dies nachzurecherchieren und ihn auf die korrekte Aussage hinzuweisen. Beharrt er dann immer noch auf seiner Ansicht, kann das allenfalls als Illustration für seine Sturheit genommen werden, nicht aber als fachliche Disqualifizierung.

Anders liegt die Sache, wenn eine prominente Anwältin des Hauseigentümerverbandes falsche Angaben zum Mietrecht macht. Sie müsste es ja kennen. Wenn nicht, kann das im Porträt transparent gemacht und kommentiert werden, weil dies einiges aussagt über ihre fachliche (In-) Kompetenz.

Lässt sich eine erfahrene Politikerin vor den Wahlen porträtieren, wollen beide Seiten voneinander profitieren. Der Journalist will seinen politischen Aufklärungsauftrag erfüllen, die Politikerin weiß, dass nur Stimmen erhält, wer bekannt ist. Und weil sie möglichst im besten Licht dastehen will, wird sie versuchen, die Medienleute für sich einzunehmen. Wenn sie darauf besteht, sich inszeniert spontan zu geben, beispielsweise auf einer Extremklettertour, die sie ohne Journalist und Fotograf nie machen würde, kann sie abschätzen, wie die Medienkonsumenten reagieren werden, denn die mediengewohnte Person kennt die möglichen Folgen eines öffentlichen Auftritts. Deshalb muss sie mehr Eigenverantwortung übernehmen als eine medienungewohnte.

Die Entscheidung liegt bei den Medienschaffenden, wie weit Selbstdarstellung als Charaktereigenschaft, als politisches Stilmittel der zu porträtierenden Person einfließen soll.

Wir werden in den kommenden Kapiteln deshalb immer wieder unterscheiden zwischen Porträts von Medienprofis und Porträts von Personen, die von Medienleuten in die Öffentlichkeit geholt werden.

### Die Vollständigkeitsmanie

Der Porträtierte ist nicht unser Forschungsobjekt, er soll nicht seziert werden. Wir zeigen eine Momentaufnahme und maßen uns nicht an, jemanden endgültig zu definieren. Vielmehr wollen wir unsere durch vielerlei Bedingungen beschränkte, deshalb aber nicht weniger intensive Begegnung mit diesem Menschen zeigen und die Zuschauenden an dieser Begegnung teilhaben lassen.

Wir können beispielsweise auch eine verstorbene Person porträtieren, indem wir ihr Lebensumfeld befragen. Es gibt schöne Beispiele dafür, wie man mosaik- oder kaleidoskopartig ein differenziertes, berührendes und vor allem auch konzises Porträt zeichnen kann. Viel häufiger sind jedoch jene Texte und Sendungen, in denen die Vollständigkeitssucht ein Porträt killt. Zu viele Daten, zu viele Worte, zu viele Beobachtungen, zu viele Interpretationen, da geht Zeit und Raum fürs Wesentliche verloren. Auch beim Porträt gilt es zu fokussieren, die magischen Momente zu suchen und zu zeigen.

## 8.2 Dramaturgie

Nach diesen generellen Vorüberlegungen nun zur konkreten Verarbeitung.

Die gute Selektion des Materials ist die erste Arbeit nach der Begegnung. Sie führt zu einer Hauptaussage, zur thematischen Stoßrichtung, zum prägenden und gleichzeitig einprägsamen Bild. Es muss uns nun gelingen, den Leserinnen und

Zuschauern den Eindruck zu vermitteln, dass sie beim Gespräch in der Küche oder im Büro des Porträtierten dabei waren.

Wichtige Zitate, Fremdeinschätzungen, Wertungen, eigene Eindrücke beim Gespräch, all das fassen wir für uns zusammen, markieren es oder notieren es verdichtet nochmals. So entsteht relativ schnell ein Gerüst, das beim Schreiben als Richtlinie dient.

Da kein Mensch auf 180 Zeilen und auch nicht auf 1.000, nicht in fünf Sendeminuten und nicht in einer einstündigen Sendung in all seinen Facetten gezeigt werden kann, müssen wir immer auswählen, gewichten, fokussieren. Dabei hilft der Anlass des Porträts. Wenn eine Bundespolitikerin nach hundert Tagen Amtszeit in ihrem neuen Alltag porträtiert wird, stehen ihre möglicherweise sehr schwierige Kindheit, ihre ersten Liebesenttäuschungen und ihre aktuellen Hobbys kaum zur Diskussion. Macht sich ein Regierungsmitglied für ein Atommüll-Endlager in seiner Region stark, interessiert die Bevölkerung wohl seine Motivation dazu und möglicherweise sein Umgang mit Energie, die Beziehung zu seiner Frau oder zu den Nachbarn indes in diesem Kontext weniger. Also lassen wir das weg. Verbreitet hingegen ein Abgeordneter öffentlich immer wieder seine Vorstellung einer heilen Familienwelt, will kaum jemand etwas über seinen Stromverbrauch wissen. Dann gilt es zu ergründen, wie der Mann persönlich als Familienvater agiert. Besonders gut geglückt ist das bspw. beim Porträt über Alfred Neven DuMont unter dem Titel »Der Zeitungspatriarch«. Der Text beginnt folgendermaßen:

> Wer sechs Tageszeitungen herausgibt, dem mangelt es am Frühstückstisch nicht an Lesestoff. Doch Alfred Neven DuMont kann dem Zusammentreffen von Druckerschwärze und der ersten Tasse Kaffee des Tages nichts abgewinnen: »Beim Frühstück Zeitung zu lesen ist eine Unsitte...«
> (Berit Schmiedendorf in: Cicero, 9/2007)

Der 80-jährige wird dann ausschließlich mit Medienfakten konfrontiert und durch sie beschrieben. So entsteht das Bild eines äußerst leidenschaftlichen, unermüdlichen Verlegers, das am Schluss mit einer Szene abgerundet wird:

> Dafür hatte es sich der agile Publizist nicht nehmen lassen, Ende Mai die ersten Exemplare der geschrumpften Frankfurter Rundschau höchstpersönlich in der Frankfurter City an den Mann zu bringen – im FR-Shirt unter dem Sakko.
> (Berit Schmiedendorf in: Cicero, 9/2007)

Fokussieren bedeutet also: Weniger ist mehr. Der Gefahr des allzu weiten – und des allzu engen – Blickwinkels begegnen wir mit einem klaren Aufbauraster, den wir zu Beginn festlegen. Denn auch beim Porträt gibt es verschiedenste dramaturgische Möglichkeiten. Wenn die Arbeit gut läuft, wird sich ein Ablauf fast wie von selbst ergeben. Doch das ist nicht immer so. Deshalb liefern wir hier verschiedene Ideen.

## Drei Hauptvarianten

Idealerweise wird das Porträt erst einmal in einem Guss produziert werden. So wird die Sprache einheitlicher, es gibt weniger Brüche, Zufälligkeiten. In einem zweiten Schritt prüfen wir, ob die Aussagen, die Daten, die Zitate genau stimmen und feilen an der Sprache.

Aufbauen kann man ein Porträt nach einer Zeitstruktur, mit einem Szenenraster oder frei literarisch.

### *1. Der zeitorientierte Aufbau*
Unter einem zeitorientierten Aufbau verstehen wir eine einfache dokumentarische Struktur, beispielsweise ein Tages- oder Reiseablauf, die Chronik einer Begegnung oder die lineare Biografie mit Blenden. Die klassische Biografie wirkt oft langweilig – hier, in der berührenden fesselnden und sehr persönlichen Geschichte eines alten Paares, drängt sie sich geradezu auf:

> 1945 kam ich aus dem Krieg – gerade 18 Jahre alt, zu Fuss vom Karlsbad über Prag. Alles war zerstört, überall Tod und Elend. Ein Onkel hatte zu mir gesagt: »wenn du nach Bayern flüchtest, dann geh nach Miesbach.« Er gab mir einen Brief mit, an einen Freund, den er aus dem KZ kannte. »Der hilft dir weiter.« So kam ich nach Oberbayern. Dort habe ich mein Mädchen gefunden. Und dort habe ich sie verloren.
>
> Nach dem Krieg war ich bei der GCU, der Graves Concentration Unit ... Im Sommer 1946 erzählte mir Anna ... Am 11. September 1948 haben wir trotzdem geheiratet ... Unsere nächste Station war Bodelsberg bei Kempten ... Am 17. Juni 1988 kam er erste Herzinfarkt ... Die letzten neun Wochen vor ihrem Tod verbrachte Gretchen in der Psychiatrie ... Mitte September 2005 hatte ich nicht mehr die Kraft, ihr zu widersprechen ... Sonntag, 25. September 2005, war ein herrlicher Spätsommertag ...

(Süddeutsche Zeitung Magazin, 4. August 2006)

Hier dient ein Festakt als roter Faden durchs Porträt:

> Bleich ist Liechtenstein im Februar, 25 Kilometer lang, 12 Kilometer breit, 80.000 Briefkastenfirmen, 30.000 Menschen. Nebel schliert durch Vaduz, Hauptdorf des reichsten Landes hienieden. Es ist Schmutziger Donnerstag, 07.02.2002, Beginn der Narrenzeit.
> Landtagseröffnung. Wie jedes Jahr schickt der Fürst sich an, sein altes Schloss, das hoch über dem Ort auf steilem Fels harrt, zu verlassen und hinunterzusteigen ins Flache.
> Um dort, Punkt neun, vereint mit Regierung und Parlament, das Soufflat des Heiligen Geistes zu erflehen …Einsam und steif sitzt der Fürst in der ersten Bank, und der Pfarrer von St. Florin, Fürstlicher Geistlicher Rat, setzt zur Predigt an …»Wir beten für den Fürsten«, sagt jetzt der Priester …Es regnet. Man wartet. 25 Volksvertreter. 15 Journalisten. 4 Regierungsräte. Das Schweizer Fernsehen, das österreichische …
> Es ist Schmutziger Donnerstag im Fürstentum. Der Herrscher steht vor einem Stuhl, auf der Lehne leuchtet das Wappen …Flieht hinaus in den Audi, FL 1, hinauf auf das Schloss, weltraumwärts.
> (Erwin Koch in: Das Magazin 16/2002)

*2. Der szenenorientierte Aufbau*
Diese Art Aufbau wirkt locker, abwechslungsreich. Allerdings müssen sich Szenen ergeben, die etwas Typisches aussagen über die Person.

Collageartige Montage von Beobachtungen bei verschiedenen Ortsterminen: Die erste, zweite, dritte Annäherung an eine Frau mit vielen Facetten …(In drei Kapiteln wird dann die Frau als wirblige Leaderin im Nationalratssaal, als umworbenes Parteimitglied auf dem Fraktionsausflug und als dozierende Verwaltungsrätin bei der Generalversammlung beschrieben.)

Szenen rund um ein Tennisspiel und Exkurse für weitere Gespräche:

> »Nein nein. Nicht neben, sondern anstelle von Angus Young!« Roger Federer lacht vergnügt, es ist der zweitletzte Abend des Tennisturniers von Dubai …
> Bei einem Gespräch zwei Tage zuvor hatte ich wissen wollen, ob er sich über einen Gegner wie diesen Dänen überhaupt noch Gedanken mache. Es folgt ein wasserfallartiger Vortrag über die beeindruckenden Stärken seines Widersachers zu Juniorenzeiten … Jene erste Unterhaltung mit Federer trug sich am Privatstrand eines der zahllosen Fünfsternehotels in Dubai zu… bei einem Besuch in Roger Federers Elternhaus in Bottmingen BL hatte mir der Vater erzählt, Borg

> sei, ganz ähnlich wie sein Sohn, als Junior ziemlich ungezogen gewesen … Bei einem Schlummertrunk im original Irish Pub auf dem Areal der Sportanlage fragte ich den Mann von L'Equipe, was er von Federer halte … Am nächsten Tag wird Roger Federer das Finale gegen den Russen Michail Juschni gewinnen …
> (Weltwoche 12/2007. Das vollständige Porträt ist ab Seite 173 abgedruckt.)

*3. Der literarische Aufbau*
Dies sind originelle, allerdings bisweilen sehr gesuchte Aufbauformen. Da kann eine Metapher, die Sprechweise oder ein unkonventioneller Blickwinkel als Leitmotiv dienen. Eine anspruchsvolle Form, die schnell ins Groteske abgleiten kann, deshalb eher den Könnern überlassen.

Erzählform als Motiv, beispielsweise das Märchen:

> Es war einmal ein Christdemokrat. Der lebte hinter den sieben Bergen in Bonn am Rhein und glaubte noch an Märchen. Er stellte sich vor, dass man den garstigen bayrischen Frosch Franz Josef Strauß nur an die Wahlkampfwand …
> (Jürgen Leinemann über Franz Josef Strauß)

Sprachebene als Leitmotiv, beispielsweise Sport- oder Kriegssprache:

> Der Minister verließ die bisher sorgsam gehütete Deckung. Er stieg, als die Sonne am höchsten stand, von seiner Igelstellung auf der Hardthöhe herab zum Kanzler ins Tal zum Duell: High noon in Bonn. Die beiden Männer maßen sich kühl, als sie im Arbeitszimmer Kiesingers im Palais Schaumburg zusammentrafen. Zunächst zündete der Verteidigungsminister nur hin und wieder eine politische Miene … Die Visiere wurden wieder heruntergeklappt, die Lanzen wieder eingelegt …
> (»Der Spiegel« über den früheren Verteidigungsminister Gerhard Schröder)

Ungewöhnlicher Blickwinkel als Leitmotiv: Beispielsweise Cordt Schnibben über Prinzessin Stefanie von Monaco aus der Sicht eines unglücklich Verliebten, oder Erwin Koch über einen Ameisenforscher, aus der Sicht der Ameisen geschrieben.

## Titel und Einstiegsvarianten

Auch beim Porträt sind Titel und Einstieg wesentliche Elemente. Sie prägen die Erwartung und Haltung der Leserinnen und Leser gegenüber der porträtierten Person stark. Sie setzen ihnen quasi eine Brille auf und müssen deshalb besonders sorgfältig gewählt werden. »Alles hängt vom Anfang ab, alles hängt von der Sprache ab, von der ruhigen Entfaltung, dem Tempo, dem Ton. Wenn eines nicht stimmt, stimmt nichts«, schreibt Gerhard Spörl, Ressortleiter »Der Spiegel«. Publiziert ist der Text im Buch mit den besten journalistischen Geschichten des Jahres 2007. Der Titel – Teil eines Zitats von Henri Nannen, gilt auch fürs Porträtschreiben: »Mit einem Erdbeben anfangen! Und dann langsam steigern.«

Ein unveröffentlichtes Beispiel aus einer Übung an der Schweizer Journalismus-Schule MAZ zeigt dies deutlich:

> **Reden ist Silber, Schweigen tut weh!**
> E.B. Architektin ohne Arbeit redet lieber nicht darüber; sondern drum herum: Besuch bei einer arbeitslosen Intellektuellen, die so tut, als sei gar nichts geschehen. Außer einem Zufall und der vermaledeiten europäischen Einigung.
>
> Genau so haben wir das erwartet. An der Turnerstrasse stehen ja nur solche Häuser; 19. Jahrhundert, wahrscheinlich renoviert. E.B.s Büro ist nicht renoviert, die Böden knarren wie üblich, die Räume sind wie immer bei Architekten so gut wie leer; und die wenigen Möbel sehen aus, als müssten sie verdursten. Im Arbeitszimmer liegen zahllose Bücher auf den Tischen herum, doch nach Arbeit riecht es nicht. In einer kleinen silbernen Thermosflasche hat E.B. Espresso von zu Hause mitgebracht. Schönes altes Design, keine Frage, doch einschenken kann man nicht, ohne dass es peinlich wird. Das weiße Pult ist bald voll von braunen Ringen und Teichen. E.B. ist bestürzt und überlässt uns die Arbeit, setzt sich hin, wartet, raucht, drückt die Zigarette aus, raucht …

Diese Architektin hat keine Chance mehr. Der Journalist war zwar fasziniert von dieser Frau und wollte diese Gefühle weitergeben. Durch die Ansammlung negativer Bilder am Anfang aber, die zwar alle stimmen und für sich allein eine gute Charakterisierung ergeben, wird der gesamte Eindruck so stark geprägt, dass das negative Bild bis zum Schluss stehen bleibt.

Der Titel muss die Person treffen, sie charakterisieren, sie einordnen oder beschreiben.

*Zitate* sind eine beliebte Form:

**Ich bin ein Parvenue**
Politiker, Immobilienhändler, Industrieller, Intellektueller? Wer ist Guido Tettamanti, der neue Hauptaktionär der Weltwoche? Ein Wochenende in seinem Haus in Lugano.
(Weltwoche 22/2002)

*Berufe* können zu kreativen Wortkombinationen führen:

**Der Geniestreicher**
Daniel Hope wuchs im Haus eines legendären Geigenvirtuosen auf. Dort lernte er, wie man die Welt der Klassik erobern kann: mit eigenem Stil.
(Süddeutsche Zeitung Magazin, 27. September 2007)

**Global Player**
Mädchen kreischen, wenn er sein T-Shirt auszieht, Tennis Champions schwärmen von seinem Spiel und Journalisten entzückt er mit seiner Zuvorkommenheit. Roger Federer und die Magie des Erfolgs: Nahaufnahmen aus Dubai und ein spätabendliches Gespräch.
(Weltwoche 12/2007)

**Die Schlüsselfigur**
Im Luxushotel ist er die wichtigste Anlaufstelle: Der Concierge macht alles möglich. Besuch bei der gefährdeten Art.
(Das Magazin 33/2007)

**Der Mega-Dealer**
Vom kleinen Posterhändler zum mächstigsten Kunst-Tycoon: Der New Yorker Larry Gagosian verkörpert den Mythos des amerikanischen Traums.
(Cicero 9/2007)

*Charakterisierungen* gefallen, sind aber nicht ganz einfach, weil sie als Titel noch plakativer wirken als im Text:

**Ein Grobian als Premier**
Der tschechische Premierminister Milos Zermann ist für starke Sprüche bekannt. Seine Bilanz als Regierungschef fällt eher schwach aus.
(Profil 4/2002)

> **Der Wahrsager**
> Sepp Moser und die Swissair – das war wie eine langjährige Zweierkiste. Die Swissair trank ab und an ein Gläschen über den Durst. Sepp sagte: »Stopp!« Die Swissair soff weiter. Und wurde Alkoholikerin.
> (Das Magazin 41/2001)

Gelegentlich verleiten *Namen* zu Höhenflügen in Titeln:

> **Johans Passion**
> Sein Weg vom FC Flamat zum holländischen Meister PSV Eindhoven ist zu vergleichen mit einem fanatisch getimten Steilpass. Nun trainiert sich Johan Vonlanthen durch den ersten Durchhänger. Beobachtung des grössten Schweizer Stürmertalents.
> (Weltwoche 40/2004)

> **Ich, der Ursprung**
> Heinrich Ursprung, der Pfau im Forscherzirkus.
> (Bilanz April 1993)

> **Super-G**
> Seit ihn vor 25 Jahren der Berg rief, versucht er ihn zu bezwingen. Auf Skis. Talwärts. Durch den Stangenwald. Inzwischen ist Marc Girardelli der erfolgreichste Schussfahrer aller Zeiten. Ist er seinem Ziel dadurch näher gekommen? Eine Begegnung fernab der Pisten.
> (Das Magazin 26/1996)

Glauben wir ein ganz speziell treffendes Bild gefunden zu haben, nutzen wir es. Doch sicherheitshalber lassen wir es von Kollegen testen. Die Gefahr eines Absturzes droht in diesen Fällen oft.

Nachdem der Titel gesetzt ist, bieten sich für den Einstieg in den Text recht unterschiedliche Arten an:

Eine *Szene* oder ein *Schauplatz:*

> Alles wäre ganz anders gekommen, wenn Daniel Hopes Mutter damals die Stelle beim Erzbischof von Canterbury angenommen hätte. Stattdessen wurde sie Privatsekretärin von Yehudi Menuhin. Wenn der kleine David seine Mutter besuchte, wanderte er durch eine Villa, in der die Bilder berühmter Geiger an den Wänden hingen und Menuhins Stradivari offen herumlag ...
> (Süddeutsche Zeitung Magazin, 27. September 2007)

> Draußen wartet schon die Limousine. Gay Talese strafft seinen noch immer schlanken, festen, feingliedrigen Körper und schließt die Jacke seines Anzuges, es ist der dritte des Tages, Talese zieht sich immer mindestens drei Mal am Tag um.
> (Dirk Peitz in: Süddeutsche Zeitung, 22. April 2007)

Ein *Zitat* oder *Dialog*:

> »Mary war so schön«, sagt Bob, »Sie war 21, ich war 42, als wir uns kennen lernten. Niemand hat verstanden, warum sie sich mit so einem alten, kahlköpfigen Sack wie mir eingelassen hat.« Er reibt sich die Hand auf seinem sommersprossigen Schädel herum.
> (Alexander Osang, Reporter beim »Spiegel«, August 2000)

> »Ein Schlüsselerlebnis hätten Sie gern? Das ganze Leben war eines. Ich war in der vierten Klasse, 1918, als ein Italienerkind, der kleine Soldera, das Tintenfass umkippte … Ist es das, was Sie hören möchten, Herr Journalist?«
> (Erwin Koch in: Das Magazin 17/1997. Das vollständige Porträt ist ab Seite 151 abgedruckt.)

Eine typische *Wertung, Einordnung:*

> Guido Tettamanti ist ein eitler Mensch. Er ist arrogant und machtbewusst dazu. Das sagt er alles über sich selbst. Er könnte mich entlassen, falls ihm nicht gefällt, wie er sich hier beschrieben sieht
> (Martin Beglinger in: Weltwoche 22/2002)

Eine *Beschreibung der Person:*

> Der groß gewachsene, bullige Mann aus Kolin hat seine Schwächen: Der Kettenraucher trinkt gerne Rotwein und Becherovka Likör. Nicht zu knapp …
> (Otmar Lahodynsky in: Profil 4/2002)

> Der freundliche, seriöse Herr im grauen Anzug, der im fünften Stock der Grazer Andritz AG in seinem unspektakulären Büro zu Mittag seine Jause auspackt, hat in den letzten zwölf Monaten gut 105 Millionen Euro verdient.
> (Karl Riffert in: Trend 1/2007)

## Hauptstilmittel im Lauftext

Im Lauftext brauchen wir *Perspektiven-* und *Tempowechsel.* Man kann eine Person in gewissen Abschnitten »herzoomen«, sie ganz nah heranholen, und sie dann wieder in der Totale zeigen. Man kann aber auch gewisse Zeitperioden, Ereignisse sehr detailliert und ausführlich beschreiben und die Nächsten raffen, quasi im Telegrammstil.

Man kann vom bilderreichen, schildernden Absatz zum sprachlich knappen, analytischen, vom Szenischen zum Hintergründigen Übergänge schaffen, oder man kann hart schneiden.

Auch ein *Motto* kann ein Stilmittel sein, etwa im Porträt des Architekten Renzo Piano unter dem Titel »Vor dem Wind«:

> Vor 45 Jahren hat sich Renzo Piano, der am Meer in Genua aufgewachsen ist, sein erstes Boot gebaut, ein Segelboot, dessen Rumpf aus Schichtholz bestand. Dann konstruierte er etwa alle zehn Jahre jeweils ein neues Boot ... das Bild vom Boot und dem Bootsbauer zieht sich als roter Faden durch den Text und endet im Schluss: Sie feiern das Licht und machen keinen Wind. Sie wissen aber, wie man sich diesen zu Nutze macht, um voranzukommen, um Entdeckungen im Altbekannten zu machen.
> (Gerhard Matzig in: Süddeutsche Zeitung, 14. September 2007)

## Der Schluss

Der Schluss steht wie bei Ludwig Thomas »Münchner im Himmel« oft am Anfang der Geschichte. Denn »dass die bayerische Staatsregierung noch heute auf himmlische Eingebungen wartet«, darauf schrieb der Literat und Journalist Thoma hin. Oft ist es ein Bild, das uns so beeindruckt, dass wir auf es hinschreiben. Oder, wie Michael Haller es formuliert: Die Pointe feiert den Sieg der These. Das kann in Form eines *Zitates* oder einer *Interpretation* sein. Klassisch ist ein Schluss, der den Anfang des Textes wieder aufnimmt. Das gelingt mit einer Rahmenhandlung, mit einer Anekdote, deren Pointe erst am Ende aufgelöst wird, oder mit einem roten Faden, der immer wieder im Text aufscheint:

In Türkenfeld weiß jeder, was ich getan habe. Aber keiner spricht mich an. Dabei müssten sie einfach nur sagen: »Mensch Herbert, wie geht es dir denn so allein, ohne Gretel?« »Naja«, würde ich sagen. »Sie ist da. In meinem Herzen.«
(Sebastian Glubrecht in: Süddeutsche Zeitung Magazin, 4. August 2006)

Otto stand (am Ende eines Kartenspiels mit Freunden, Anm. der Redaktion) mit einem Franken und sechzig Rappen in der Schuld. Als der Finanzminister des reichsten Landes der Welt in seinem unvermeidlichen Braunbüffeletui nur ein Zweifrankenstück fand, rief er die Serviertochter und bat sie um Münz (Kleingeld).
(Tages-Anzeiger Magazin, 20. Oktober 1990)

Shawne lächelte bescheiden. Shawne-Sein ist ohnehin die einzige Rolle, die sie beherrscht: ein Kind am Dessertbuffet des Lebens, eisern dazu entschlossen, sich durch nichts und niemand von diesem Platz vertreiben zu lassen.
(Weltwoche 43/2001)

»Frau Pletscher, gab es nie einen Mann, der in Frage kam?« »Es gab einige«, sagt sie, »aber immer war da etwas, das mich zaudern ließ. Eine Ehe und ich?« Schließlich härtet sie den Satz: »Es ging, mein Herr, ohne Herren bestens.« Wieder die 89-jährige Hand auf den Tisch, zack. »Und letzte Wocher kaufte ich mir ohnehin einen Computer.«
(Das Magazin, 17/1997)

Zu vermeiden sind Schlusskommentare, in denen der Journalist, die Journalistin in einer Art Generalvorhersehung bewertet:

Es ist klar, xy wird ihren Weg zu Ende gehen.
(Übungsbeispiel)

## 8.3  Die Sprache

Ein gutes Porträt lebt auch von einer gut geschriebenen attraktiven *Sprache*. Plakatives und Klischees sind zu vermeiden. Sie soll schlicht sein, unprätentiös, präzise, konkret und in einem angenehmen Rhythmus voranschreiten. Sie soll die porträtierte Person in den Vordergrund stellen und zu ihr passen. Ein Nobelpreisträger in Physik spricht anders als ein Automechaniker, eine Ärztin anders als eine Frisörin. Ich muss eine Person nicht nur sehen, ich muss sie auch hören. Eigenheiten kommen primär in Zitaten zum Ausdruck:

> »Meine«, sagt ein Arbeiter in einem Porträt über seine Ehefrau, »kann ein bisschen Englisch. Sie musste die Hüften operieren lassen und ist etwas mollig. Manchmal sage ich: Im Sommer gibt sie Schatten und im Winter warm.«
> (Das Magazin, 13. Januar 1996)

Diese Sprache zeigt deutlich die Herkunft, das Umfeld des Mannes – sie ist also typisch für ihn. Sie kann ebenso sehr viel aussagen über die Denkweise von Porträtierten und diese über eigene Aussagen selbst etwas entlarven:

> »Noch kurz vor Weihnachten nach Jamaika, zu den Kaffeebraunen«, flüstert Kuzydlowski, während seine Frau neben ihm in einer Schrankschublade herumfuhrwerkt. Seine Frau trägt eine blaue Arbeitslatzhose. Kuzydlowski ein weißes T-Shirt aus Mauritius. »Ja, so ist das bei uns«, sagt er, »meine Frau macht die Arbeit, und ich gucke zu. Wenn sie oben im Haus fertig ist, kann sie unten wieder anfangen.«

Hat jemand einen ausgeprägten *Dialekt*, können einzelne Brocken auch so zitiert werden. Allerdings gilt hier, wie für jeden Text und jedes Stilmittel, auch für die Zitate: Die Qualität liegt in der richtigen Dosis. Weniger ist meist mehr.

Immer wieder stellt sich die Frage, wie weit *das Äußere* beschrieben werden soll, zumal ja in den meisten Fälle ein Bild Print-Porträts begleitet. Wir raten dazu, wenn damit eine zusätzliche Aussage gemacht wird.

> Auf einen zu bewegt sich an zwei Krücken ein Skelett. Es steckt noch in einem Mantel aus Haut und in viel zu großen, zerfetzten Jacken und Hosen. Über dem Brustkorb hängt ein labbriges Damenunterhemd mit Spitze. Die Schuhe sind mindestens vier Nummern zu groß, weshalb das Wesen schlurft. Selbst Vogelscheuchen sind manchmal besser gekleidet …
> (Petra Welzel in: Stern 52/2001)

Zum Porträtieren gehört das *Interpretieren*. Doch da lauern gewisse Gefahren. Wir können Handlungen, Äußerlichkeiten falsch deuten.

Eine Frau zupft während des Gesprächs mehrmals an ihrem Pullover. Der Journalist schreibt dann: »Sie gibt sich absolut gelangweilt.« Für sie aber bedeutet diese Bewegung äußerste Konzentration. Im Zweifelsfall also die Interpretation während des Gesprächs offen legen und zur Diskussion stellen.

Auch wenn das Porträt eine Kürform ist, gilt die journalistische Grundregel: Erst beschreiben, dann werten und interpretieren. Unsere Leserinnen und Lesern müssen die Möglichkeit haben, sich ihre eigenen Gedanken zu machen, ohne dass sie schon von Anfang an unsere Brille aufgesetzt bekommen. Ein positives Beispiel:

> Je länger er redet, desto großräumiger werden seine Gesten. Kraft pulsiert in diesem Mann. Energie zuckt in den Fußspitzen. Power presst Anordnungen hervor: Knoten durchhaken. Abhaken. Wegstecken. Schlussstrich ziehen, aber radikal.
> Wenn er spricht, erhebt er kaum die Stimme, und dennoch hören ihm alle zu. Leise, fast sanft, aber konzentriert und vor allem freundlich antwortet Kofi Annan den Journalisten, die ihm bei der Pressekonferenz im UN-»Glaspalast« am East River Löcher in den Bauch fragen. Der Generalsekretär der Vereinten Nationen ist ein Mann, der eine fast seelsorgerische Ausstrahlung mit einem kühlen Kopf verbindet.
> (Frankfurter Allgemeine Zeitung, 13. September 1997)

Gelungen ist auch die Beschreibung von Arthur Sulzberger junior. Durch wenige Zeilen, in denen gerafft Eckpunkte der Biografie und einige Eigenheiten aufgezählt werden, entsteht das Bild eines unkonventionellen Unternehmers.

> Der energische 55-jährige mit den wachen braunen Augen und dem sanften, spöttischen Lächeln hat als Student gegen den Vietnamkrieg demonstriert. Er wurde in allen Bereichen der New York Times ausgebildet, arbeitete als Rathausreporter, Auslandkorrespondent, Anzeigenverkäufer und Druckereileiter, bis er schließlich Verleger wurde. Er mag keine Krawatten und keine Schuhe, fährt ein BMW-Geländemotorrad und fördert Schwule und Frauen. Noch heute wirkt er jungenhaft. Gegner werfen ihm vor, es mangle ihm an »Gravitas«, jener Einfachheit, die Industriekapitäne wie Jack Welsh auszeichnet. Inzwischen ist er ein wenig ernster geworden, weniger witzig, denn er muss nun die New York Times durch eine ihrer schwersten Zeiten steuern.
> (Cicero 9/2007)

## 8.4 Nachbereitung

Ist der Text, die Sendung fertig, zeigen wir unser Werk idealerweise einer Kollegin, einem Kollegen und lassen uns beschreiben, welches Bild des Porträtierten gezeichnet ist. Dem folgt die Selbstreflexion: Habe ich das gewollt? Wenn nein, was macht den falschen Eindruck aus? Sind es einzelne Sprachbilder? Ist es der Einstieg, der falsch lenkt? Denn einzelne Passagen können eine Person extrem stark positionieren.

Immer wieder stellt sich die Frage, ob Porträts vor der Publikation zum Gegenlesen vorgelegt werden sollen oder nicht. Eine allgemein gültige Antwort gibt es nicht. Alle Schreibenden, alle Porträt-Produzierenden müssen selbst herausfinden, wie sie die profiliertesten Geschichten schreiben können. Es gibt jene, die kaum Kritisches zu schreiben wagen, wenn sie wissen, dass die porträtierte Person den Text vor der Publikation sieht oder hört. Andere wiederum werden erst dann mutig, denn die Selbstzensur wäre größer als die Intervention der Beschriebenen.

Es gibt auch Aussagen von Porträtierten, die geradezu lähmend wirken:

Wenn beispielsweise der Stadtpräsident der Journalistin beim Abschied auf die Schulter klopft und sagt, er wolle das Porträt nicht sehen vor der Publikation, er habe »volles Vertrauen«, kann das eine kritische Auseinandersetzung sehr erschweren. Wer hat in seiner Jugend nicht gelernt, dass man Vertrauen nicht missbrauchen darf ...

Renate Schmidt beispielsweise sagt dazu: »Für mich gehört es bei einem Porträt dazu, dass man gerade nach oft stundenlangen persönlichen Gesprächen insbesondere die wörtlichen Zitate noch einmal sehen kann. So kann man manches, was dann doch aus dem Zusammenhang gerissen wird, irgendwie wieder in die Reihe bringen, gemeinsam mit und nicht gegen den Journalisten. Damit meine ich nicht, dass man die persönlichen Beobachtungen des Journalisten irgendwie kritisiert oder korrigiert – das liegt mir überhaupt nicht. Aber was wirklich in den ganz persönlichen Bereich hineingeht, muss noch einmal abgestimmt werden.«

Zu entscheiden gilt es auch immer, wie wir mit Off-the-Records-Informationen umgehen. Am leichtesten fällt es, wenn wir bereits im Gespräch signalisieren, dass uns diese Aussage wichtig ist und wir sie, aus diesem oder jenem Grund, zur Illustration gerne verwenden würden. Bekommen wir jedoch ein deutliches Nein, müssen wir uns daran halten, außer wir geben das Porträt vor der Publikation zu lesen, vor der Ausstrahlung zu sehen oder zu hören. Dann können wir erklären, weshalb wir die Aussage doch verwendet haben – und die porträtierte Person kann entscheiden, ob sie sie in diesem Kontext doch öffentlich machen kann.

Ein Beispiel: Eine Theaterfrau erzählte spät abends, nach einem stundenlangen Porträtgespräch, dass sie lesbisch und dies ihr großes Geheimnis sei. Niemand wisse es, sie habe um sich selbst eine eigentliche große Mauer gebaut, die ihr allerdings immer mehr zum Problem werde. Das Gespräch wurde sehr intensiv – die Journalistin sah das Thema des Porträts immer deutlicher. In der Nacht entstand im Kopf der Text. Doch am Morgen fand sie einen Brief im Kasten, die Theaterfrau wollte nicht, dass ihr Geheimnis öffentlich werde. Die Journalistin ignorierte das für sich, schrieb das Porträt wie vorgesehen, nahm den Brief sogar gleich als Einstieg – im Wissen, dass sie den Text der Theaterfrau vor der Publikation zu lesen geben wird. Die Theaterfrau ließ einige Tage nichts von sich hören. Dann erzählte sie, wie sie erst wütend gewesen sei über die arrogante Journalistin. Wie sie dann aber mit ihrer Freundin lange darüber gesprochen habe und nun fast dankbar sei, dass sie endlich jemand zum Guten zwinge. Gemeinsam stellten Journalistin und Theaterfrau den Text leicht um. Am Tag der Publikation, den die Theaterfrau wieder stark beunruhigte und den die Journalistin deshalb teilweise mit ihr verbrachte, wurde zur freudigen Überraschung: Es gab sehr viele Reaktionen, mit einer Ausnahme nur positive.

Ohne Gegenlesen vorher wäre dieses Porträt ethisch nicht haltbar gewesen. Es liegt nicht an Medienleuten, Intimes von privaten Personen gegen deren Willen zu veröffentlichen, sie zu outen. Diese Aussage soll indes nicht verstanden werden als ein generelles Plädoyer für ein vorheriges Gegenlesen oder Zurkenntnisnehmen eines Porträts. Es sollen alle Journalistinnen und Journalisten selbst entscheiden, welche Form sie offener, mutiger macht.

Fazit: Es gilt, die eigene Strategie herauszufinden, wie man am freiesten, am wenigsten beeinflusst ans Produzieren gehen kann. Bei medien- ungewohnten Leuten, etwa einem Jubilar, den wir in der Lokalzeitung porträtieren, empfiehlt sich das Versprechen, dass er den Text vor der Publikation sehen kann. Das nimmt ihm Ängste. Drohende Diskussionen nach dem Gegenlesen zwingen zudem zu einem klaren, belegbaren Standpunkt zu einer Person. Wir müssen begründen können, weshalb wir diese Episode, dieses Bild, diese Ansicht ins Porträt genommen haben. Wenn wir Argumente haben, können wir das Gegenüber eher überzeugen, dass die Passage wichtig ist für das Gesamtbild.

Was aber machen wir, wenn jemand absolut nicht einverstanden ist mit seinem Porträt? Wenn wir unsere Version überzeugend belegen können, veröffentlichen wir den Text wohl im großen Ganzen so, wie wir ihn produziert haben, außer den Zitaten, die nicht genehmigt sind. Auch beim Porträt gilt selbstverständlich das Recht auf das eigene Wort.

Sind wir hingegen selbst verunsichert, führen wir ein weiteres Gespräch und versuchen das Ganze nochmals. Bei kleineren Korrekturen können wir wahrscheinlich großzügig auf Abschwächungen oder geringe Umformulierungen einsteigen, an anderen Stellen begründen wir und bleiben hart. Porträtieren ist und bleibt eben bis zum Schluss ein Geben und Nehmen zwischen zwei gleichberechtigten Partnerinnen und Partnern.

Nach der Publikation folgt manchmal noch eine eigentliche Nachbetreuung. Bei jedem Journalisten gibt es – selbst wenn wir es uns selten eingestehen – ein »Nach uns die Sintflut«-Syndrom. Wenn das Porträt im Blatt publiziert oder gesendet ist, vergessen wir es, weil wir schon beim nächsten Projekt sind, und lassen die von uns porträtierte Person mit der Wirkung, die unsere Arbeit gezeigt hat, allein. Meist genügt ein Anruf, um festzustellen, dass die Mehrzahl der Reaktionen in der Umgebung positiv war, dass ein Großteil unserer Befürchtungen nicht eingetroffen ist. In einigen wenigen Fällen aber gibt es Schwierigkeiten. Da gebietet es zumindest der Anstand, dass wir zu helfen suchen, auch wenn wir es nicht immer können.

## Fazit

Das Porträt erzählt Geschichten eines Menschen. Wer sich vor dem Schreiben, vor dem Produzieren genau überlegt, welche Aspekte, Perspektivem, Aussagen hervorgehoben, werden sollen hat es nachher leichter. Der rote Faden ist auch beim Porträt wichtig. Die geeignete Dramaturgie kann sich bereits beim Gespräch ergeben. Ist dies nicht der Fall, ist es ratsam, gut zu prüfen, welche Form und welche Stilmittel am besten zur porträtierten Person passen.

## Fotoblock 3: Manager

Das Briefing des Auftraggebers lautet: »Pretend you shoot for Rolling Stone!«
Schnell gesagt. Denn die Arbeitsbedingungen, wenn es darum geht Manager zu fotografieren sind immer streng: wenig Zeit, ein nüchternes Umfeld und Darsteller, die so glaubwürdig und ernst wie nur möglich abgelichtet werden wollen. Der Status steht im Vordergrund. Dabei wollen die Redaktionen meistens die Person, die sich dahinter versteckt, festgehalten haben.
(Fotos: Caroline Minjolle, für Institutional Investor Magazine)

Hans Vögeli, CEO Kantonalbank

Raymond Bär, Bankier

# 9 Das Porträt in den verschiedenen Medien

Die bis jetzt gemachten Aussagen galten für alle Medien, bzw. stark für geschriebene Porträts. In diesem Kapitel weisen wir auf Besonderheiten der elektronischen und der Online-Medien hin.

## 9.1 Radio

Mit dem Hörspiel und dem Feature gehört das Porträt zu den Radioproduktionen, welche die besonderen Möglichkeiten dieses Mediums am vielfältigsten nutzen können. In dieser Hinsicht ist die eingangs dieses Buches erwähnte Tendenz, Sachthemen an Personen aufzuhängen, für das Radio eine Chance: Trotz Sparzwängen wird das Porträt gefördert, während für Hörspiel und besonders für das Feature immer weniger Mittel bzw. Zeit übrigbleiben. Somit rettet das Porträt ein Stück Radiokultur – sofern die akustisch vieldimensionalen Möglichkeiten genutzt werden.

Anders als im Hörspiel und im Feature steht im Radioporträt ein Element klar im Vordergrund: Das gesprochene Wort, und zwar nach Möglichkeit das von der porträtierten Person gesprochene Wort. Je mehr diese zu Wort kommt, desto direkter kann sie nicht nur rational, sondern auch emotional wahrgenommen werden. Dass dabei das Porträt nicht zum Selbstporträt wird, dafür sorgt der Porträtierende wie in den anderen Medien zunächst durch die Gesprächsführung, die Fragen und Einwürfe, die Auswahl der anzusprechenden Themen und durch die Gestaltung des Materials zur Sendung.

Ambiance, Geräusche, O-Töne aus der Lebenswelt, Statements von Freunden, Feinden oder sonstwie Bekannten der porträtierten Person, allenfalls auch Musik können dem Porträt Plastizität verleihen, das Hörerlebnis bereichern, die Aussagen intensivieren oder kontrastieren, können auch strukturierend und rhythmisierend eingesetzt werden. Sie sollten aber immer im Dienst dessen stehen, was die porträtierte Person oder der Porträtierende sagt. Die formalen Möglichkeiten, die das Radioporträt bietet, ermöglichen im Idealfall, ähnlich wie das Hörspiel, künstlerische Qualitäten: Eine Arbeit, die Kopf und Herz anspricht, vielschichtig und dadurch lebensnah und individuell interpretierbar ist, und eine Arbeit, die nicht nur die porträtierte Person nahe bringt, sondern auch die Hand, den Stil, die Haltung des Porträtierenden unverkennbar hören und spüren lässt.

Journalisten sind in der Regel keine Künstler und müssen es auch nicht sein. Zudem bieten die heutigen Produktionsbedingungen oft keine Zeit für eine einfühlsame Annäherung an die darzustellende Person, für ausführliche Gespräche, für das Ausloten von akustisch bereichernden Gestaltungsmöglichkeiten, für das Entwerfen und Ausführen eines formalen Konzepts, das dem Charakter, dem Denken, dem Auftreten, den Lebensbedingungen – kurz, den individuellen Eigenschaften der porträtierten Person entspricht. Trotzdem sollen in den folgenden Abschnitten einige Besonderheiten des Radioporträts skizziert werden, welche auf dem Weg zu einem lebensnahen Hörbild genutzt werden können. Das Ideal erfüllt seinen Sinn, wenn man es vor Augen hat – erreichen kann man es nie.

### Die akustische Handschrift

Wer lange genug bei einer Radiostation arbeitet, um von den Hörern mit Stimme und Namen wahrgenommen zu werden, kann bei der ersten Begegnung von Angesicht zu Angesicht amüsante Erfahrungen machen: Das Bild, das sich das Gegenüber von der Stimme her von der Radioperson gemacht hat, weicht manchmal sehr von jenem ab, das da in Fleisch und Blut auftaucht. Nicht selten ist die Hörerin, der Hörer enttäuscht; zu beobachten, wie die Enttäuschung auf viele verschiedene Arten überspielt wird, ist eine Beschäftigung, deren Unterhaltungswert einem über allfällige Frustrationen hinweghelfen kann.

Sind also Rückschlüsse von der Stimme zur Person unzuverlässig?

Was die körperliche Erscheinung betrifft, kann man in der Tat in die Irre gehen. Oft sind die Assoziationen der Hörer von eigenen Idealbildern oder Erfahrungen mit Menschen bestimmt, die eine ähnliche Stimme haben. Es ist allerdings erstaunlich, wie präzis bis in Details das Aussehen einer unbekannten Person beschrieben werden kann, wenn man genau hinhört. Eine Übung in Porträtkursen der Schweizer Journalistenschule MAZ zeigt oft erstaunliche Resultate: Den Kursteilnehmern wird ein einminütiger Ausschnitt aus dem Radioporträt einer unbekannten Person vorgespielt, wobei sie aufgefordert werden, nicht auf den Inhalt des Gesagten, sondern auf Stimme und Sprechweise zu hören und sich Aussehen und Eigenschaften der Person vorzustellen; danach wird gemeinsam eine Art Robotbild erstellt und dieses schließlich mit einer Fotografie und Informationen über die reale Person verglichen. Die Übereinstimmung ist oft verblüffend. Was das Äußere betrifft, wird ausnahmslos die Statur richtig erkannt, aber auch Details bis hin zum Teint der Haut oder zur Frisur stimmen häufig. In der

Regel richtig ist auch die Beschreibung allgemeiner Charaktereigenschaften, zum Beispiel »Genießer«, »Macherin«, »Asket«, »Kopfmensch« usw.

Wenn es um differenziertere Beschreibungen geht, werden Stimme und Sprechweise vor allem dann präzis interpretiert, wenn es um innere Eigenschaften der porträtierten Person geht. Zutreffende Bechreibungen wie: »genussfreudig, unterschwellig aber auch gewalttätig« oder »ehrgeizig, aber nicht unbedingt erfolgreich« oder »warmherzig und zerbrechlich« sind keine Seltenheit.

Wie die grafische hat jeder Mensch auch eine akustische Handschrift. Sie wird nicht nur durch die Stimme, sondern auch durch die Sprechweise bestimmt. Unbewusst suggeriert die akustische Handschrift ein Bild des Äußeren und des Inneren einer Person:

- Die akustische Handschrift ist erstens vom *Charakter* gesteuert und vermittelt von daher Informationen, die unabhängig vom Inhalt des Gesagten sind.
- Zweitens ist die akustische Handschrift von *Emotionen* gesteuert; somit verstärkt oder konterkariert sie die inhaltliche Botschaft des Gesagten.
- Drittens lässt sich die akustische Handschrift vom *Willen* steuern. Sie kann unter Umständen im Kontrast zum Inhalt des Gesagten stehen, was wiederum eine zusätzliche Botschaft ist.

Verschiedene Eigenschaften der Stimme und Sprechweise spielen dabei eine Rolle. Einige (unvollständige) Beispiele:
- Die *Stimmlage* kann nicht nur etwas aussagen über physische Eigenschaften, sondern zum Beispiel auch, ob jemand angespannt ist, sich wohlfühlt in einer Situation, einer Rolle oder mit sich selber.
- Die *Festigkeit* der Stimme kann Ausdruck sein von Selbstsicherheit bzw. Unsicherheit, von Rollenverständnis, von Sendungsbewusstsein usw.
- Die *Intonation, die Sprachmelodie* kann spüren lassen, wie lebendig jemand innerlich ist, wie gestimmt, ob eher intellektuell oder eher künstlerisch begabt, ob eher Kopf- oder Gefühlsmensch.
- Die *Lautstärke* gibt Hinweise, ob jemand introvertiert oder extrovertiert ist, kann vermuten lassen, dass etwas übertönt werden muss, lässt auch Rückschlüsse auf die Statur zu.
- Die *Amplitude*, also die Ausschläge zwischen Hoch und Tief, zwischen Laut und Leise, zwischen Schnell und Langsam, suggeriert Vorstellungen über das Temperament einer Person.
- Das *Sprechtempo* kann unter anderem etwas aussagen über die Denkgeschwindigkeit eines Menschen, aber auch über eine mögliche Aufgeregtheit, Ruhelosigkeit, Flüchtigkeit und Ähnliches.

- Die *Dynamik* des Sprechens lässt Schlüsse zu über die emotionale Gestimmtheit einer Person, über geistige Lebendigkeit und, wie die Amplitude, über das Temperament.
- Die *Reaktionsgeschwindigkeit* verrät etwas über geistige Agilität, aber auch über die Präsenz und Aufmerksamkeit des Gesprächspartners, vielleicht auch über die Authentizität des Gesagten;
- *Pausen* zum Beispiel können indizieren, dass jemand nachdenklich, müde oder unsicher ist.
- Schließlich kann das aufmerksame Ohr auch feststellen, ob jemand seine Stimmlage und Sprechweise *bewusst steuert*, um einen gewollten Effekt zu erzielen, oder aber sich unbekümmert der eigenen Spontaneität überlässt.

All diese Faktoren der akustischen Handschrift spielen ineinander, wirken mit feinsten Nuancen und werden, meist unbewusst, als Ganzes wahrgenommen. Ob eine feste Stimme von Selbstsicherheit oder von überspielter Unsicherheit zeugt, teilt sich nicht durch eine rationale Analyse, sondern intuitiv mit. Die obige Aufzählung und ihre Interpretationen wollen nicht suggerieren, dass an all die Möglichkeiten zu denken ist; sie wollen lediglich die Aufmerksamkeit auf eine Qualität des Radioporträts lenken, welche kein anderes Medium hat – auch das Fernsehen nicht. Denn im Fernsehen ist in der Regel das Bild stärker als das Wort, lenkt oft davon ab und lässt die Intimität nicht entstehen, die durch das »blinde« sich Versenken in das Sprechen des Porträtierten und auch des Porträtierenden entsteht. Wohl kann das Bild im Fernsehen Gesprochenes unterstützen, kommentieren, kann auch, wie die akustische Handschrift, durch die Wahrnehmung nichtverbaler Botschaften das Porträt differenziert bereichern, doch sehr oft lenken Äußerlichkeiten vom inneren Bild ab, das durch die gesprochene Sprache entsteht.

Die akustische Handschrift macht es möglich, dass im Radio zum Beispiel auch ein Gespräch ausschließlich über die Berufsarbeit einer Person zum Porträt werden kann. Die Art und Weise, wie jemand über seinen Beruf spricht, kann unter Umständen mehr über die Person mitteilen als ein Gespräch über die Biografie, über Vorlieben, Meinungen, Einstellungen usw.

Fazit für die praktische Arbeit:
- Nehmen Sie sich möglichst viel Zeit für das Gespräch (oder wenn möglich die Gespräche) mit der zu porträtierenden Person. Legen Sie besonderes Gewicht auf eine Umgebung, in der sich diese wohlfühlt, und sorgen Sie durch eine lockere und persönliche Gesprächsführung für eine entspannte Atmosphäre. All dies schafft Raum dafür, dass der Gesprächspartner zur eigenen Authentizität findet, sofern dies nicht von Anfang an der Fall ist.

- Lassen Sie den Gesprächspartner so viel und so ausführlich reden, wie es diesem entspricht – Zwischenfragen können hilfreich sein und tragen zur Lebendigkeit bei, rasche Themenwechsel jedoch unterbrechen die assoziativen und emotionalen Prozesse, durch welche nicht nur die Worte, sondern auch Stimme und Sprechweise Wesentliches über die zu porträtierende Person mitteilen.
- Lassen Sie das Mikrofon möglichst lange offen, auch vor und nach dem formellen Teil des Gesprächs. Denn oft entsteht erst ohne den Druck der Aufnahme der spontane Dialog. Natürlich verbergen Sie nicht, dass die Aufnahme läuft, und Sie holen das Einverständnis ein, falls Sie etwas aus dem Vor- oder Nachgespräch verwenden wollen.
- Achten Sie beim Schneiden nicht nur auf den Inhalt, sondern wählen Sie auch Stellen, in denen die emotionale Qualität der Stimme und Sprechweise besonders gut zur Geltung kommt. Schneiden Sie insbesondere nicht alle Pausen, Zögerer, jedes Räuspern und jeden Versprecher aus. Ein »Äh«, ein Räuspern, ein leichtes Stottern, ein Schwanken, ein unterschwelliges Lachen in der Stimme sagt oft mehr als die treffendste Formulierung. Selbstverständlich gilt dies nicht für Zwischentöne, die nur stören, und erst recht nicht für solche, welche für die porträtierte Person peinlich wären.
- Lassen Sie in der Sendung so viel wie möglich die porträtierte Person selber sagen.
- Gehen Sie beim Schnitt mit Ihren eigenen spontanen Reaktionen und allfälligen »Fehlern« im Gespräch genau so um wie mit jenen des Gesprächspartners. Nicht nur was im Gespräch auf der emotionalen Ebene *mit* Ihnen passiert trägt bei zur Lebendigkeit des Porträts (und sagt oft mehr, als jeder Kommentar), sondern auch was *zwischen* Ihnen und dem Gesprächspartner abläuft. Auch Sie haben eine akustische Handschrift und Sie dürfen diese nicht unterschlagen.
- Nehmen Sie sich deshalb auch Zeit und versenken Sie sich in das Bild, das Sie von der porträtierten Person erhalten haben, wenn Sie Ihren eigenen Text sprechen. Ihre Stimmung (im wahrsten Sinn des Wortes) gibt gewissermaßen dem Bild, das Sie entwerfen, die richtige Resonanz.

### Das Mikrofon ist ein Makrofon

Das Mikrofon sollte eigentlich Makrofon heißen. Ähnlich wie das Makroobjektiv in der Fotografie nimmt es in Gesprächsaufnahmen feine Nuancen auf, die dem Ohr in der alltäglichen Hörsituation entgehen. Dadurch ist das Mikrofon das ideale Gerät, die akustische Handschrift zur Geltung zu bringen. Es ist aber auch gnadenlos indiskret. Die Unterscheidung, welche Neben- und Beigeräusche beim Sprechen das Porträt lebendig machen und welche peinlich sind, muss der Porträtierende treffen.

Gegenüber dem Objektiv der Kamera hat das Mikrofon den Vorteil, dass es weniger aggressiv wirkt. Es wird nicht frontal auf den Gesprächspartner gerichtet, es scheint in sich geschlossen und es verdeckt nicht das Gesicht des Porträtierenden. Sobald das Gespräch seine eigene Dynamik entfaltet, vergessen auch Medien-Ungewohnte das Mikrofon sehr schnell.

Andererseits schafft das Mikrofon eine willkommene Intimität und Intensität im Gespräch. Es schaltet gewissermassen den Außenraum aus und konzentriert die Aufmerksamkeit auf das Gesprochene, das es aufnimmt. In diesem Sinn – um die Wortspielerei weiterzutreiben – ist jedes Mikrofon ein Kondensatorenmikrofon: Es kondensiert das Gespräch auf Wesentliches. Es wirkt wie ein Katalysator, der, ohne sich selber zu verändern, Prozesse auslöst, die ohne seine Gegenwart nicht stattfinden würden.

Das Mikrofon nimmt jedoch auch Ambiance und Nebengeräusche auf. Dies ist dann nicht störend und bietet im Gegenteil interessante Gestaltungsmöglichkeiten, wenn das Gespräch in einer Umgebung und Situation stattfindet, die mit dem Gesprächspartner in einer persönlichen Beziehung steht. (Mehr dazu im folgenden Abschnitt).

Fazit für die praktische Arbeit:
- Wählen Sie für das Gespräch eine für beide angenehme, aber möglichst nahe Distanz zum Partner; setzen Sie sich wenn möglich nicht direkt ihm gegenüber, sondern seitlich übers Eck. Dies gibt Ihnen Bewegungsfreiheit für den diskreten Umgang mit dem Mikrofon.
- Halten Sie das Mikrofon senkrecht und leicht abgewinkelt unter dem Gesicht des Gesprächspartners; so ist es nahe genug für eine einwandfreie Aufnahme und kommt trotzdem nicht störend ins Gesichtsfeld. Zudem müssen Sie nur eine kleine Bewegung machen, um das Mikrofon auf Sie selber zu richten, wenn Sie sprechen. All dies erleichtert es, das Mikrofon zu vergessen (und vermindert die Gefahr von Kabelgeräuschen).
- Wählen Sie das beste greifbare Mikrofon mit einer möglichst kleinen Nierencharakteristik, um eine einwandfreie Aufnahmequalität der Stimme zu erreichen – es sei denn, Sie wollen bewusst Atmosphäre mitnehmen.

### Die akustische Umwelt – Ambiance, akustische Aktionen und Musik

Zur akustischen Umwelt gehören Geräusche, die unmittelbar mit der porträtierten Person zu tun haben, sei es, dass sie diese Geräusche bewusst oder unbewusst produziert (z. B. das Füllen eines Glases, ein Seufzer oder ein Stuhlrücken während des Gesprächs), sei es, dass sie direkt zur Lebenswelt gehören (z. B. Geräusche des Restaurantbetriebs beim Porträt einer Wirtin). Zur akustischen Umwelt gehören auch Geräusche, welche nicht unmittelbar mit der porträtierten Person zu tun haben, aber durch die Gesprächssituation mit aufgenommen werden (z. B. Vogelgesang bei Aufnahmen im Freien oder eine Polizeisirene, die durch ein geschlossenes Fenster hörbar ist).

Mit dem Begriff Ambiance bezeichnet man den mehr oder weniger kontinuierlichen Geräuschteppich, der in der Umwelt der porträtierten Person vorhanden ist. Oft sind das Geräusche, die nicht unmittelbar mit der Person oder ihren Tätigkeiten zu tun haben. Solche können aber zur Stimmung mit dazugehören, zum Beispiel wenn man mit einem Bäcker in der Backstube spricht.

Mit akustischen Aktionen meinen wir bewusst hergestellte Geräusche, mit welchen man etwas vorführen, etwas »illustrieren« will. Wir bitten zum Beispiel den Bildhauer, den wir porträtieren, an einer Figur zu hämmern, während er erläutert, was er macht. Oder wir zeichnen auf, wie die porträtierte Person mit einer Mitarbeiterin spricht.

Ein Sonderfall in der akustischen Umwelt ist die Musik. Sie kann zur Ambiance gehören, etwa, wenn wir eine Kassiererin in einem Warenhaus porträtieren. Wenn wir eine Person porträtieren, die gerne Musik macht, liegt es nahe, sie um ein Beispiel zu bitten – diese Musik gehört dann zu den akustischen Aktionen. Schließlich wird in Porträts oft Musik als Gestaltungselement eingesetzt, das Stimmung schaffen oder als Unterbrecher ein Porträt strukturieren hilft, vielleicht auch einfach eine Pause schafft, die Raum zum Verarbeiten und Reflektieren bietet. Oft wird allerdings in der Praxis beinahe beliebig ausgewählte Musik unter die Sprache gelegt oder als Unterbrecher verwendet. Diese bequeme Praxis schadet beidem, dem Porträt und der Musik.

All diese Arten von akustischer Umwelt tragen dazu bei, das Porträt im Radio lebendig zu machen, zu einem Genuss fürs Ohr, der auf bewussten und unbewussten Ebenen ein vielschichtiges Bild der porträtierten Person entstehen lässt. Mit Geräuschen arbeiten ist wie das Komponieren von Musik. Geräusche sind dabei eine Begleitung, die das Grundmotiv, die Melodie unterstützt oder kontrapunktisch kontrastiert.

Fazit für die praktische Arbeit:
- Überlegen Sie schon vor der Aufnahme, welche Geräusche aussagekräftig und Ihnen wichtig sind und welche Sie wenn möglich unterdrücken möchten. Achten Sie während der Begegnung mit der porträtierten Person auf alle Möglichkeiten, Geräusche zu entdecken und zu verwenden, die der Charakterisierung der Person und ihrer Lebenswelt dienen.

Achten Sie insbesondere darauf, unerwünschte Ambiance möglichst auszuschließen. Straßenlärm durch das geöffnete Fenster, das Summen einer Computerkühlung, das Ticken einer Uhr kann unter Umständen aussagekräftige Stimmung liefern, oft aber stören solche Geräusche. Nach der Aufnahme können sie nicht mehr entfernt werden und sie erschweren das Schneiden. Aufwendige Versuche, sie wegzufiltern, sind nicht nur zeitraubend und oft erfolglos, meist reduzieren sie, wenn ein Erfolg hörbar ist, auch die Tonqualität der ganzen Aufnahme. Eliminieren Sie also wenn möglich die Quelle solcher Geräusche und wählen Sie für Gespräche, wie schon oben erwähnt, ein Mikrofon mit enger Nierencharakteristik.

Nehmen Sie wichtige Geräusche separat auf, um sie beim Abmischen gezielt einsetzen zu können. Dies gilt auch für die Ambiance. Das ermöglicht es Ihnen, beim Schnitt gewollte Gesprächspausen zu füllen und beim Abmischen die Atmosphäre zu verstärken, wenn Sie wünschen, dass diese bewusster wahrgenommen wird.

Sorgen Sie dafür, dass alle wichtigen Geräusche identifizierbar sind. Oft ist dies nur möglich, wenn die auslösende Tätigkeit oder die Ursache des Geräusches genannt wird, sei es im Gespräch, sei es im Leittext oder Kommentar.

- Setzen Sie Geräusche gezielt und sparsam ein. Damit sorgen Sie dafür, dass sie wirklich wahrgenommen werden. Sie vermeiden Ermüdung und Sie fokussieren die Aufmerksamkeit auf das, was Ihnen wichtig ist. Vermeiden Sie insbesondere jedes Geräusch, das vom Gespräch ablenkt oder dieses übertönt.

Alles bisher Gesagte gilt besonders für die Musik. Musik ist ein genuines Klangprodukt mit starker Präsenz und Eigendynamik. Musik duldet keine andere Botschaft neben sich als ihre eigene. Deshalb hat Musik in einem Porträt nichts zu suchen, wenn sie nicht von der porträtierten Person gespielt wird oder in einer engen und nachvollziehbaren Beziehung zu dieser steht und das Zuhören und Verarbeiten des Gesprochenen unterstützt.

### Archivtöne und Statements von Dritten

Öffentlichrechtliche Radiostationen verfügen über reichhaltige Tonarchive, zudem gibt es verschiedene im Internet abrufbare Tonarchive. Frühere Statements und Interviews mit der zu porträtierenden Person können dem Porträt sozusagen eine zeitliche Tiefendimension geben. Unter Umständen können auch widersprüchliche Aussagen im Lauf der Zeit die Entwicklung oder innere Brüche einer Person zeigen. Unerlässlich sind Archivtöne, wenn eine verstorbene Person porträtiert wird. Dann kommt ein Vorteil des Radios gegenüber Printmedien besonders stark zur Geltung, indem die Person durch die Stimme in gewissem Sinn wieder lebendig wird – eine Tatsache übrigens, die für Nahestehende von Verstorbenen emotional belastend sein kann. So hat die Dichterin Ilse Aichinger zum Beispiel beschrieben, wie schwierig es für sie war, wenn sie die Stimme ihres verstorbenen Mannes, Günter Eich, am Radio hörte. Ein Vorteil des Radios wiederum liegt bei verstorbenen Personen darin, dass die Originalaufnahmen zeitlich weiter zurückreichen als beim Fernsehen.

Auch Statements von Dritten über die porträtierte Person sind in Archiven zu finden. Wenn es möglich ist, direkt und konkret auf das Porträt bezogene Statements einzuholen, ist dies allerdings vorzuziehen. Es ist jedoch immer sorgfältig abzuwägen, ob und wie weit solche Drittstimmen dem Porträt dienen. Genau besehen nimmt mit diesen der Journalist einen weiteren Porträtierer ins Porträt. Dies kann ein konzises Bild stören. Nicht möglichst viele Gesichtspunkte machen ein Porträt gut, sondern das Herausarbeiten einiger wichtiger Züge.

Fazit für die praktische Arbeit:
- Überlegen Sie gut, ob Sie für das Porträt einer lebenden Person Archivtöne verwenden wollen. Die Suche und Sichtung ist oft aufwendig. Sie lohnt sich dann, wenn es wichtig ist, die Vergangenheit einer Person in das Porträt einzubeziehen oder eine charakteristische Widersprüchlichkeit zu belegen.
- Verwenden Sie für das Porträt einer verstorbenen Person möglichst viele Archivtöne. Sie profitieren damit von einem medienspezifischen Vorteil gegenüber den Printmedien (und durch die stärkere Wirkung des Wortes auch gegenüber dem Fernsehen).
- Seien Sie zurückhaltend mit der Verwendung von Drittstimmen über die Person, die Sie porträtieren. Diese können das Profil Ihres Porträts abschwächen und vom Wesentlichen ablenken. Die Verwendung von Drittstimmen ist am ehesten gerechtfertigt, wenn das Porträt, das aus den Gesprächen mit dem Porträtierten entsteht, wichtige Gesichtspunkte nicht zum Vorschein bringt oder wenn die Absicht besteht, eine Art Kaleidoskop-Porträt mit verschiedenen Ansichten zu machen.

## Verarbeitung und Gestaltung

Es ist kein Zufall, dass der größte Teil der vorliegenden Ausführungen über das Porträt am Radio die Beschaffung des Tonmaterials betrifft. Es ist dieses Material, das vor allem andern die medienspezifischen Besonderheiten des Radioporträts ausmacht. Für Aufbau und Dramaturgie gelten generell die Regeln und Anregungen, die im allgemeinen Teil dieses Buches formuliert sind. Zur Verwendung des O-Tonmaterials ist das Wichtigste schon unter »Fazit für die praktische Arbeit«

erwähnt. Unterstrichen sei einzig noch einmal, dass die Dramaturgie so anzulegen ist, dass die O-Töne und insbesondere die Stimme der porträtierten Person möglichst gut zur Geltung kommen.

Dazu gehören auch die Sorgfalt und fachliche Fertigkeit in der technischen Verarbeitung, also bei Schnitt und Montage. Heute ist dies in den meisten Fällen Aufgabe allein des Journalisten; das Arbeitsinstrument ist das Tonbearbeitungsprogramm auf dem Computer. Das kommt der Eigenschaft der meisten Radiojournalisten entgegen, dass sie Einzelkämpfer sind, die alles, von der Idee zur Sendung bis zu deren Produktion, alleine machen. Die digitale Tonbearbeitung ermöglicht dabei rasches und präzises Arbeiten. Damit sind aber auch Nachteile verbunden. Nicht nur fehlt dem Radiojournalisten in der Regel das technische Knowhow, aus vorhandenem, oft mit Unzulänglichkeiten behaftetem Tonmaterial das Beste herauszuholen, es fehlen in der Regel auch die Kenntnisse, die Erfahrungen und die Zeit, auf Finessen im Schnitt und beim Abmischen zu achten (Aussteuern des Pegels, Pausen, Rhythmus, Rauschunterdrückung etc.). Für aufwendigere Radioporträts, die wirklich alle Möglichkeiten des Mediums ausschöpfen wollen, lohnt es sich deshalb, die technische Produktion wenn irgend möglich in einem professionell ausgerüsteten Studio und mit einem Tontechniker zu machen. Nicht zuletzt kommt einem dabei auch der kreative Dialog mit diesem Fachmann für Radiophonie zugute – und hier sei explizit auch die Fachfrau genannt, die gerade für Porträts viel Sensibilität mitbringt.

### Fazit

Das Radioporträt lebt vor allem vom gesprochenen Wort, vom O-Ton. Ein packendes Gespräch ist also unabdingbare Voraussetzung. Ebenso wichtig ist die Dramaturgie – auch wenn diese nicht bewusst wahrgenommen werden sollte. Das Porträt ist klar strukturiert, verfügt über einen roten Faden und lässt vor allem die Person zu Wort kommen. So entstehen beim Zuhörer eigene Bilder.

## 9.2 Fernsehen

Die Regeln fürs Porträt im Allgemeinen gelten auch fürs Fernsehporträt. Doch lebt es wohl noch mehr als ein Zeitungsporträt von der Reduktion; Reduktion auf möglichst wenige, am besten einen einzelnen Menschen. Je weniger Menschen, umso intensiver werden die Begegnungen.

Es lassen sich nicht nur Personen porträtieren; auch ein Ort oder eine bestimmte Zeit sind porträtfähig. Doch auch in diesen Fällen treten dann Menschen auf, die diesen Ort oder Raum füllen und Emotionen evozieren.

Es ließe sich an vielen Beispielen belegen, dass in dieser Reduktion erst die Dichte begründet liegt. Wer alles zeigen will, bleibt an der Oberfläche, verzichtet auf Vielschichtigkeit, auf die subtilen Widersprüche, die das Leben ausmachen. Ein gutes Porträt ist immer auch brüchig, unvollständig, offen. Und wer einen Menschen einkreisen will, indem er alle infrage kommenden Personen zum Porträtierten befragt (Eltern, Geschwister, Kinder, Arbeitgeber, Fachleute usw.), der erstickt den Porträtierten.

## Videojournalisten

Ein Videojournalist tritt einem Porträtierten nicht mit einer ganzen Crew samt ihrer Apparatur gegenüber. Deshalb ist es unter Umständen schneller möglich, eine intime Atmosphäre zu schaffen, ein Gespräch wird damit leichter zu einer wirklichen Begegnung. Doch unter Zeitdruck, auf sich allein gestellt und oftmals vom Umgang mit der Technik überfordert, reduziert sich die Aufnahmefähigkeit des Journalisten und auch seine Selbstreflexion. Allein schon die Tatsache, dass bei einem Gespräch immer auch auf Bild und Ton geachtet werden muss, lenkt ab. Das Resultat ist oft eine einseitige und verzerrte Darstellung der Porträtierten. Videojournalisten sollten sich dieser Gefahren bewusst sein. Je mehr sie unter Druck stehen, umso größere Vorsicht ist geboten.

## Zeit und technische Mittel

Ein Porträt zu drehen ist ohne eine Art von Beziehung zwischen Porträtierenden und Porträtierten undenkbar. Und eine Beziehung braucht Zeit. Das ist evident. Gleichzeitig liegt es in der Natur unserer Arbeit, dass Zeit meistens knapp und kostbar ist. Mit diesem Dilemma umzugehen ist des Porträtisten tägliches Brot. Das Privileg dieser Arbeit, die schön und erfüllend sein kann, bringt es mit sich, dass wir für Bedingungen kämpfen müssen, die diese Arbeit erst möglich machen. Das kann umgekehrt bedeuten, dass wir auf ein Porträt verzichten, wenn uns die dafür erforderliche Zeit nicht gewährt wird. Auch der Umgang mit der Technik, mit Kamera, Ton und Licht, die Suche nach dem geeigneten Drehort, dann aber auch die Tatsache, dass sich die Porträtierten erst an die technische Apparatur gewöhnen müssen, all das braucht Zeit. Der nervöse Blick des Regisseurs auf seine Uhr kann auf die Stimmung drücken und die Porträtierten so enervieren, dass ein persönliches Gespräch gar nicht mehr möglich ist. Ein Porträt braucht eine gewisse Gelöstheit, Gelassenheit, eine Atmosphäre, in der Zeitdruck nicht bestimmend sein darf.

### Fernsehporträts sind Teamarbeit

Beim Fernsehporträt sind mehrere Mitarbeiter maßgeblich beteiligt. Ob der Kameramann Licht setzt oder nicht und wenn ja, in welchem Licht jemand gezeigt wird, wie er kadriert, d. h. den Bildausschnitt wählt, das sind wichtige Faktoren, genauso wie das oft entscheidende Wort, das der Cutter beim Schnitt mitredet. Doch nicht nur diese künstlerische Macht, die über die technischen Geräte auf das Produkt ausgeübt wird, auch der Einfluss des Drehteams auf die Situation ist ungemein wichtig. Das Verhältnis des Regisseurs zum Porträtierten muss vom Team mitgetragen sein, sonst wird das Team zum Störfaktor. Kameramann und Tonoperateur sind ein Teil des Settings; von ihnen wird erwartet, dass sie sich mit Feingefühl einpassen, auch etwas von sich selbst einbringen und gleichzeitig zurückhaltend sind. Dies ist oft eine schwierige Gratwanderung, und es ist ein unschätzbares Kapital, wenn ein Regisseur über Jahre mit dem gleichen Team zusammenarbeiten kann. Die dadurch entstehende Nähe und das berufliche Einvernehmen werden für Porträtierte spürbar, die Kommunikation innerhalb des Teams ist dann nicht bloß Störfaktor, sondern wird ein Teil der Begegnung mit dem Porträtierten.

Besonders wichtig für den Film und seine Dramaturgie betreffend ist die Cutterin oder der Cutter. Sie sind quasi die ersten Zuschauer, sie werten aus einer gewissen Distanz heraus. Sie zeigen dem Macher, was von dem, was er selbst erlebt hat auf dem Dreh, in der direkten Begegnung mit dem Protagonisten, über das gedrehte Material herüberkommt, vermittelt werden kann. Da braucht es dann meist viel selbstkritische Bereitschaft zur Auseinandersetzung vonseiten des Machers, um sinnvoll auszuschöpfen, was die Cutterin oder der Cutter einbringt. Auch hier wieder: Ein TV-Porträt ist eine Teamarbeit, seine Qualitäten entwickeln sich erst in der Auseinandersetzung aller Beteiligten und durch ein gemeinsames Ringen um die Form.

### Drei Grundelemente

Etwas vereinfacht ließe sich sagen, dass für die Gestaltung eines TV-Porträts drei Grundelemente zur Verfügung stehen: Szenen, Gespräche und kommentierende/kommentierte Bildfolgen.

Unter Szenen verstehen wir Interaktionen der Porträtierten, die spontan ablaufen oder auch durch die Drehsituation oder die Intervention der Macher angeregt werden. Sie müssen aus sich selbst heraus im Filmzusammenhang lesbar sein.

Ein Beispiel, in dem alle Elemente enthalten sind: Ein alter Mann erzählt (im gefilmten Gespräch), dass er gerne und oft Viehmärkte besucht. Um dies zu zeigen, wird er auf einem Viehmarkt gefilmt. Dabei ergeben sich Bildfolgen, die seine Beziehung zu Kühen und Stieren belegen. Er streichelt das Vieh, hebt Schwänze und erklärt uns, dass man so gewisse Qualitätsmerkmale des Viehs besser erkenne. Schließlich fängt er an, mit den umstehenden Bauersleuten zu plaudern. Dreht man nun so lange, bis die Gefilmten das Kamerateam vergessen, so können sich Szenen ergeben, die uns über den Porträtierten unter Umständen mehr zeigen, als wir im direkten Gespräch je erfahren. – Schließlich erzählt uns der Mann, dass ihm in dieser einfachen Bauernwelt wohl sei. Zeigen wir nun eine Sequenz von Großaufnahmen der in den Hosentaschen steckenden Hände der Bauern und Viehhändler; danach die Reihe der geparkten Mercedes am Rand des Marktgeländes und schließlich eine Szene, in der zwei Männer heftig um den Verkaufspreis einer Kuh streiten, sich schließlich einigen und mit einem speziellen Händedruckritual den Kauf besiegeln, so dokumentieren wir nicht nur, sondern wir kommentieren damit die zuvor gemachten Aussagen.

Ein Bild hat immer kommentierenden Charakter. Bewusst eingesetzt, wird es verknüpft mit Inhalten des Porträts. Bilder kommentieren, indem sie veranschaulichen, bezweifeln, widersprechen, ergänzen, vertiefen oder auf Zusammenhänge verweisen. Sie können auch einfach Raum geben, um über Erzähltes nachzudenken, es verarbeiten zu können.

In einem Film über den plötzlichen Kindstod erzählt ein Vater mit erschütternden Worten vom Sterben seiner Tochter und was in ihm dabei vorging. Er schweigt danach, die Kamera zeigt einen Augenblick lang sein Gesicht und danach Bilder von Bäumen einer ruhigen Flusslandschaft. Eine Minute lang kein Wort, keine Musik, nur diese stillen Bilder.

Kein Zuschauer wird hier zappen. Die Intensität der vorangegangenen Sequenz schreit geradezu nach einem Innehalten, nach der Möglichkeit, das Gehörte zu verarbeiten. Auch dies ist – im weiteren Sinne – ein Kommentar; vielleicht einer, den sich der Zuschauer selbst macht.

Was mit Gesprächen gemeint ist, muss hier nicht näher erläutert werden. Es sei nur ergänzt, dass die Qualität des Gespräches wesentlich mitbestimmt wird durch die Situation, in der es gefilmt wird und durch das jeweilige Bild, das sich daraus ergibt. Ob der Regisseur den Porträtierten aus einer Szene heraus auf etwas anspricht, oder ob das Gespräch bewusst und angekündigt inszeniert wird, kann seine Wirkung im Film entscheidend verändern.

## Brüchige Dramaturgie

Möglichkeiten, mit Bildern bestimmte Aspekte zu verdeutlichen, Bildsequenzen – mit oder ohne Musik – so zu montieren, dass sie einen interpretierenden Blick auf das Innenleben eines Porträtierten kreieren, gibt es unendlich viele. Ebenso lässt sich, was leider äußerst selten glückt, mit einem stimmigen, persönlichen Kommentar auf Bildfolgen aus dem Leben der Porträtierten (z. B. Wohn- oder Arbeitsumfeld, Fotoalben usw.) oder einem entsprechenden Off-Kommentar der Porträtierten selbst arbeiten. Was in aller Regel schief läuft, ist ein sachlicher Kommentar: Fakten aus dem Leben, in unpersönlicher Art auf Bilder montiert, die irgendwie dazu passen könnten. Es widerspricht grundsätzlich den Erfordernissen und Eigenheiten des Fernsehporträts, Elemente der klassischen Reportage einzubauen. Ein sozusagen sachlicher Kommentar kappt den emotionalen Faden zum Porträtierten. Es wird dann über jemanden gesprochen statt mit jemandem.

Dafür ein typisches Beispiel: Das Bild zeigt eine Frau am Steuer eines Wagens. Draußen zieht eine bunt wechselnde Landschaft vorbei. Der Kommentar:

> Die 42-jährige Annette Hoffmann wusste schon immer, was sie wollte: ihre eigene Chefin sein! Sie arbeitet seit zwanzig Jahren als Textilkauffrau und ist heute Alleineigentümerin der Firma HoffTex. Sie ist verheiratet, hat drei Söhne, und ihr Gatte arbeitet in ihrem Betrieb als Abteilungsleiter.

Hier sieht man Frau Hoffmann nach allen Seiten grüßend durch die Räume ihrer Firma eilen.

> 62 Frauen und 38 Männer beschäftigt die HoffTex zurzeit. Der Firma geht es gut, und Annette Hoffmann auch. Schon als 10-Jährige wusste sie: Sie wollte einmal ihre eigene Meisterin sein und nicht Männern zudienen.

Und dann folgt, als Höhepunkt sozusagen, ein Interview am großen Schreibtisch der Chefin.

Bild-Text-Kombinationen dieser Art sind täglich auf allen Kanälen zu sehen. Der Glaube vieler Fernsehmacher, auf diese Art den Zuschauern etwas zu vermitteln, scheint unerschütterlich. Eigene Erfahrungen und die Publikumsforschung zeigen aber, dass diese Fernsehform nichts taugt. Sie berührt die Zuschauer nicht, und die im Kommentar erzählten Fakten schießen über die Bilder hinaus, können nicht verarbeitet werden und werden deshalb ausgeblendet. Was haften bleibt, sind nur die Bilder.

Alle Elemente und Gesetze der Dramaturgie eines TV-Porträts hier aufzulisten, sprengt den Rahmen dieses Buches. Es sei nur so viel gesagt: Auch erfahrene Fernsehdokumentalisten sind stets von neuem auf der Suche. Gerade weil ein Porträt nicht bis ins Detail planbar ist und weitgehend von dem lebt, was sich vor der Kamera ereignet, ist die Dramaturgie eines jeden Fernsehporträts brüchig. Sie wird wohl meistens dem zeitlichen Ablauf der Dreharbeiten folgen, weil sich während der Drehzeit das Verhältnis der Beteiligten intensiviert und diese Steigerung auch eine Spannung im geschnittenen Film zu erzeugen vermag. Doch Regeln gibt es hier keine (oder unendlich viele); es gibt nur geglückte und missglückte Dramaturgien.

### Kommentar und Sprache im Fernsehfilm

Vorbemerkung: Wenn hier von »Kommentar« die Rede ist, meinen wir grundsätzlich die off-Stimme des Sprechers oder des Autors, die nachträglich zugemischt wird.

Kommentare in Fernsehporträts genügen in der Praxis kaum je unseren Ansprüchen. Zu oft und zu leichtfertig werden sie als Vermittler irgendwelcher Fakten über eine Person oder als Überleitungstext eingesetzt, um im Film einen Orts-, Zeit- oder Personenwechsel verständlicher zu machen.

Als quasi neutraler Faktenvermittler ist ein Kommentar in aller Regel schlicht sinnlos. Wie schon gesagt: Unzählige Tests belegen, was im Fernsehen emotionslos als off-Stimme ertönt, wird vom Publikum ausgeblendet. Das Bild und die direkten Töne sind zu stark und verdrängen, was sprachlich aus dem Hintergrund darüber gelegt wird. Wir sind immer wieder versucht, im Kommentar mitzuliefern, was für uns der Vollständigkeit halber dazugehört, im Zusammenhang auch noch gesagt sein müsste. Vergessen wir es! Wenn es uns nicht gelingt, einen durch den ganzen Film durchgehenden, persönlichen und emotional positionierten Kommentar zu liefern, der immer wieder in Zwiesprache mit dem Bild, dem Filmgeschehen tritt, so lassen wir ihn besser sein. Er stört nur, bricht die Stimmung, lenkt ab und erfüllt nur ein Alibi: »Aber das war doch drin im Film, ich habe es doch im Kommentar gesagt.«

Manchmal scheint es uns unumgänglich, Sprache zu Hilfe zu nehmen, weil Übergänge nicht funktionieren, eine Orientierungshilfe fehlt, im Gespräch etwas nicht auftaucht, was unabdingbar ist. Allzu oft unterschätzen wir dabei das Publikum und wiederholen in dümmlichen Fernsehkommentaren, was Zuschauende längst gesehen oder gespürt haben.

Wenn wir aber einen Kommentar einsetzen, dann muss er konzipiert sein. Dann wird er zum eigenständigen Gestaltungsmittel, präzise und genau eingepasst, als gesprochene (und nicht geschriebene) Sprache, mit einer genau definierten Position des Sprechers, der Sprecherin, im Zusammenspiel mit allen anderen dramaturgischen Elementen. Dann müssen wir uns immer wieder fragen: Woher spricht die Stimme, welche Haltung nimmt sie ein, was soll sie? Stellen wir uns Fragen dieser Art, so erkennen wir bald, dass unsere Kommentare oft nicht mehr sind als reine Hülsen, dass sie unnötig sind und eine Leere zudecken sollen. Doch das »Filmloch«, das mit einem hohlen Kommentar, einem beliebigen Füllsatz gehaltvoll wird, muss erst noch gefunden werden. Also weglassen, was keinen Sinn ergibt!

Sprache im Film ist grundsätzlich poetisch. Nicht schnulzig, kitschig oder tranig, sondern poetisch in dem Sinne, dass die Lautkombinationen und ihr Sinngehalt als sozusagen musikalische Elemente und im Zusammenspiel mit den Bildern, den direkten Tönen, dem im Film gesprochenen Wort in den Filmablauf eingebettet sind. Die Sprache muss, um neben den sinnlichen, attraktiven Elementen des Films bestehen zu können, selbst sinnlich sein. Und eine sinnliche Sprache ist im weitesten Sinne immer auch eine poetische. Der Grundton muss stimmen und der Rhythmus. Dass dies gelingen kann, dass das Publikum fasziniert mit dem Kommentar durch einen Dokumentarfilm zu führen ist, dafür gibt es eine ganze Reihe großartiger Beispiele; etwa »Sans Soleil« von Chris Marker, ein Film, der auf einem Briefwechsel aufbaut und dabei in ein dialektisches Wechselspiel mit den Bildern und Tönen des Films tritt.

Dennoch soll für uns die Regel gelten, dass wir mit Kommentar sparsam umgehen. Wir kommentieren ja schon mit den Bildern, dem Licht, dem Schnitt, mit unseren Fragen und mit der Haltung, die wir dadurch zeigen. Die Sprache soll ein wichtiges Ausdrucksmittel der porträtierten Person, soll ihr sozusagen vorbehalten sein. Denn allzu oft hat ein Kommentar auch eine gewalttätige Seite: Wir biegen damit zurecht, was uns nicht passt.

### Schlager oder Jazz? Die Musik im Porträt

Radio- und Fernseh-MacherInnen haben die Möglichkeit, ihr Porträt mit Musik zu untermalen. Die Wirkung des gesprochenen Wortes oder der Filmsequenz wird dadurch verstärkt oder konterkariert, es werden auf jeden Fall Gefühle hervorgerufen. Der Auswahl der Musik sowie ihrer Zumischung kommt deshalb eine ganz besondere Rolle zu.

Zunächst stellt sich die Frage: welche Musik? Prinzipiell unterscheiden wir zwischen Hintergrund- und themenbezogener Musik, wobei es in der Praxis zu Überschneidungen kommen kann.

## Themenbezogene Musik

Themenbezogene Musik ist so etwas wie ein musikalischer Originalton. Vor und während der Arbeit am Porträt stellen wir vorab folgende Fragen: Welche Musik ist typisch für bestimmte Lebensphasen der porträtierten Person? (Schlager des Jahres, neuer Jazzstil usw.) Was ist die Lieblingsmusik des Porträtierten? Geht oder ging er in Musicals, Opern oder nahm er an Openair Festivals teil? Welche Musik hasst er, mit welcher könnte oder konnte er gar nichts anfangen? Gibt es vielleicht irgendeine Geschichte, die mit einer ganz bestimmten Musik zusammenhängt?

Finden wir diese Lieder oder Stücke, wollen wir von den Porträtierten selbstverständlich wissen, ob sie sich daran erinnern, welche Beziehung sie zu dem jeweiligen Stück haben.

Manchmal ergibt sich so ein neuer Ansatz oder Aspekt im Porträt selbst. Der Hauptgrund solcher Recherchen ist, Musik zu finden, die sich sozusagen dokumentarisch einflechten lässt und manchmal auch als eine Art Zwischensequenz eine Atempause inmitten der meist dichten Sendungen schafft. Vielleicht kann sie auch nur eine kurze Überleitung zu einem neuen Gedanken bilden.

Beim bereits erwähnten Porträt der Jüdin Eleonore Hertzberger kamen auf einer Kassette alte Aufnahmen des Holländischen Rundfunks zum Vorschein, auf denen sie Opernarien sang. Diese wurden nicht nur dokumentarisch gebraucht – als Einleitung zum Thema Exil in Genf, wo sie Gesangsstunden nahm – sondern bildeten eine durchgängige musikalische Brücke im Porträt.

## Hintergrundmusik

Musik kann nicht nur dokumentarischen Charakter haben, sie dient auch zur Untermalung von Gesprächen, Schilderungen oder Statements und zur Unterstreichung besonders beeindruckender Filmsequenzen. Bei solcher Hintergrundmusik ist aber nicht ihr dokumentarischer Charakter wesentlich, sondern das Gefühl, das sie vermittelt. Beispielsweise kann man sehr wohl Beethovens Pastorale einspielen, wenn es thematisch um Natur geht; mit der Titelmelodie aus einem berühmten Krimi Spannung andeuten; einen lyrischen Beatles-Song unter eine Passage setzen, in der es um Liebe geht. Bei jedem von uns lösen gewisse Lieder – am besten ist meist eine Instrumentalfassung – ganz bestimmte Emotionen aus, die zur Verstärkung der gesprochenen Aussagen genutzt werden können. Mit der Zeit hat jeder Autor eine ganze Palette möglicher Musik für alle Fälle.

Aber Achtung: Zwar mag die Titelmelodie von »Dallas« die gewünschte Atmosphäre von Reichtum, Macht und Intrigen, jene von »Derrick« das Prickeln der Gefahr vermitteln, aber mit der Zeit nutzen sich diese Effekte ab, unsere Hörerinnen und Hörer finden das eher seltsam oder schlicht langweilig. Inzwischen können wir schon fast Wetten darauf abschließen, dass der Song »Über den Wolken muss die Freiheit grenzenlos sein« bei allem kommt, was mit Fliegen zu tun hat. Diese Holzhammermethode – aha, James Bond-Thema, jetzt wird's spannend! – gehört in die Pionierzeit des Radio- und Fernsehporträts. Man muss sich ein Repertoire feinerer, subtilerer Titel zulegen und in die auch hineinhören. Es genügt nicht, kurz vor der Mischung in eine Musikdatenbank ein paar Ideen einzugeben und dann zu hoffen, der Computer werde es schon richten …

Oft genug sind wir sicher, dass dieses oder jenes Stück unglaublich gut zu einer bestimmten Interviewpassage oder Sequenz passt, merken aber bei der Abmischung, dass das nicht stimmt. Dann heißt es, sich von solchen Ideen schnell zu trennen, gleichzeitig aber ein paar Alternativen zur Hand zu haben und diese geduldig mit unseren Technikern zu hören, denn sie haben oft ein Gespür für solche Mischungen.

Musik bewusst einsetzen bedeutet auch, vorsichtig und sparsam mit ihr umzugehen. Oft genug kleistern wir wichtige Aussagen durch nichtssagendes Gedudel zu oder lullen Zuhörer und Zuschauer mit der ständigen Hintergrundmusik ein. Ein beliebter Anfängerfehler ist es auch, aus der Hintergrund- eine Vordergrundmusik zu machen. Nicht nur Wagner, sondern auch Mozart eignet sich dafür nur bis zu einer gewissen Lautstärke.

Faustregel: Musik soll Akzente setzen, Atmosphäre schaffen, aber nie das eigentliche Geschehen dominieren.

### Fazit

Ein gutes Fernsehporträt reduziert und fokussiert. Wer alles zeigen und alle möglichen Mittel einbeziehen will, bleibt oft an der Oberfläche und verzichtet auf Vielschichtigkeit. Wer die drei Grundelemente Szenen, Gespräche und kommentierte Bildfolgen stimmig einsetzt und sich auf die relevanten Geschichten des Porträtierten begrenzt, ist auf Erfolgskurs.

## 9.3 Fotografie

Legendär ist Henri Cartier-Bresson (*1908), der bei Porträtsitzungen lediglich dreimal den Auslöser drückte – zweimal nach einem ausführlichen Gespräch und das dritte Mal nur zu seiner Sicherheit! Auch wenn heute üblicherweise mehrere Filme oder Speicherkarten verknipst werden: Genügend Zeit für ein ausführliches

Gespräch und die Bereitschaft des Fotografen, auf Person und Situation einzugehen, bleiben die wichtigsten Voraussetzungen. Porträtfotografie steht und fällt mit der Fähigkeit, zum Porträtierten eine Beziehung aufzubauen, Vertrauen zu bilden und eine entspannte Arbeitssituation zu schaffen. Scharm und Witz sind geeignet, die Atmosphäre zu lockern, aber wichtig ist die Echtheit: Ein unglaubwürdiges Theater wird den Porträtierten nicht von der Vertrauenswürdigkeit des Fotografen überzeugen.

## Die subjektive Sicht

Die meisten Menschen assoziieren mit der Kamera ein prüfendes Auge, das ihr Gesicht nun »objektiv« festhalten wird. Das Porträt ist aber das Produkt von Inszenierung und Selbstdarstellung und darüber hinaus eine Momentaufnahme, die das Resultat der Technik, der Lichtverhältnisse und einer Reihe von subjektiven, emotionalen und natürlich auch bewusst getroffenen Entscheidungen ist. Das Porträt sagt etwas aus über das Individuum und seine Umgebung – aber auch über den Fotografen oder die Fotografin. Fotografierende sollten ihre Subjektivität deshalb bewusst ins Geschehen einbringen. Allerdings sind starke Ablehnung oder Identifikation mit der Person, die man fotografieren muss, schlechte Gehilfen. Es empfiehlt sich, das eigene emotionale Verhältnis zur porträtierten Person zu klären und sich auch als Fotografin oder Fotograf folgende Fragen zu stellen: Was fasziniert, was ärgert mich an dieser Person? Was gefällt mir? Was stößt mich ab? Was möchte ich zeigen?

## Der Ort

Meistens ist es besser, jemanden an einem Ort zu fotografieren, der ihm oder ihr vertraut ist: zu Hause, am Arbeitsplatz, am Lieblingsplatz im Stadtpark. Das erleichtert dem Porträtierten nicht nur, sich zu entspannen, es sagt auch etwas über seine Persönlichkeit aus. Allerdings muss gut überlegt sein, ob es nicht zu plakativ, zu klischeehaft ist, den Schriftsteller an der Schreibmaschine, die Pianistin am Klavier oder den Förster im Wald zu porträtieren, auch wenn alle einen Großteil ihrer Zeit so verbringen. Gibt es noch andere Orte oder Gegenstände, die ebenso aussagekräftig die Persönlichkeit illustrieren? Oder wie könnten diese typischen Symbole ungewöhnlich ins Bild gebracht werden?

## Wer wird porträtiert?

Man muss unterscheiden zwischen Politikern oder Managern, die gewohnt sind, fotografiert zu werden, und Menschen, die noch nie oder selten fotografiert wurden. Versuchen Erstere vielleicht, auf bewährte Posen zurückzugreifen und ein ganz bestimmtes Bild von sich zu geben, sind Letztere meistens vor allem verkrampft. Der Fotografierende kann befreiend einwirken und die Haltung, Blickrichtung oder den Gesichtsausdruck (man muss nicht immer lächeln!) beeinflussen und mitgestalten.

## Die Wünsche der Porträtierten

Will jemand die Narbe auf der linken Wange verstecken, dann sollte man die Person nicht unbedingt vom Gegenteil überzeugen wollen. Es ist zwar für die Vertrauensbildung gut, auf die Vorstellungen der Person, die porträtiert werden soll, einzugehen. Allerdings hat das seine Grenzen: Ist die Narbe gerade das charakteristische Zeichen und passt zum Thema des geplanten Artikels, so muss mit Argumenten Überzeugungsarbeit geleistet werden. Fotografen und Fotografinnen leisten ja nicht einfach ausführende Dienste, sie haben ebenso das Recht auf eigenständige Autorenschaft.

## Das Licht

Licht und Schatten sind formale, aber auch inhaltliche Gestaltungsmittel – eine Person mittels Licht aus dem Dunkel herausleuchten zu lassen, kann nicht nur schön sein, sondern auch ihre Wichtigkeit unterstreichen. Es ist jedoch entscheidend, vorgefundene Lichtsituationen genau zu beobachten. Welches Licht kommt woher und was bewirkt es auf dem Gesicht des Modells? Kunstlicht, Handblitz oder Blitzanlage sollten bewusst eingesetzt werden, wobei Seitenlicht für Porträts sehr geeignet ist, da es das Gesicht mit natürlich wirkenden Schatten modelliert.

## Die Farbe

Heute wird vor allem in Farbe fotografiert – auch wegen der zunehmenden Verwendung von Digitalkameras. Welcher Film sich für welche Porträtsituation eignet, ist Teil der Vorbereitung: Tages-, Kunstlichtfilme oder der Weißabgleich in der Digitalfotografie können als Gestaltungsmittel eingesetzt werden. Obwohl heute auch die Bilder, die schwarz-weiß gedruckt sind, häufig farbig fotografiert wurden – sich also ein Entscheid, ob schwarz-weiß oder farbig meistens erübrigt – lohnt sich dennoch eine Überlegung dazu: Gibt die Farbe wichtige Informationen wieder? Passt schwarz-weiß vielleicht besonders gut zu Person und Thema? Beispiel: Das Porträt einer Grafikerin, die eine Vorliebe für Schwarzweiß-Kontrast hat.

## Die Würde

Porträtiert man den übergewichtigen Politiker aus der Froschperspektive, so dass sein Bauch weit über den Gürtel ragt, die bebrillte Wissenschaftlerin so, dass man ihre starke Kurzsichtigkeit als Charaktereigenschaft wahrnimmt? Diffamierende Porträts, die Kapital schlagen aus körperlichen Mängeln und die Schadenfreude der Betrachter anheizen, sind unfair. Es kann nicht darum gehen, jemanden über das Bild fertig zu machen. Aber: Den Pfarrer mit einem Blick nach oben zu fotografieren, als sei er in Kontakt mit etwas Höherem, ist als karikierendes Porträt vielleicht durchaus angebracht – es kommt auf den Zusammenhang an. In wessen Hände kommt also das Bild und für wen wird es gemacht? In welchem Medium und in welchem Zusammenhang wird es publiziert?

## Die Bildbeschriftung

Da Porträts wie alle Fotografien aus einem zeitlich-räumlichen Zusammenhang gerissen sind, braucht es zusätzliche Informationen. Die Kamera kann Sichtbares festhalten, einen Menschen auf einem Stuhl, aber die Bedeutung des fotografierten Menschen ergibt sich noch aus weiteren kulturellen, politischen und gesellschaftlichen Bedingungen, wobei Bildlegenden die Botschaft eines Bildes verstärken oder entschärfen können. Genaue und neutrale Basisinformationen wie vollständiger Name des Porträtierten, Beruf und Funktion, Ort und Datum sind deshalb unerlässlich.

## Fazit

Jede Fotografin, jeder Fotograf entwickelt eine eigene Arbeitsweise, geht auf persönliche Art mit den Menschen um, die porträtiert werden sollen, und bringt dann den gewonnenen Eindruck im Bild zum Ausdruck. Zu ihrer Arbeitsweise – sagt die Fotografin Dorothea Lange in Willfried Baatz »Geschichte der Fotografie«:

»Mein Ansatz beruht auf drei Erwägungen. Erstens – Hände weg! Was ich fotografiere, das belästige ich nicht, ich pfusche nicht hinein und arrangiere nichts. Zweitens – Raumsinn. Was ich fotografiere, versuche ich stets als Teil seiner Umgebung darzustellen, als etwas, das Wurzeln hat. Drittens – Zeitsinn. Bei allem, was ich fotografiere, versuche ich auch zu zeigen, dass es eine bestimmte Stellung in der Vergangenheit oder Gegenwart einnimmt.«

## 9.4 Multimedia

Nichts verändert den Journalismus derzeit so sehr wie die Entwicklung der digitalen Welt. Dies beginnt bei der Produktion, die sich bei den Printmedien schon lange, bei den elektronischen Medien in den letzten Jahren spürbar gewandelt hat. Durch Internet und Mobiltelefon, iPod und GPS kamen neue Formen und Fallen der Recherche hinzu, insbesondere aber neue Distributionskanäle. Vor allem bemerken wir, dass sich die Mediennutzung der Konsumenten verändert hat. Sie hat sich differenziert und – vielleicht – emanzipiert.

Dies hat auch Auswirkungen auf unser Thema. Neben dem Porträt in den klassischen Medien entwickelt sich eine der schönen, neuen, vernetzten Welt entsprechende neue journalistische Form: das multimediale Porträt. Noch sind seine Konturen unscharf, aber es scheinen sich langsam gewisse Leitprinzipien herauszuschälen. Was konkrete Formen und Möglichkeiten betrifft, so wurden und werden wir ständig überrascht und müssen versuchen, nicht der Entwicklung nachzuhinken und dort zu sein, wo wir unser Publikum antreffen.

Bevor wir den Blick auf das multimediale Porträt werfen sollten wir einige Verhaltensänderungen bei unseren potentiellen Lesern, Hörern oder Zuschauern ansehen. In der digitalen Welt haben die Konsumenten die Möglichkeit, aktiver als bei den klassischen Medien zu agieren. Bisher begannen wir einen Artikel mit dem ersten Abschnitt und lasen ihn – vielleicht – bis zum Ende durch, hörten oder sahen eine Sendung von Anfang bis zum Ende. Auf Internet oder einer gut gemachten multimedialen DVD bietet sich ein individueller Weg an, indem wir uns von Interesse oder schierer Neugier leiten lassen und per Mausklick lustvoll durch ein Universum von Informationen streifen.

Solch assoziatives Denken, mit dem ein Thema quasi eingekreist wird, ist ganz anders als das noch im 20. Jahrhundert vorherrschende lineare Denken. Dies war der Versuch, Schritt für Schritt einen Sachverhalt logisch zu erschließen: Der Vorteil aufeinanderfolgender, schlüssiger Argumentation und stringenter Beweisführung war dabei auch mit der Gefahr der Eindimensionalität, einer gelegentlich durch Scheuklappen eingeengten Sicht der Dinge verbunden. Das assoziative Vorgehen gleicht dem Versuch, ein Bild aus einzelnen Mosaiksteinen zusammenzusetzen. Die Chance, Schlaglichter aus verschiedenen Blickwinkeln zu werfen und überraschende, oft unkonventionelle Zugänge zum Thema zu gewinnen birgt auch die Möglichkeit allzu großer Unvollständigkeit, Zufälligkeit, des Fehlens wichtiger Information, ja der nicht erkannten externen Manipulation. Jeder, der für ein Porträt im Internet recherchiert hat, kennt diese Gefahren und Verzerrungen. Andererseits müssen wir zur Kenntnis nehmen, dass immer mehr Konsumentinnen und Konsumenten in der digitalen Welt so agieren.

Ein Teil unseres Publikums beginnt sich vom Konsumenten zum Produzenten zu entwickeln. Man meldet sich in Foren zu Wort oder führt eigene Web-Logbücher, sogenannte Blogs in Wort, vermehrt auch in Ton und Bild. Auf Plattformen wie »Youtube« stellen Millionen ernste und weniger ernst gemeinte Filme ins Internet. Noch ist es nur ein Bruchteil der Internetuser, die die neuen Möglichkeiten von aktiver Publikumsbeteiligung – Stichwort Web 2.0 – nutzt, doch die Zahl derer, die passiv diesen »user generated content« konsumieren, steigt und steigt.

## Social Communities

Im Rahmen dieser Entwicklung wächst auch die Zahl von Porträts im Internet. Allerdings darf nicht jede Äußerung zu Personen auf dem World Wide Web als Porträtansatz verstanden werden, die Blogs unbekannter oder auch mehr oder weniger prominenter Zeitgenossen sind Selbstdarstellung und kaum Selbstporträt, wenn sie auch manchmal Schlüsse über die Verfasser zulassen. Auf Plattformen wie »Youtube« finden sich gelegentlich Filme, die andere porträtieren. Eine wichtige Rolle in allen Social Communities spielen Selbstporträts. Oft sollen sie den Betreffenden im möglichst besten Licht erscheinen lassen, manchen macht es Spass, sich hinter einer Maske oder einem Avatar zu verstecken ...

Daneben gibt es aber ganz ernsthafte Porträtversuche. Das geht von klar strukturierten Schulprojekten, bei denen sich die Schüler einer Klasse in Wort, Foto, Tönen und bewegten Bildern mit ihren Hobbies, Ideen, ihrer Musik und ihren Gedanken über die Welt vorstellen.

Nicht immer professioneller, aber gelegentlich pompöser bis hin zur Unterstützung durch Werbe- und PR-Agenturen zeigen sich die (Selbst-)Porträts von Künstlern, Medienschaffenden, Politikern und Wirtschaftsmanagern. Die Textwüsten der ersten Internetzeit sind kurzen knappen Beiträgen gewichen, statt des ernsten Fotos wird uns Privates in Ton und Bild geboten, wir können mit Prominenten in Kontakt treten, wenn auch die Antworten auf unsere Mails oder Eintragungen im Gästebuch meist von irgendeinem Ghostwriter geschrieben werden. Das Manko solcher sogenannten Porträts ist, dass die meisten User die Absicht verstehen und darauf sprichwörtlich verstimmt reagieren. Freilich, ein Promi, vor allem ein Politiker, der nicht auf dem Web präsent ist, der nicht scheinbar Privates von sich preisgibt, wird von der Internetgemeinde leicht als altmodisch und nicht auf der Höhe der Zeit gegeißelt. Ironischerweise sprechen die meisten solcher Prominentenselbstdarstellungen oft weniger an als die ganz einfachen Blogs völlig unbekannter Internetnutzer. In Foren, Communities und durch Links spricht sich in der virtuellen Welt oft schnell herum, wo Interessantes, Geistreiches, Humorvolles oder auch Skurriles zu finden ist. Manche der Schreiber haben ihr (multimediales) Feuerwerk schnell abgebrannt, andere sammeln eine wachsende Gemeinde von Hörern, Lesern oder Zuschauern um ihre Website.

Seit kurzem – Stichwort ist Web 2.0 – werden eine Reihe schon bisher vorhandener, aber mangels bequemer Tools kaum angewandter Möglichkeiten des Internet stärker genutzt. Eine Momentaufnahme des Jahres 2006, die ARD-ZDF-Online-Studie zeigt, dass sich die 59 % der Bevölkerung, die mehrmals pro Woche das Internet nutzen, knapp zur Hälfte vor allem die alten Anwendungen wie E-Mail, Suchmaschinen, Online-shopping oder Online-Spiele favorisieren. 12 Prozent diese Publikums nutzt bereits das Web 2.0, wobei hier – statt des unscharfen Begriffs »interaktiv« – in »aktiv partizipierende Nutzer« und »passiv partizipierende« Nutzer unterschieden wird. Jeweils ungefähr ein Drittel dieser User beteiligen sich aktiv an Videocommunities, Wiki-Websites, Weblogs, Social-Networking-Sites, Fotocommunties oder Podcasts, zwei Drittel rezipieren sie regelmässig. Insgesamt werden diese Zahlen noch steigen, und schon die aktuellen Zahlen zeigen, welches publizistische Potenzial da heranwächst.

Wie sich das entwickeln und ausweiten kann, zeigt das Projekt »faces of the fallen«, mit dem die Washington Post an die Gefallenen des Irak-Krieges erinnert. Rund um das Bild und die Daten des Todes kommen Geschichten, letzte E-Mails, Zeitungsausschnitte, jeder User kann dem Toten seinen letzten Tribut zollen. Inzwischen machen auch Internet-Communities, aber auch Angehörige die Websites Verstorbener zu Trauerseiten, wo in Wort, Ton und Bild an die toten Angehörigen oder Freunde erinnert wird. Solche virtuellen Grabsteine gehorchen meist dem Motto »nil nisi bene de mortuis«. Insofern finden wir in diesen Porträts vor allem das, was Freunde und Verwandte positiv und wichtig finden, woran sie sich gerne erinnern. Das Gegenteil bieten sogenannte Hassseiten, in denen der Porträtierte zur bösartigen Karikatur verkommt.

Zwischen diesen zwei Extremen entwickelt sich im Web 2.0 eine nicht unbekannte, in seiner Lebendigkeit und Qualität aber ganz neue Form von Porträt: Berichte von Begegnungen mit einfachen Leuten, Prominenten, Landschaften oder Dorfgemeinschaften regen zu Anmerkungen und gemeinsamer Diskussion an, eigene Erzählungen, Bilder, Töne und Videos werden dazugestellt.

## Wikipedia – die Porträt-Plattform

Das beste und eindrucksvollste Beispiel ist Wikipedia, die zahlreiche Porträts in kürzerer, aber auch ausführlicher Form enthält. Bemerkenswert ist dabei vor allem, dass die Darstellung und Bewertung einer Person in einer Art geregelten, kollektiven Verfahrens geschieht. Der ursprünglich ins Netz gestellte Text wird von späteren Usern ergänzt, korrigiert und verändert. Auf einer hinter dem eigentlichen Artikel liegenden Seite sind die Änderungen nachzuverfolgen, sie werden sogar gelegentlich gerechtfertigt und heiß diskutiert. Dies macht die Lektüre eines solchen Porträts spannend und lebendig, zeigt aber auch dessen Subjektivität, was per se nicht verwerflich ist. Auch das journalistische Porträt ist nach unserer Definition subjektiv und die allermeisten in Wikipedia veröffentlichten Porträts bemühen sich um Sachlichkeit, Fairness und ansatzweise kritische Distanz. In diesem Sinne gibt es nichts, was uns Journalisten zu professionellem Hochmut gegen solche Hobby-Publizisten berechtigt.

Die meisten neuen Publikationsformen auf dem WWW sind irgendwo zwischen Persönlichem und Personality angesiedelt und haben deshalb wenig mit dem klassischen Porträt in unserem Sinne zu tun. Sie stellen aber eine ganz neue, öffentlich zugängliche Quelle zu Informationen für Porträts dar, die es zu nutzen gilt, allerdings mit Vorsicht. Dass die Informationen von virtuellen Grabsteinen, Promi- oder Hass-Sites in der Regel sehr einseitig sind, ist evident. Aber auch eine Wikipädie – die seriös anmutet und es meist auch ist – ist schon durch die Art ihrer Entstehung oft fehlerhaft und viele von einer Social Community ins Netz gesetzte Porträts sind durch Lebendigkeit und durch Lücken, durch Authentiziät und durch Einseitigkeit geprägt.

Im Gegensatz zu Prominenten, die wir als Persönlichkeiten der Zeitgeschichte behandeln und deren Blogs wir ungeniert zitieren können, sollten wir die Websites der Normalsterblichen mit der gebotenen Nach- und Rücksicht behandeln, wenn wir ein Porträt einer Stadt, einer Gegend, einer sozialen Gruppe verfassen. Die Menschen schreiben über sich und andere online oft zwanghaft offen und ahnen die Folgen nicht, wenn wir ihre Äußerungen in einem wirklichen Massenmedium Menschen ihrer täglichen Umgebung nahebringen. Den Schutz, den auch unsere anderen Interviewpartner genießen, verdienen die Privatleute, die im Internet publizieren. Wenn wir all diese Fallstricke beachten, dann bietet sich das World Wide Web als Quelle an.

## Professionelle multimediale Porträts

Dass Multimedia ungeahnte, faszinierende Möglichkeiten bietet, das wissen auch wir porträtierenden Journalisten und so finden wir auf digitalen Datenträgern erste Versuche, die klassischen Medien – also den geschriebenen Text mit Töne oder Klängen oder dem bewegten und/oder unbewegtem Bild zu verbinden. Dabei muss klar sein, dass ein mehr an Medien an sich noch keine neue Qualität bedeutet. Ob ein Porträt fesselt, eine Person treffend charakterisiert und für den Rezipienten lebendig macht, hängt immer noch davon ab, dass der Journalist sein Handwerk versteht, er die professionellen Schritte macht, die wir in diesem Buch beschrieben haben. In diesem Sinn unterliegt auch das multimediale Porträt denselben professionellen Kriterien wie Porträts in den klassischen Medien.

In der Regel sind heute multimediale Porträts klassische Porträts, die durch die jeweils anderen Medien ergänzt werden. Dies sieht etwa so aus:

- Geschriebene Texte werden wie altbekannt in der Zeitung durch Fotos des Porträtierten, seltener durch einen Videoschwenk etwa durch sein Haus und seinen Garten ergänzt, vielleicht kommt ein Ausschnitt des Interviews oder ein Ausschnitt davon im Originalton dazu oder wir können den Autor seinen Beitrag lesen oder kommentieren hören.
- Radioporträts werden durch Bilder ergänzt, das im Porträt gestückelte Interview ist in der Originalfassung zu hören, man kann das geschriebene Manuskript, dazu Texte von oder über den Porträtierten lesen, wenn vorhanden, werden Zusatzmaterialien aus dem Archiv, die man nur zum Teil oder gar nicht verwendet hat, beigefügt, hinzu kommen vielleicht Ausschnitte aus Fernsehdokumentationen, die zum Thema passen.
- Filmporträts werden durch gedruckte Texte aus Büchern oder Reden des Interviewten ergänzt, manchmal finden wir einen Auszug aus dem Drehbuch, der Autor bringt ein persönlich gefärbtes Videostatement über die Entstehung und das »Making of«.

Insofern können die meisten auf digitalen Plattformen oder Speichermedien wie DVD oder CD publizierten Porträts ihre Herkunft nicht verleugnen und wollen, ja sollen das auch nicht. Die meisten publizierenden Journalisten sind nicht multimedial, sondern entweder Print-, Radio- oder Film- und Fernsehjournalisten. Die Konsequenz ist, dass die meisten multimedialen Porträts von einem Leitmedium geprägt werden. In der Regel werden sie auch zunächst in den klassischen Medien veröffentlicht. Die digitale (Zweit-)verbreitung entspricht aber einer veränderten Mediennutzung und hat einen in der Tendenz immer attraktiveren Vorteil für den Konsumenten: Bei den elektronischen Medien werden die Beiträge von den festen Sendezeiten entkoppelt, bei den Printmedien sind sie nicht mehr an das täglich oder wöchentlich erscheinende Exemplar gebunden. Solchen Konsumenten will man durch die multimediale Ergänzung einen, vielleicht sogar kostenpflichtigen Zusatznutzen bieten. Hier liegt allerdings auch eine Falle des Internetjournalismus. Die Onliner in den Redaktionen wollen möglichst viel »added values« zu unserem Produkt hizupacken, die Marketingabteilung will möglichst das jeweilige Gesamtprodukt, die Redaktion die entsprechende Marke verkaufen. Das eigentliche Porträt wird zur Nebensache ...

## Mehrwert schaffen

Ungeachtet dessen sollten wir Journalisten uns auch und gerade beim multimedialen Porträt daran erinnern, was unser Kerngeschäft ist, wo unsere Stärken liegen und wo nicht. Ein Beispiel: In einem Radiofeature porträtieren wir einen Bauern und Gastwirt in einem kleinen Dorf an der kroatischen Küste. Land und Leute werden durch verbale Schilderungen, Geräusche, Stimmen, Stimmungen und stimmige Musik vor unserem inneren Auge lebendig. Aber natürlich ist es schön, wenn wir den Hörern ein paar Bilder des Porträtierten, seiner Familie, seines Gasthauses bieten. Vielleicht wagen wir noch ein paar durchaus wacklige Vidoes über die Interviewsituation und einen Schwenk über die Festtafel, zu der wir am Ende unseres Besuchs eingeladen wurden. Als Anregung für die Hörer könnten wir einige Links zur Gegend, speziell zu dem Ort, wo wir uns aufgehalten haben, bringen, eventuell zwei bis drei hervorragende Rezepte aus unserem Gasthaus.

Nur: das wäre schon ein guter Service, der zu unserem Porträt passt und den Interessen des hörenden Publikums dient, einen eigentlichen Mehrwert für unser Porträt bietet das nicht. Da machen wir uns selbst oft Illusionen! Um bei unserem Bespiel zu bleiben: Das Hinterlegen des ungeschnittenen Interviews mag für Medienwissenschaftler interessant sein, bringt aber einem normalen Hörer in der Regel nichts. Gerade für ein multimediales Porträt ist ein wesentliches Kriterium, das alles, in welchem Medium es auch hinzukommt, etwas Wesentliches zu dem Ziel, einen Menschen in verschiedenen Aspekten zu schildern und sein Wesen herauszuarbeiten, beiträgt. Konsequenterweise zwingt uns diese Sichtweise zu einer Beschränkung des Materials. Sonst könnten wir den Namen einer Person in einer Suchmaschine eingeben und all das, was uns wichtig und interessant erscheint, nebeneinanderstellen. Das wäre aber ein Sammelsurium und kein Porträt!

Noch größer ist die Gefahr für die meisten von uns, wenn wir die Grenzen unseres professionellen Könnens sprengen wollen. In unserem Beispiel würde das heißen, dass wir eine Art Dokumentarfilm über die von uns porträtierte Familie zu drehen versuchen, ergänzt vielleicht durch ein paar Film-Minuten über die Schiffreise an der kroatischen Küste. Wenn wir uns als Dokumentarfilmer verstehen, machen wir uns meist lächerlich, wir dürfen ergänzendes Bildmaterial nur so einsetzen, wie es unserem Laienstatus in bildlicher Darstellung entspricht und geben das auch ganz offen zu. Ebenso sinnlos wäre es, zusätzlich zu dem Radioporträt noch ein geschriebenes Porträt zu liefern, auch wenn das den meisten Radiojournalisten, die ja irgendwann einmal im Printbereich gearbeitet haben, leichter fiele. Sie tun das weniger professionell, sie haben nicht auf ein Printporträt hin recherchiert, vor allem aber, als Porträt muss das Radioporträt für sich allein stehen. Denkbar – und vielleicht läuft auch die Entwicklung dorthin – ist statt des multimedialen Porträts mit einem Kernmedium ein multimediales Porträt, das sich harmonisch aus den klassischen Medien zusammensetzt.

### Vision eines multimedialen Porträts

Die gegenwärtigen multimedialen Porträts fokussieren auf ein klassisches Medium in Abhängigkeit von den Stärken des Verfassers. Was aber, wenn der Porträtierende ein texttonfilmischer Multijournalist wäre? Wäre dann nicht von einem, der die Stärken und Schwächen aller Medien kennt und alle beherrscht, eine Art Gesamtkunstwerk möglich? Verfolgen wir einmal folgende Fiktion:

In einen Text wären Töne und bewegte Bilder eingebaut. (Möglich, aber schwer vorstellbar eine zum Porträtierten passende Hintergrundmusik, vielleicht sogar zum aufgerufenen Bildschirmabschnitt passend). Die Aufgabe des Textes wären Rahmen, Bewertung, Kommentar, Hinweise auf Unhörbares, Ungesehenes, Hintergrund usw. Dann Töne, die das Kino im Kopf anregen, Interviewausschnitte, wo ein Zögern vielleicht mehr sagt als viele Sätze. Filmausschnitte, die die Umgebung des Porträtierten zeigen, Lebensabschnitte charakterisieren und auch dort wieder Interviewausschnitte, wo die Bilder mehr sagen als Worte. Und all dies in harmonischem Miteinander und vor allem nicht aufgeblasen, nicht ein Wust von Texten, Bildern und Tönen, knapp und präzis eingesetzt.

Nun gibt es solche texttonfilmischen Multijournalisten, die wirklich die Stärken jedes Mediums ausschöpfen können, höchst selten. Auch wenn wir berücksichtigen, dass die Ausbildung mehr und mehr in Richtung Multimediajournalist geht und künftige Journalisten wohl immer die entsprechenden Werkzeuge vom Bleistift zum digitalen Aufnahmegerät für Bild und Ton mit sich führen werden, ist es nur allzumenschlich, dass sich nur einige Genres und ein Medium herausbilden werden, wo auch der Journalist der Zukunft wirklich Spitze ist. Insofern dürfte das von einem Einzelnen produzierte multimediale Porträt nur wenigen gelingen. Anders mag es bei Kurzporträts sein, weil hier nur Schlaglichter geworfen werden sollen und es gerade die Fähigkeit des Aktualitätsjournalisten sein dürfte, die richtigen Texte, Töne und Bilder zu finden und nebeneinander zu stellen.

Ganz anders wäre es aber, wenn sich für multimediale Porträts ein Produzententeam findet oder – was durchaus denkbar ist – von einem Verlag oder einer Redaktion zusammengestellt wird. Eine solche ähnliche, gemeinsame Arbeit kennen wir auch aus dem Film, wo Drehbuchautor, Tonoperateur und Filmer unter einem Regisseur arbeiten. Zudem wird in Verlagshäusern eine engere Zusammenarbeit angestrebt.

So liegt die Vermutung nahe, dass die großen multimedialen Porträts der Zukunft mehr von Teams gemacht werden, auch wenn es wohl eine federführende Hand, eine Art Regisseur geben wird.

Noch spannender ist freilich die weitergehende Vision von einer Publikumsbeteiligung an solch multimedialen Porträts. Eine Möglichkeit wäre, das interessierte Publikum schon vor einem Porträt zu Meinungen, Anekdoten, Erlebnissen, eigenen Bildern und Tönen dazu aufzurufen. Diese zu sichten, zu verifizieren, zu bewerten und einzubauen stellt jedoch eine große Herausforderung und harte journalistische Arbeit dar. Einen Versuch ist es trotzdem wert

## Fazit

Das multimediale Porträt hat Zukunft. Es wird aber noch längere Zeit auf einen Kernbereich – also Text, Ton oder Film – konzentriert sein, die anderen Medien bilden knappe, präzise Ergänzung und Schlaglicht. Wirkliche multimediale Porträts, die die Stärken aller Medien ausnützen, dürften eher die Ausnahme und wohl nur in Teams zu verwirklichen sein. Die große Gefahr des multimedialen Porträts besteht darin, dass immer mehr Daten aggregiert werden und das Produkt nach dem Motto »Getretener Quark ist breit nicht stark« zwar immer aufgeblasener, aber nicht qualitativ stärker wird.

# 10 Porträts sind so alt wie die Menschen – ein kurzer Rückblick

In seiner journalistischen Form gibt es das Porträt noch nicht lange. Das Interesse an Berichten über Menschen dagegen ist uralt. Schon das erste große Porträt der Menschheit, das Gilgamesch-Epos, schildert uns den mächtigen König von Uruk, der die Götter herausfordert, und arbeitet mit all den Versatzstücken, aus denen auch heute noch Bestseller werden: Herz und Schmerz, Kampf und Tod, Liebe und Verzweiflung. Berichte über interessante Menschen hatten immer Konjunktur. Auch die Verfasser des ersten Longsellers unserer Geschichte, des Alten Testaments, wussten, dass schwierige Inhalte wie Religion und Ethik mit süffigen Erzählungen über Menschen spannend wurden. Solche für jeden nachvollziehbare Geschichten machten abstrakte Probleme verständlich. Eine Methode, die im Neuen Testament mit Jesu Gleichnissen modellhaft weiter entwickelt wurde.

Nicht nur das Lehrreiche, das Spannende interessierte, sondern auch Klatsch und Tratsch, der Blick in die Welt der Reichen und Mächtigen. Im persischen Reich, im alten Ägypten, in Griechenland und im römischen Imperium gab es die Hofberichterstatter, die Klatschreporter, die Dichter, die das Leben der Großen mit satirischer Spottlust oder moralischem Zeigefinger beschrieben. Sie konnten auf die Neugier und Lust der breiten Bevölkerung zählen, sich ein Bild von ihren Mitmenschen, vor allem den Mächtigen machen zu wollen. Umgekehrt waren auch die Mächtigen daran interessiert, dass ihre Untertanen das »richtige« Bild von ihnen hatten.

In dieser Entwicklung war das Porträt zunächst wirklich ein Bild. Noch heute definiert der Brockhaus (Ausgabe Brockhaus multimedia, 2002) das Porträt als »eine bildliche Darstellung eines menschlichen Gesichts meist als Brustbild in Malerei, Zeichnung und Grafik oder als fotografische Aufnahme«. In der Antike waren dies vor allem die Bilder von Herrschern und Feldherren auf Statuen, Münzen, Mosaiken und Malereien. In den allermeisten Fällen ging es dabei nicht darum, dass das Bild irgendeine äußerliche Ähnlichkeit mit dem Porträtierten hatte, sondern es waren aus der Vorstellung gestaltete Idealbildnisse, die eher einen Typus zeigten, also einen idealen Feldherrn, König oder Dichter.

In bestimmten Epochen gab es dann aber auch immer wieder Ansätze zu individuellen Porträts, was allerdings eine realistische Kunst wie die hellenistische, römische oder die der Renaissance voraussetzte. Dieser Realismus ging selten so weit, die Dargestellten so zu zeigen, wie sie wirklich aussahen. In Rom etwa verpassten die Bildhauer den Porträtierten sehr wohl erkennbare, individuelle Gesichtszüge, die sich aber in Statuen mit Prachtkörpern und allen Insignien von Macht und Reichtum präsentieren.

Auf der literarischen Ebene finden wir in der Antike zunächst Nachrufe, Preisreden und Fürstenspiegel, die meist das Positive herausheben. In den wenigen ersten Selbstbiografien, von denen Bruchstücke in ägyptischen Gräbern gefunden worden sind, geht es vor allem um Lebensleistung als Rechtfertigung gegenüber den Göttern. Im antiken Griechenland entwickelte sich dann als Teil der Geschichtsschreibung die literarische Form der Biografie. Doch hat sie noch andere Prämissen als heute. Eine Person wird porträtiert, um dem Leser etwas daran zu zeigen, etwa – und das ist häufig so – den idealen Herrscher, Politiker oder Feldherrn. Spätere Schriftsteller der aristotelischen Richtung versuchen mehr zu differenzieren. So ordnen sie jedem Porträtierten eine spezifische Tugend und ein hervorstechendes Laster zu und charakterisieren unter diesem Raster die ganze Persönlichkeit.

Grobschlächtiger sind die Chroniken der Kaiser- und Königshäuser, der namhaften Dynastien in Ost und West im Mittelalter. In Herrscherporträts werden deren »gesta«, deren Taten, in etwa so beschrieben wie von Nicolaus von Jamsilla in seinen im 13. Jahrhundert verfassten »Taten des Kaisers Friedrich II.«:

> Unter denen, die die seit den ältesten Zeiten aufgeschriebene Geschichte der Menschen als Herrscher des Römischen Reiches nennt, erstrahlte der Kaiser Friedrich, der von seinem Vater, dem einstigen Kaiser Heinrich VI., den herrlichsten Ursprung und die Würde des Kaisertums selbst hatte, durch seine Weisheit und Hochherzigkeit mehr als alle übrigen, sodass er offenbar dem Reiche mehr Ehre gemacht hat als das Reich ihm.
>
> Im unmündigen Alter freilich, nach dem Tod beider Eltern, lebte er unter Tyrannen, die ihn und seine Habe zerfleischten, wie ein Lamm unter Wölfen, nur unter dem Schutze der Hand Gottes [...]. Die Krone des Reiches erhielt er sowohl durch die Wahl der Fürsten als auch durch die väterliche und mütterliche Erbfolge [...].
> (zit. nach K.J. Heimisch, Kaiser Friedrich II., München 1977)

Die Idee, den Menschen in einem Bild so zu erfassen, wie er wirklich ist – äußerlich wie innerlich – entstand erst in der Renaissance, deren wesentliches Kennzeichen ja die Emanzipation und die Hervorhebung des Einzelnen, des Individuums war. Bei Raffael, Tizian, Leonardo da Vinci oder Dürer wird aus dem Porträtierten endlich eine eigenständige, unverwechselbare Persönlichkeit. Natürlich sehen wir auch dort bei den Mächtigen – denn vor allem sie lassen sich porträtieren – an

Insignien und Kleidung ihre gesellschaftliche Bedeutung, aber jetzt spiegeln sich in den Gesichtern eben auch individuelle Züge wie Machtbewusstsein, Härte, Verbitterung, aber auch Melancholie und Nachdenklichkeit wider.

Damit ist der Weg frei zu den großen historischen und literarischen Porträts in all ihren Schattierungen. Die Historiker der Renaissance und des Absolutismus verbinden Lebensbeschreibung mit Bewertung, es ist ihre Absicht, Lehren aus der Geschichte zu ziehen. Gleichzeitig versuchen sie aber, dies in Einklang mit der Wirklichkeit zu bringen und ihre Ansichten zu belegen. Deshalb studieren sie Quellen, wägen sie gegeneinander ab und beginnen fast im modernen Sinn zu recherchieren. Je näher wir uns der Gegenwart nähern, umso detaillierter werden diese Biografien von im Wesentlichen großen Männern. Nur Elisabeth I., Katharina die Große und Maria Theresia brechen in diese virile Phalanx ein. Mehr und mehr fühlen sich die Autoren nun der Wahrheit und der Objektivität verpflichtet, sie propagieren dies zumindest als teleologisches Ziel und verschleiern damit den gerade bei Personenbeschreibungen subjektiven Zugang und die eigene Haltung.

Komplementär dazu entwickelt sich das große literarische Porträt, in dem die historische oder auch die Kunstfigur gleichnis- und beispielhaft für eine Epoche, eine geschichtliche Situation oder nur einen typisch menschlichen Konflikt steht. So wird der »Ulenspegel« des 16. Jahrhunderts – der sich auf eine Person, die wirklich gelebt hat, bezieht – zum Sittenspiegel der Epoche des 30-jährigen Kriegs und des Überlebenskünstlers mit kritisch-pfiffigem Blick auf die Gesellschaft. Cervantes »Don Quijote« wird zur überzeitlichen Figur, der als Ritter von der traurigen Gestalt gegen die Windmühlen der Modernisierung kämpft. Sofern sie sich auf historische Persönlichkeiten beziehen, sind diese Porträts mehr Paradigmen denn Biografien. Etwas vereinfachend ließe sich sagen, Schillers »Wallenstein« stehe für den modernen Machtmenschen, der seiner Zeit voraus ist; und Büchners tragischer Danton für die gescheiterte Revolution, wobei der Autor hofft, dass »die Leute daraus lernen sollten«. Die artifiziellste Kunstform ist schließlich das literarische Porträt einer fiktiven Figur, bei der jeder sofort Bezüge zu einer wirklichen Person herstellt. Bestes Beispiel für ein solches »Schlüssel«-Drama ist Bertolt Brechts »Arturo Ui«, in dem alle Zuschauer im aufstrebenden Kleinkriminellen sofort Adolf Hitler erkennen. Freilich nur deshalb, weil der charismatische Verführer mit dem Schnurrbärtchen in der Tagespresse schon hinreichend porträtiert wurde. Denn im Laufe des 19. Jahrhunderts emanzipiert sich das Porträt von seinen wissenschaftlichen und literarischen Vorbildern.

## 10.1 Ein Blick in die Presse

Spannend ist die Entwicklung des Porträts in den Tageszeitungen in diesem Jahrhundert. In großen Zeitungen der USA sind schon sehr früh attraktive Geschichten über Menschen zu lesen. Dunja Barnes etwa porträtierte für die verschiedensten Medien immer wieder Künstler und Politiker. Sie selbst bewertete diese Artikel allerdings nicht sehr hoch, sah sie bloß als »Lohnschreibearbeiten«, welche die Miete sichern sollten.

Anders in kleineren europäischen Zeitungen. Betrachten wir stellvertretend eine Schweizer Regionalzeitung. Zu Beginn des 20. Jahrhunderts wurden praktisch nur kirchliche Würdenträger sowie maßgebende Politiker und Militärs abgebildet. Porträts waren das noch keine, es war nur die Beschreibung des Werdeganges, Charakterisierungen finden sich kaum, Fotos sind keine dazugestellt. Das ändert sich Anfang der Dreißigerjahre mit dem Aufkommen der illustrierten Nachrufe bedeutender Männer. Frauen erscheinen ebenfalls allmählich in den Zeitungen, allerdings vor allem anonym, beispielsweise als namenlose Helferinnen bei Katastrophen oder bei wichtigen karitativen Anlässen. 1932 findet sich ein Porträt samt mehreren Fotos zum zehnjährigen Jubiläum von Papst Pius XI.

> [...] Bekanntlich ist Pius XI. auch durch einen festen und starken Willen ausgezeichnet. Mit freudiger Sicherheit übernimmt er die schweren Verantwortungen seines Amtes und unbeirrt schreitet er dann auf dem Weg vorwärts, allen Hemmnissen zum Trotze, wenn er nur einmal den Weg und die Richtung als richtig anerkannt hat. Pius XI. ist das typische Beispiel der Qualität des Willens [...].
> (Vaterland, 6. Februar 1932)

Allmählich wird die Sprache auch bei den Nachrufen bildhafter und deutlicher:

> Aus dem Sanatorium Viktoria in Bern kommt die schmerzliche Trauerkunde, dass der hochverehrte Priestergreis Msgr. Ch. W. Cuttat nach längerer Krankheit heute um 15 Uhr im 85. Jahre seines Lebens in die ewige Heimat abberufen wurde. Ein großer Arbeiter im Weinberge des Herrn ist von uns gegangen, ein Mann, der sein ganzes Leben lang mit glühendem Eifer und in schwersten Zeiten für die katholische Glaubensüberzeugung, für die katholische Idee gekämpft hat [...].
> (Vaterland, 2. April 1932)

Während des Zweiten Weltkrieges dominieren die Personenbeschreibungen hoher Militärs, die beim Amtsantritt gewürdigt und später wieder verabschiedet werden.

Anfang der Fünfzigerjahre tauchen vermehrt Künstler auf, noch immer vor allem Männer.

In den Sechzigerjahren kommen die Regenbogen-Geschichten auf. Zu Beginn sind es vor allem die Königshäuser, die hier abgehandelt werden. Dass »Königin Elisabeth um 16.30 Uhr einem Prinzen das Leben geschenkt hat«, wird samt Bild prominent vermerkt (Vaterland, 20. Februar 1960). Eine ähnliche Geschichte zeigt die Tagespresse in Deutschland und Österreich.

## Die Wochenpresse holt auf

Von den Sechziger- bis in die Achtzigerjahre brilliert vorab die deutsche und die nordamerikanische Wochenpresse mit den wirklich großen Porträts. 1966 erscheint im »The New Yorker« Truman Capotes »In Cold Blood«, eine Geschichte über das Schicksal einer Farmerfamilie. Capote begründete damit den so genannten New Journalism. »Dass sich ein Herr der Literatur auf das Niveau journalistischer Arbeit hinunterließ, wurde damals als Sensation gewertet«, schreibt Marco Meier in »Biederland und die Brandstifter, Niklaus Meienberg als Anlass«. Der New Journalism war damit zum Thema in der Literatur geworden. Capotes Beispiel machte Schule. Im »Harper's Magazine«, im »Esquire«, aber auch im »Spiegel«, in »Die Zeit«, der »Süddeutschen Zeitung« und der »Weltwoche« werden die großen Reportagen und Porträts bald zur eigentlichen Institution. Dafür stehen Namen wie Peggy Parnass, Janet Flanner, Sybille Krause-Burger, Margrit Sprecher, Marielouise Scherrer, Rudolf Augstein. Flanner sagte, als Thomas Mann ihr Porträt über sich als Klatsch abtat, Personality sei eine legitime Sparte des amerikanischen Journalismus geworden.

## Der Boom – und »Fast-Untergang«

Mit den Achtzigerjahren beginnt die Zeit der Personalisierung. Vielerorts wird versucht, alles und jedes an einer Person festzumachen. Artikel, Sendungen ohne direkt sichtbar gemachte Akteure gelten als wenig attraktiv, Menschen als ideale Transporteure von Inhalten. In diesem Zug gewinnen die Porträts immer mehr an Bedeutung, es entsteht ein eigentlicher Porträt-Boom. Heute gibt es im deutschsprachigen Raum kaum mehr Publikationen, die nicht auf People-Geschichten setzen. In einigen Illustrierten sind sie gar die praktisch einzige journalistische Form. Ein Paradebeispiel dafür ist die Schweizer Illustrierte, die mittlerweile nahezu jedes Thema an Personen abhandelt. Allerdings sind das lediglich simple Homestorys und keine Porträts.

## 10.2 Das Porträt in der Fotografie

Auch fotografische Porträts sind heute allgegenwärtig. Von Plakatwänden, aus Zeitungen und Zeitschriften sehen uns die Gesichter von Models, Sportlern, Politikern, Bankdirektoren oder Schauspielern entgegen und bringen Botschaften aus den mehr oder weniger unfassbaren Welten der Wirtschaft oder Politik, der Schönen und Verbrecher, des Sports und der Kultur. Diese Flut von Porträts, denen wir andauernd ausgesetzt sind, bildet ein riesiges Reservoir an Informationen von Menschen über Menschen, aber auch an Vor- und Feindbildern, die unsere Selbstwahrnehmung und die Sicht auf andere prägen. Wenige von uns denken dabei daran, dass die Fotografie das erste »neue Medium« der Moderne war.

### Fotografische Tour d'Horizon

In den Zeiten, in denen Spiegel noch selten waren, haben die meisten Menschen ihr Gesicht höchstens in Teichen und Brunnen entdeckt, ansonsten aber hat man sich seiner Existenz über die Blicke der Zeitgenossen vergewissert. Im 19. Jahrhundert dann verbreiten sich Spiegel in allen gesellschaftlichen Schichten und man beginnt, sich zuerst nur im kleinen Ausschnitt des Handspiegels, dann in den großen Standspiegeln von Kopf bis Fuß zu mustern. In den Spiegel zu sehen, lange das Privileg des Adels, gilt als heikle Sache – schließlich ist die Eitelkeit eine der Todsünden – und verbreitet sich dennoch unaufhaltsam. Zeitgleich mit diesem Zeichen für das wachsende Interesse an der individuellen Identität wird die Fotografie erfunden und mit ihr das fotografische Porträt. Einer der ersten großen Porträtisten ist der Franzose Félix Nadar (eigentlich Gaspard-Félix Tournachon, 1820–1910). Das Multitalent – Nadar war zuerst Journalist und Karikaturist, wurde dann ein großartiger Fotograf und tüchtiger Geschäftsmann – fotografiert nicht nur die Pariser Bohème und Intelligenz, zu der er gehört, sondern auch Bürger und Adlige. Er nimmt bereits 1861 mit künstlichem Licht die Pariser Katakomben auf, macht von einem Ballon aus Luftaufnahmen und hinterlässt der Nachwelt schließlich ein immenses fotografisches Sittengemälde seiner Zeit. Nadar schafft es, Mode zu werden, und *tout Paris* will sich von ihm porträtieren lassen.

Der Blick auf sich selbst wird also nicht nur durch die Spiegel zum Allgemeingut, auch die Erfindung der Fotografie bringt eine Demokratisierung der Selbstbestätigung mittels Bildern: Was früher die Porträtmaler schufen und wiederum ein Vorrecht der Reichen und Adligen gewesen war, übernehmen jetzt die Porträtfotografen für jede und jeden. Die Porträtmaler gehören denn auch zu den Ersten, die sich dem Medium Fotografie zuwenden, schlicht um nicht ihre Existenzgrundlage zu verlieren. 1854 bringt der Pariser Fotograf André Adolphe-Eugène

Disdéri (1819–1890) Porträtaufnahmen im praktischen Visitenkartenformat auf den Markt und ist damit enorm erfolgreich: 1862 etwa spuckt sein Atelier an Spitzentagen wie ein Automat 2.400 »cartes de visite« aus. Disdéri kann durch die große Zahl von Abzügen seine Herstellungskosten senken und zugleich die Sammel- und Verteilwut befriedigen, die seine Erfindung ausgelöst hat.

Die langen Belichtungszeiten fordern von denen, die sich fotografieren lassen, große Selbstbeherrschung und Geduld. Aber nicht nur diese technischen Bedingungen, auch das Lebensgefühl der bürgerlichen Gesellschaft produziert Bilder von ruhigem Selbstbewusstsein bei den Männern und würdevoller Bescheidenheit bei den Frauen. Porträtfotografie und gesellschaftliches Verhalten beeinflussen sich gegenseitig: Die Porträts mit ihrer stark stilisierten Sprache von Gesten, Posen und Blickrichtungen wirken auf die Wertvorstellungen, denen man nachleben sollte, oder: »Die Kunst, vor der Kamera als Großvater zu posieren, wurde nun ebenso zum Bestandteil der Selbstinszenierung wie die kontemplative Geste des Denkers«, schreibt Alain Corbin in Philippe Ariès' »Geschichte des Privaten Lebens«.

Da das Porträtfoto ähnlichen Prinzipien gehorcht wie die Porträtmalerei, ist die theatralische Ausstaffierung des Ateliers für jeden Fotografen ein Muss. Zur geschönten Darstellung der Person, zu der man von Anfang an sämtliche Möglichkeiten der Retusche nutzt, gehört die romantische Staffage im Hintergrund – Requisiten und symbolträchtige Malereien –, die teilweise bis in die Vierzigerjahre des 20. Jahrhunderts üblich bleibt. Parallel dazu gibt es Wanderfotografen, die über Land ziehen und die Leute porträtieren, die keinen Fotografen in ihrer Nähe haben. Und auch das Auge des Gesetzes entdeckt die Porträtfotografie sofort für seine Zwecke: Schon sehr früh versucht man mit Fahndungsfotos, das Gesicht präzise aufzunehmen und durch die Kombination von Frontalansicht und Profil die schnelle Wiedererkennbarkeit einer Person zu ermöglichen – was von den Verbrechern prompt mit allerlei wechselnden Schnurrbärten, Brillen und Frisuren beantwortet wird. Muttermale oder Narben, die in der bürgerlichen Fotografie wegretuschiert werden, sind in der Polizeifotografie geradezu erwünscht. Die potenzielle Gewalttätigkeit des Porträtiertwerdens – hier ist sie nicht zu übersehen. Erste verhängnisvolle Folgen der Porträtfotografie zeigen sich denn auch bei den Pariser Kommunarden, die sich 1871 auf den Barrikaden porträtieren lassen, was dazu führt, dass sie von der Polizei identifiziert und erschossen werden.

### Piktorialismus und Neues Sehen

Seit ihrer Erfindung steht die Fotografie in einem Konkurrenzkampf mit der Malerei. Piktorialistische Fotografen wie die Engländerin Julia Margaret Cameron (1815–1879) reagieren um 1900 auf diesen Konflikt mit bewusst unscharfen, eben: malerischen Porträts. Cameron, die im Alter von 48 Jahren autodidaktisch zu fotografieren beginnt und mit ihrer Porträtserie »Victorian Photographs of Famous Men and Fair Women« in die Fotogeschichte eingegangen ist, setzt Belichtungszeiten von 5 bis 8 Minuten ein – qualvoll lang für das Modell. Die unvermeidlichen Bewegungen der Augenlider geben dem Bild dann aber gerade die geheimnisvolle Stimmung, die Cameron anstrebt. Sie arbeitet mit einer großformatigen Kamera und porträtiert unter anderem den Astronomen Sir John Frederick William Herschel, der sich sehr für Fotografie interessiert und das Wort »Photographie« – Schreiben mit Licht – erfunden hat.

Die Reaktion auf die Piktorialisten bleibt nicht aus. Im Zuge des Neuen Sehens beginnen die Fotografen nicht nur Gegenstände, Häuser und Landschaften scharf und klar gestaltet zu fotografieren, sondern auch Menschen. Der Deutsche August Sander (1867–1964), ein Repräsentant dieser sachlich orientierten Fotografie, beginnt in seiner Militärzeit mit ersten Soldatenporträts. Sein auf 45 Mappen à je 12 Fotos angelegtes, aber nie ganz vollendetes Projekt »Antlitz der Zeit – Menschen des 20. Jahrhunderts« ist ein Meisterwerk der Porträtfotografie, das Generationen von späteren Fotografen inspiriert hat. Vom Arbeiter bis zum Industriellen zeigt er Menschen mit den für ihren Beruf typischen Werkzeugen oder Kleidern und spiegelt mit dieser »Typologie der Deutschen« seine Zeit.

## Avantgarde und soziales Engagement

Die »Marquise Casati« (1922) von Man Ray (1890–1976) ist ebenso eine Ikone der Porträtfotografie wie Alexander Rodtschenkos (1891–1956) berühmtes »Porträt der Mutter« (1924), in dem das Gesicht der Frau das ganze Format ausfüllt. Durch einen Stoß gegen das Stativ sind die Augen der Marquise verdoppelt, aber gerade dieses Missgeschick hat das Psychogramm der Dame eindrücklicher zu Stande gebracht als jedes konventionelle Porträt. Während Man Ray mit fotografischen Verfahren surrealistische Experimente verfolgt, arbeitet Rodtschenko, der die klassische Fotografensicht auf den Menschen als »Bauchnabelperspektive« bezeichnet, mit extremen Auf- und Untersichten oder dramatischen Schräglinien.

Die amerikanische »Farm Security Administration« gibt in der Depressionszeit der Dreißigerjahre einer Reihe von herausragenden Fotografen den Auftrag, landauf landab die Lebensbedingungen der Bauern zu dokumentieren. Die Fotografin Dorothea Lange (1895–1965) porträtiert in der Folge mit großem sozialem Engagement die Menschen und ihre Umgebung. Das Porträt »Heimatlose Mutter, Kalifornien« (1936) gehört zu jenen Bildern, die die Politiker dazu bringen, etwas gegen die Armut zu unternehmen. Auch der Engländer Bill Brandt (1904–1983) fotografierte im Zusammenhang von Sozialreportagen zahlreiche

Porträts: Arbeiter, Kinder in armen Vierteln englischer Großstädte, Menschen, die während der Bombenangriffe im Zweiten Weltkrieg in der Londoner U-Bahn ausharren, aber auch Künstler und Schriftsteller; »Young Poets of Democracy« etwa erscheint 1941 in der legendären Illustrierten *Lilliput*. Brandt stellt die Porträtierten in komplexe architektonische und landschaftliche Zusammenhänge und versucht, durch die Umgebung, die Lichtverhältnisse und nicht zuletzt durch seine Vorliebe, dramatisch-dunkle Prints zu vergrößern, psychologische Aussagen über die Person zu machen. Er inszeniert die Welt und die Porträtierten als intensives, rätselhaftes, oft finsteres Melodrama.

### Charakter- und Gesellschaftsstudien

Für eine große Zeit des Porträts stehen auch Gisèle Freund (1908–2000), die nicht nur fotografierte, sondern auch das Standardwerk »Fotografie und Gesellschaft« verfasst hat, und die beiden Amerikaner Irving Penn (*1917) und Arnold Newman (*1918). Ein halbes Jahrhundert lang haben sie ausdrucksstarke Charakterstudien von der Prominenz ihrer Zeit aufgenommen. Ein Auge von Picasso reichte Arnold Newman aus, um dessen starke Persönlichkeit zum Ausdruck zu bringen, Igor Strawinsky zeigt er in einer kühnen Bildkomposition am Klavier (1946). Richard Avedon (*1923) fotografiert dagegen seine Porträts hauptsächlich im Studio. Mit konzeptueller Strenge nimmt er die Modelle vor einem weißen Hintergrund auf, vor dem sich die Gesichter dramatisch abheben. Diane Arbus (1923–1971), die sich hauptsächlich mit Menschen am Rand der Gesellschaft beschäftigt hat, löst mit ihren teilweise schockierenden Porträtserien heftige Kontroversen aus. Während die einen aus ihren Bildern persönliche Betroffenheit herausspüren, finden andere, ihre extreme Darstellungsweise gehe auf Kosten der Abgebildeten.

### Dokumentation und Inszenierung

Bis in die Siebzigerjahre fotografieren die meisten Fotografen und Fotografinnen fast ausschließlich schwarz-weiß. Das farbige Porträt verbreitet sich jedoch mehr und mehr und hat in den letzten Jahren geradezu Konjunktur: Annie Leibowitz (*1949) und Nan Goldin (*1953) beispielsweise setzen die Farbe virtuos ein. Während Leibowitz sich einen Namen mit Porträts von Prominenten und Künstlern machte, bezeichnet Goldin die Menschen, die sie fotografiert, als ihre »Familie«. Sie lebt mit ihnen, kennt ihre Persönlichkeit und ihren Alltag genau – und dokumentiert ihr Leben schonungslos und mitfühlend zugleich. »Das fotografische

Porträt ist das Bild von jemandem, der weiß, dass er fotografiert wird«, so Richard Avedon in Klaus Honeffs Buch »Lichtbildnisse – Das Porträt in der Fotografie«, »und das, was er mit diesem Wissen anstellt, ist genauso Bestandteil der Fotografie wie das, was er anhat, oder wie er aussieht. Er ist eingebunden in den Prozess, der abrollt, und er hat einen gewissen Einfluss auf das bildnerische Resultat.« Inszenierung und Selbstdarstellung gehören zur Porträtfotografie und machen, je exzentrischer, desto besser, den enormen Erfolg aus von Bildern wie Philippe Halsmans (1906–1979) »Jumping-Pictures«, in denen berühmte Künstler vor dem Fotografen und seiner Kamera in die Luft springen.

Allerdings werden Menschen häufig ohne ihr Wissen fotografiert. Was als legitimer Wunsch nach natürlichem Gesichtsausdruck und unverfälschter Wahrheit beginnt und wichtiger Teil der Sozialreportage wird, gerät schließlich mit den Paparazzi-Porträts auch in Misskredit. Nicht nur Prominente empfinden die Kamera als Angriffswaffe und haben jegliches Vertrauen in den Fotografen, die Fotografin verloren, auch so genannte Durchschnittsbürger geraten in Verlegenheit und Angst, wenn sie porträtiert werden sollen. Zwischen Modell, Fotograf und Kamera schwirren unzählige bereits gesehene Bilder umher, Image-Varianten der Persönlichkeit, die sowohl den Fotografen wie den Porträtwilligen beeinflussen.

Seit die Fotografie erfunden wurde, gibt es das fotografische Porträt. Heute sind Porträts allgegenwärtig und prägen sowohl unsere Selbstwahrnehmung wie die Sicht auf andere Menschen. Porträts, seien diese nun sachlich-schlicht aufgenommen oder dramatisch zugespitzt, erzählen nicht nur etwas über die abgebildete Person, sondern auch über die Zeit der Entstehung und vor allem über die Fotografin, den Fotografen. Jedes Porträt ist also *eine* mögliche Sicht auf einen Menschen unter vielen anderen, beeinflusst von der Kultur, der Zeit und den beteiligten Menschen.

## 10.3  Töne für das innere Auge

Das nach der Fotografie neueste Medium war das Radio. Vermutlich kann sich außer den Ohrenzeugen niemand die Faszination vorstellen, die der klobige Kasten in der Zeit nach dem Ersten Weltkrieg auslöste. Die Welt kam in die gute Stube, oder manchmal auch nur das, was die Rundfunkverantwortlichen für die Welt ausgaben. Personen, sonst weit entrückt, schienen plötzlich nah. So verstand Joseph Goebbels, per »Volksempfänger« sein Bild von Adolf Hitler in jedes deutsche Wohnzimmer zu bringen. Aber auch Franklin Delano Roosevelt lud sich einmal im Monat über den Äther zum Kamingespräch bei seinen Landsleuten ein. Und die Nation hörte zu.

## Von der Laudatio zum Porträt

Aber das waren natürlich politische Inszenierungen und Selbstdarstellungen, keine Porträts. Immerhin, in den amerikanischen Wahlkämpfen der Dreißiger- und Vierzigerjahre luden die Sender auch die Familien und Nachbarn der Kandidaten ein. Das Ergebnis war dann Smalltalk. Die ob der Studioatmosphäre meist gehemmten Gesprächsteilnehmer gaben alles Mögliche und Unmögliche, aber kaum Kritisches über den »good guy« zum Besten.

Livegespräche über Personen waren ein Weg zur Annäherung an Personen; dabei ging es zunächst ausschließlich um Prominente. Andere Möglichkeiten waren Vorträge und schließlich von geschulten Sprechern vorgetragene Manuskripte. All dies hing natürlich mit den technischen Möglichkeiten zusammen. Aufzeichnungen von Gesprächen oder Geräuschen – vor allem außerhalb des Studios – waren zunächst technisch ungeheuer schwierig und aufwändig. So muten uns heute die ersten Porträtversuche im Radio seltsam unradiophon an. An runden Geburtstagen oder zu großen Ehrungen versuchten sich die Journalisten in einer »Würdigung des Jubilars«. Meist handelte es sich um Lebenslauf und Oeuvre, besonders pfiffige Radioleute würzten das Ganze vielleicht noch mit ein paar Anekdoten.

## Zeitungsleute produzieren Radioporträts

Eine mit der Zeit immer beliebtere Variante war, bei bekannten und mit der Person vertrauten Wissenschaftlern oder Fachjournalisten aus den Printmedien ein Porträt in Auftrag zu geben. Durch namhafte politische Kommentatoren und Kulturkritiker gewannen die Radioporträts an Spritzigkeit und Brillanz. Es war aber geschriebene Sprache, die praktisch ohne Veränderung im Radio verlesen wurde. Dies fiel den Machern mit der Zeit unangenehm auf: Ein höchst kunstvoll gedrechselter Satz, der sich im Manuskript gut las, erwies sich aufgrund seiner Länge und Verschachtelung als schwer verständlich. Erster Problemlösungsversuch war, das Ganze in möglichst viele kurze Sätze aufzusplittern, nur noch wenige Nebensätze mit klarem Bezug zuzulassen und manchmal sogar, um der Verständlichkeit willen, gegen grammatikalische Regeln zu verstoßen. Mit der Zeit bildete sich eine Gruppe von Journalisten heraus, die immer geübter in dem wurden, was sie nun »radiophones Schreiben« nannten. Die in der Öffentlichkeit bekannten und prominenten Porträtisten aus der Literatur- und Zeitungsszene wehrten sich mit Händen und Füßen gegen solche »redaktionelle« Eingriffe in ihr Manuskript. Eine Reaktion auf solche Kritik war, dass die Radioleute den Autoren anboten, ihre Schreibe doch einmal selbst vor dem Mikrofon zu lesen.

Dies zeitigte einen unerwarteten pädagogischen Effekt für beide Seiten. Manche Literaten erfuhren – oft durch wenig schmeichelhafte Kritiken aus der näheren Umgebung – dass sie sich fürchterlich anhörten und änderten daraufhin ihren Stil. Gelegentlich kamen Autoren beim Publikum – und auch beim zähneknirschenden Redakteur – hervorragend an, obwohl sie nuschelten und knödelten, und das trotz höchst komplizierter Sätze.

So wurde damals erkannt, was heute als unbestrittenes Radiogesetz gilt: Die Stimme des Autors, der Autorin, sowie Authentizität und Engagement, können, müssen aber nicht, professionelle Mängel wie komplizierten Satzbau oder fehlende Sprechausbildung ersetzen.

### Bilder im Kopf entstehen lassen

Es gab und gibt Wissenschaftler oder Schriftsteller, die nach einem ersten Vorsprechen bei keinem Sender der Welt die Mikrofonerlaubnis erhalten hätten und die dennoch mit ihrem Vortrag ihr Publikum ans Radio fesseln, weil es faszinierend ist, ihnen zuzuhören.

Während es in der geschriebenen Sprache die kleinen Nebensätze, die prägnanten, farbigen Beiwörter sind, die eine Stimmung vermitteln, die ein bezeichnendes Schlaglicht werfen und oft mehr aussagen als die langwierige Aufzählung von Fakten, ist es im Radio die Stimme, die Stimmungen wiedergibt. Da sind Pausen, ein Zögern, ein leises Lachen, die sich, obwohl man den Sprecher nicht sieht, sofort mitteilen.

In den Fünfzigerjahren, als die Technik die externe Aufzeichnung von Interviews und Tönen erleichterte, begann die große Zeit des Radioporträts. Die Gespräche wurden an verschiedenen Orten aufgenommen; die dazugehörenden Geräusche, unverständliche Gesprächsfetzen und die Musikbox in einer Kneipe, die leicht hallenden Schritte im Vorraum der Wandelhalle eines Parlaments oder die Kuhglocken im Voralpenland waren nicht mehr bloß störender Hintergrund, sondern belebende Elemente. Sie wurden nun bewusst gesucht. Aussagen von Freunden und Gegnern aus anderen, zusätzlichen Interviews verstärkten, kontrastierten und konterkarierten die Äußerungen der Porträtierten. Originaltöne aus alten Wochenschauen, Filmen oder anderen Sendungen wurden zugemischt, um Zeitläufe und Stimmungen zu dokumentieren, Hörspielelemente eingebaut und vor allem die Musik als verstärkendes, untermalendes Element ganz bewusst eingesetzt.

Damit zeigte sich neben der Schnelligkeit eine der größten Stärken des Mediums Radio. Es gibt eine Reihe von Tönen, mit denen die Hörer sofort eine Stimmung assoziieren, bei denen eine Art Kino im Kopf abzulaufen und die

Fantasie zu spielen beginnt. Psychologinnen wissen heute, dass diese von frühester Jugend an unbewusst und bewusst gespeicherten Töne oft viel eindrucksvoller und emotional aufwühlender sind als jedes Bild. So kann das Knarzen einer Türe im Radio weitaus mehr Horrorfeeling verbreiten als im Film, die Beschreibung einer Prinzessin untermalt durch höfische Musik und leicht hallende Schritte ein viel fantastischeres, ja plastischeres Bild im Kopf erzeugen als jedes Disney-Aschenputtel. Oft sind es auch künstlich erzeugte Töne, mit denen wir sofort in eine bestimmte Zeit und Atmosphäre versetzt werden. Der deutschen Weltkriegsgeneration läuft es bei den Sirenenklängen zum Luftalarm immer noch kalt den Rücken herunter wie bei den Fanfaren, mit denen die »Sondermeldungen des Oberkommandos der Wehrmacht« angekündigt wurden. Mit den ersten Klängen von »California dreamin'« oder des James-Bond-Themas versetzen wir die Nachkriegsgeneration sofort in »Flowerpower«- oder »Thriller«-Stimmung. Der bewusste Einsatz von Tönen und Musik machte Radiohörspiele zu regelrechten »Straßenfegern«, aber Töne und Musik wurden auch von den Porträtisten gezielt als Stilmittel eingesetzt.

Erstes prominentes Beispiel war ein kurz vor dem Ende seiner Präsidentschaft ausgestrahltes Porträt Dwight D. Eisenhowers, das von fast allen amerikanischen Radiosendern übernommen wurde. Mittelpunkt und roter Faden zugleich bildete ein an mehreren Stellen aufgenommenes Interview mit dem Präsidenten, Ike im Oval Office, im Garten seines Privathauses, in einer Kaserne, beim Golfspielen, immer wieder mit deutlich hörbaren Tonelementen wie etwa Telefon, Vogelgezwitscher oder sogar vorbeimarschierenden Soldaten im Hintergrund. Diese Geräusche sind sicherlich ganz bewusst mit aufgenommen worden. Es soll Radioporträtisten geben, die derartige Stimmungselemente nachträglich dazumischen. Politische Weggefährten – Freunde wie Gegner – kamen zu Wort, Freunde der Familie mit kleinen Anekdoten. Das Gerüst des Porträts bildete eine Zeitleiste. Jeder Abschnitt aus Ikes Leben wurde mit einem Ausschnitt aus einer Wochenschau oder einer auf alt nachproduzierten News-Sendung eingeleitet, zudem die Zeit durch entsprechende Musikstücke charakterisiert. Wichtig, und vor allem für die Weltkriegsteilnehmer aufrüttelnd, waren Soldatenlieder, Marschmusik und nationale Hymnen, die immer wieder mit Interviewpassagen unterlegt wurden und so die Aussagen emotional verstärkten.

Spätestens in den Sechzigerjahren entstand das »große Porträt« als eine ebenso ansprechende wie anspruchsvolle Radioform, die zusammen mit Hörbild und Hörspiel als der Gipfel radiophonen Schaffens galt und gilt und auch vom Publikum sehr geschätzt wird. Mit dem Aufkommen des Fernsehens jedoch – die Hörer-Forschung belegt es schnell – sanken die Einschaltquoten solcher Sendungen langsam aber stetig. Der scheinbar unaufhaltsame Abstieg des »Wort-Radios« hat begonnen.

## Das klassische Radioporträt – eine aussterbende Gattung?

Bevor wir aber die Totenglocke für das Radioporträt läuten, sollten wir uns einmal die Ergebnisse der quantitativen wie qualitativen Medienforschung ansehen. Insgesamt, und das freut die Radiojournalisten, hören die Menschen so viel Radio wie eh und je, 2001 waren es in Deutschland im Durchschnitt täglich 203 Minuten, 2002 sogar eine Minute mehr, auch wenn da unsere geschätzten vierbeinigen Hörer in den deutschen Kuhställen mitgezählt werden. Erfreulich sicher auch, dass die mit der heute modernsten Methode, der Schweizer Radiocontroluhr, gemessenen Zahlen zeigen, dass die Zahlen bei jedem Wortbeitrag in die Höhe gehen, wir also entgegen früheren Lehrmeinungen sagen können, dass Inhalte Einschalt-, Musik eher Ausschaltgründe sind.

All dies darf nicht darüber hinwegtäuschen, dass sich die Hörgewohnheiten seit den Fünfzigerjahren, als Hörspiele wie Dickie Dick Dickens in Deutschland oder Gotthelfs Stücke in der Schweiz »Straßenfeger« waren, geändert haben. Radio wird heute vor allem am Tag genutzt, am Abend ist die Konkurrenz des Fernsehens fast erdrückend. Zu den Spitzenzeiten, also tagsüber, ist das Radio vor allem Begleitmedium, die Hörerinnen und Hörer arbeiten in Haushalt oder im Büro und können sich vielleicht immer wieder die Zeit für ein paar Minuten aufmerksamen Zuhörens nehmen, mehr aber nicht.

Ein Teil des Publikums – vor allem des jüngeren – neigt sogar eher zu einem reinen Begleitprogramm, das sich aus Musik, Nachrichtenflashs und kleinen, möglichst seltenen Wortbeiträgen zusammensetzt – ein Publikum, das deshalb eher in den dritten Programmen des öffentlich-rechtlichen Rundfunks und bei den Privatradios zu finden ist und das inzwischen mit immer gleichen Formaten und Musikteppichen angesprochen wird.

An diesem Punkt der Analyse wird oft eine falsche Schlussfolgerung gezogen: Wenn sich das Radiopublikum und seine Hörgewohnheiten verändert haben, das Radio Begleitmedium geworden ist, dann müssten auch all die langen Wortblöcke verschwinden. Die Schlussfolgerung für die Zukunft von Radioporträts läge auf der Hand.

Aber an wen richtet sich eine solche Sendung überhaupt, wer sind die Adressaten solch aufwändiger, im Vergleich zum Fernsehen aber billigeren Sendungen? Es sind Hörerinnen und Hörer, die sich darauf einlassen, eine halbe, ja oft eine ganze Stunde zuzuhören. Die meisten von ihnen haben ins Programmheft oder auf die winzige Spalte mit den Radiohinweisen in der Zeitung geschaut, sie wissen, dass um diese Zeit – meist am Abend – eine wortbefrachtete Sendung zu erwarten ist. Oft sind sie mit einer manuellen Arbeit beschäftigt, die kein Fernsehen, vom Zappen ganz zu schweigen, zulässt. Aber manche arbeiten auch gar nichts, sie sitzen nur da und hören zu. So, wie man früher dem Geschichtenerzähler zuhörte, der einem die Welt vor die Füße legte und der dazu weder Film noch Fotos brauchte.

Da werden mit einem Budget von rund 6.000 Euro am Abend in der Schweiz und in Österreich immerhin noch Zigtausende, in Deutschland Hunderttausende erreicht: Leute, die bewusst ihr Programm einschalten, um etwas Längeres, Tiefergehendes, Hintergründiges zu hören, etwa einen interessanten Menschen kennen zu lernen. Das muss zumindest dem öffentlich-rechtlichen Rundfunk mit seinem Auftrag, einen »service publique« zu bieten, eine Überlegung wert sein. Freilich, auch die Produzierenden aller »langen« Sendungen, ob Porträt, Hörbild oder Reportage, müssen sich über die Einschaltquoten Gedanken machen und nicht einfach die Augen davor verschließen, dass es immer weniger Leute sind, die am Abend zuhören. Da drängt es sich auf, von den eher elitären Abendsendeplätzen wegzugehen, und sei es nur in der Form von Zweitausstrahlungen auf Vormittags- und Nachmittagssendeplätzen mit zehnmal so vielen Hörerinnen und Hörern. Laut neuesten Ergebnissen der Publikumsforschung wäre hier erstaunlicherweise ein Interesse für Features vorhanden.

## Renaissance des Wort-Radios

Wir müssen uns aber vor allem Gedanken darüber machen, ob wir nicht neue, attraktivere Formen für unsere Wortbeiträge finden können und müssen. Der Goodwill des Publikums, am Tag, aber auch am Abend länger zuzuhören, sich auf durchgehende thematische Magazine, ja sogar Wortwüsten einzulassen, ist begrenzt. Immerhin lassen die Erfolge von Hörspielen, schulfunkartigen Sendungen, Kabaretts, längeren Reportagen am Nachmittag und am späten Vormittag auf ein zu gewinnendes Hörerpotenzial schließen, was an uns Macherinnen und Macher größere Ansprüche stellt: Wir müssen vielleicht noch abwechslungsreicher, noch radiophoner arbeiten, um dieses Publikum zu gewinnen und vor allem zu halten, zum Zuhören zu bewegen. In diesem Sinne wäre auch eine Renaissance des Wort-Radios möglich und damit auch des Radioporträts. Eine Überlegung gilt dabei auch Kurzporträts, die im Daytime-Programm nur einzelne Aspekte einer Persönlichkeit herausheben und vielleicht als »Appetizer« für das große Radioporträt am Abend dienen können. Das wird nach wie vor seine Hörerinnen und Hörer haben, wenn es uns gelingt, es attraktiv, nach allen Regeln der Kunst und eben radiophon zu gestalten.

Derzeit aber verfolgen die meisten Radiosender eine eher kurzsichtige Politik: Weil die Einschaltquoten sinken oder stagnieren, erhalten die für mehr als Kurzfutter zuständigen Wortbereiche immer weniger Geld, was langfristig trotz allem Enthusiasmus der Programmschaffenden zu unattraktiveren Sendungen führt, mit dem Resultat, dass tatsächlich immer weniger Leute zuhören. Woraufhin der Geldhahn weiter zugedreht wird.

## 10.4 Das Porträt im Fernsehen

Einige historische Aspekte des Fernsehens sind heute noch von Bedeutung, wenn wir über das Fernsehporträt in seinen bestehenden Formen nachdenken.

Zwei verschiedene Menschengruppen etablierten sich in der Pionierzeit im Fernsehen: Auf der einen Seite ehemalige Radiomacher, auf der anderen Film- und Theaterleute. Das hatte, im Wechselspiel mit der Entwicklung der technischen Möglichkeiten, weit reichende Folgen: Die Radioleute, im Allgemeinen eher im journalistischen Bereich tätig, versuchten sich quasi in bebildertem Radio. Das Wort hatte Vorrang, die Bilder dienten als zusätzliche Illustration praktisch ohne eigenen, selbstständigen Informationsgehalt. Die schnelle Reportage war anfangs unmöglich: So war am Ort des Geschehens noch kein Reportagewagen mit Link ins Studio (was sich in den Anfängen noch als sehr aufwändig gestaltete) und Bilder erst Tage, manchmal gar Wochen später sendbar. Fernsehen war also, wenn es sich nicht auf das Wort und das Gesicht der Sprecherin beschränkte, journalistisch gesehen zu langsam.

Auf der anderen Seite gestalteten Theater- und Filmleute beschauliche und inszenierte Beiträge. Das Fernsehspiel als neue Kunstform entwickelte sich zum bedeutendsten Gefäß des neuen Mediums.

Dies änderte sich, als Journalisten die Kraft des »uninszenierten« Bildes, des so genannten authentischen Berichtes entdeckten und Kameraleute sie mit Bildern aus 16 mm-Handkameras bedienten. Der schön gestaltete, inszenierte Beitrag und die Studiogespräche wichen in ihrer Bedeutung zusehends dem authentischen Bericht vom Ort des Geschehens. Da nun aber kaum mehr Film- und Theaterleute gestalteten, sondern Journalisten, die ihren Beruf in den Printmedien erlernt hatten, erhielt wiederum das Wort das Primat: Der Bericht wurde auf Papier abgefasst und im Schneideraum mit mehr oder weniger passenden Bildern illustriert. Neu und qualitativ anders waren nun die Statements: Beteiligte, Augenzeugen, Fachleute, Politiker, Betroffene konnten nun im Bild gezeigt und befragt werden, ohne dass sie ins Studio bemüht werden mussten. Außerdem gelang es manchmal, Ereignisse als szenische, stimmige Sequenzen auf Film zu bannen und den Zuschauerinnen und Zuschauern im Wohnzimmer das Gefühl zu vermitteln, selbst am Ort des Geschehens zu sein. Von diesen Möglichkeiten lebt das Fernsehporträt heute noch.

## Das Bild – Gefahr und Chance

Gegenüber dem Radio ist beim Fernsehen die sinnliche Wahrnehmung um die Dimension des bewegten Bildes erweitert. Das hat Konsequenzen, denn jeder zusätzlichen Sinnesreizung entspricht eine Einschränkung der Fantasietätigkeit der Rezipientinnen und Rezipienten. Zwar formen bei Film- und Fernsehbildern das über die Beschränkungen des Bildrandes hinaus Dazugedachte, Dazugesehene und Dazugefühlte den eigentlichen Film im Kopf der Zuschauenden; dennoch lässt das Fernsehbild der Fantasie offensichtlich weniger Raum als beispielsweise ein Radio- oder Zeitungsporträt.

Andererseits wirkt das Bild – vor allem im Zusammenspiel mit der Tonebene – unmittelbarer, man könnte auch sagen: zwingender. Es reizt die Zuschauerin hinzusehen, sich (auf passive Art) einzulassen. Wer von einer Szene im Fernsehen fasziniert wird, bedarf in der Regel einer erheblichen Willensanstrengung um wegzusehen, wegzuzappen oder abzustellen. Die Freiheit der Zuschauenden ist eingeschränkt, die Souveränität des aufgeklärten, im Vollbesitz seiner intellektuellen Fähigkeiten mündig handelnden Menschen ist während seines Fernsehkonsums reduziert. Der Reiz an sich entfaltet seine Macht, bindet die Zuschauerin, den Zuschauer an den gerade eingeschalteten Fernsehkanal.

## Reizüberflutung

Wer nun aber stetig einer hohen Reizdichte ausgesetzt ist, ermüdet; Gewöhnung stellt sich ein, der Adrenalinspiegel steigt nicht mehr. Die Droge Fernsehen hat, das belegen diverse Untersuchungen, eine hohe Toleranz, d.h. die Dosis müsste dauernd erhöht werden, um eine gleich bleibende Erregung zu erzeugen.

Fernsehmacher reagierten darauf, indem sie ihre Programme im Laufe der letzten Jahrzehnte immer »schreiender« gestalteten. Und mit der Zunahme der Wahlmöglichkeiten tendierten die Verantwortlichen dazu, den Zuschauenden den Einstieg in ihr jeweiliges Programm jederzeit möglich zu machen: Wann auch immer jemand zuschaltet, er soll sich sofort zurechtfinden und vor allem auch sogleich durch einen Knalleffekt bei der Stange gehalten werden. Auf die Dauer führt diese Entwicklung dazu, dass Fernsehen – wie dies fürs Radio weitgehend schon der Fall ist – zum Begleitmedium wird, d.h. der Fernseher läuft, aber man schaut nur noch hin, wenn es gerade mal wieder knallt, ein Todesschrei oder zumindest Sexgestöhne zu hören ist.

Eine Folge scheint zu sein, dass sich vor allem gebildetere Bevölkerungsgruppen vom Fernsehen abwenden. Ihre Alternativen sind beispielsweise Bücherlesen und Kinogang.

## Boulevardmedium

Die optische Reiz-Gebundenheit teilt das Fernsehen mit der Boulevardpresse: Ein Printmedium erreicht in seiner Zuspitzung auf »schreiende« stehende Bilder und Schlagzeilen eine vergleichbare (erste) Aufmerksamkeit wie die bewegten Bilder des Fernsehens. Und völlig ungeachtet, was nun zuerst war – die Boulevardzeitungen oder das boulevardisierte Fernsehen: Heute ist das Fernsehen – in seiner hauptsächlichsten Verbreitungsform – ein Boulevardmedium. Wer heute Fernsehprogramme für das Hauptabendpublikum eines Mehrheitssenders macht, kommt um die Berücksichtigung dieser Tatsache nicht mehr herum. Ohne Reize keine Marktanteile.

## Der Hoffnungsschimmer

Es gibt aber auch Anzeichen für eine Trendwende: Stille, dem guten Kinofilm vergleichbare Sendungen, die Aufmerksamkeit erfordern und sich nicht nebenbei »reinziehen« lassen, erreichen zum Teil bemerkenswerte Einschaltquoten. Wir kennen – durchaus mehrheitsfähige – Fernsehporträts, die uns in ihrer Vielschichtigkeit, Subtilität und ihrem Engagement einen tiefen Blick in menschliche Realitäten gewähren; einen Blick, der uns berührt, weil er eigenen Erfahrungen neue Zusammenhänge eröffnet oder weil er in uns eigene Gefühle, Trauer, Wut, Sehnsucht, Freude wachruft und uns Reflexionen über unsere Existenz ermöglicht. Nun fallen aber Fernsehporträts dieser Art auf, sie unterscheiden sich deutlich vom üblichen Einheitsbrei. Indem sie die Zuschauenden für mündig erklären, den reinen Reizwert nicht zum Selbstzweck erheben, ermöglichen sie ein aktives Zuschauen. Sie knüpfen zwar gemäß den Gesetzen dieses Mediums an Emotionalem an, gleichzeitig fordern sie aber zum Relativieren und Reflektieren heraus. Nicht alle Bedingungen, derer es zur Produktion derartiger Filme bedarf, lassen sich in einem Lehrbuch auflisten. Wir weisen auch und gerade beim Fernsehporträt darauf hin, dass das Gelingen nicht allein eine Frage handwerklicher Fertigkeiten, sondern ebenso sehr eine Frage der Haltung der Machenden ist. Das Fernsehporträt bietet die Chance einer sinnlichen Begegnung mit einem bislang fremden Menschen, ohne diesen seiner Würde und Komplexität zu berauben. Der Herstellungsprozess eines Fernsehporträts ist zwar durch die Anzahl der beteiligten Personen und den Einsatz technischer Geräte ungemein komplizierter als bei einem Zeitungs- oder Radioporträt, das Produkt vermittelt jedoch in seiner – scheinbaren – Unmittelbarkeit das Gefühl einer großen Realitätsnähe.

## Die Künstlichkeit der Fernsehdokumentation

Der Herstellungsprozess kann Wochen oder Monate dauern. Daran beteiligt sind Kameramann, Tonoperateur, eventuell Beleuchter, Cutter mit all ihren technischen Geräten. Dies verweist auf die Künstlichkeit, mithin auch die Fiktionalität des Produktes. Dennoch besteht beim Fernsehporträt die Gefahr, dass sich die Zuschauenden im Gefühl wähnen, Wahrheit eins zu eins vermittelt zu bekommen. Die Dominanz des bewegten Bildes nährt den Schein der Realität. Wir erleben vor dem Fernseher ein Gespräch so, als wären wir live mit dabei. Allzu leicht vergessen wir dabei den kleinen, aber entscheidenden Unterschied: Wir können nicht mitspielen; unsere Macht beschränkt sich auf die Möglichkeit des Wegzappens oder Ausschaltens. Und der gezeigte Film ist nicht die Wirklichkeit an sich, sondern eine Annäherung daran, ein Abbild davon. Doch die Künstlichkeit der gezeigten Realität wird im Kopf der Zuschauenden des Öfteren ausgeblendet.

Darum nochmals: Fernsehen ist Fiktion; doch Fiktion, wie sie beispielsweise der gute Kinofilm bietet, ist etwas Wundervolles. Sie erweitert unsere eigene Realität um eine fiktionale, fantastische Realität. Jede Realität wird in der menschlichen Rezeption mit fantastischen, in der eigenen Geschichte fundierten Elementen bereichert. Auf der Suche nach der für uns gültigen Wahrheit verknüpfen wir grundsätzlich jede Wahrnehmung mit unserem subjektiven Raster, der uns verstehen, begreifen und einordnen hilft.

Und schließlich sind die Gefühle, die wir als Zuschauende erleben, echt, sind Teil unseres realen Lebens. Weil die Reizdichte auch echte Gefühle evozieren kann, liegt im guten Fernsehporträt auch eine Chance.

## Personalisieren der Botschaft

Schon in den Anfängen des Fernsehens ist den (männlichen) Machern die Bedeutung des (weiblichen) Gesichtes für dieses Medium klar. Dabei entwickelt sich aber die Personalisierung der Botschaft anfänglich so, dass nicht die Glaubwürdigkeit der Nachrichtensprecherin, sondern ihr Gesicht und ihr freundliches Lächeln entscheidend für ihren Auftritt sind. Erst nach Jahrzehnten erkennen die Verantwortlichen, dass den Zuschauenden die Moderation mehr als bloße Oberfläche bietet. Form und Inhalt müssen nun in Deckung gebracht werden, die journalistisch aufbereitete Botschaft verlangt nach einem journalistisch versierten Botschafter oder (später) einer solchen Botschafterin, die oder der den Inhalt in glaubwürdiger Form präsentiert. Mit dieser Entwicklung setzt sich zunehmend die Erkenntnis durch, dass jede Botschaft, sei sie noch so kurz, in personalisierter

Form leichter zu transportieren ist. Steht ein Mensch hinter einer Aussage, so lässt sie sich emotional aufladen. Damit wird sie spannender, reizvoller.

## Das Porträt – eine dokumentarische Fernsehform

Abgesehen von den Studioformen – Talkshow, Diskussionsrunde, Spiel – und den rein fiktionalen Fernsehformen, entwickeln sich parallel zwei Extremformen, die heute in praktisch allen Programmen dominieren. Wir nennen die beiden Formen einmal etwas unpräzise das Porträt und den Sachreport. Als Sachreport bezeichnen wir die vor allem in wirtschaftlichen, wissenschaftlichen, medizinischen und mehrheitlich auch in politischen Magazinen verwendeten Form, bei der ein Sachverhalt, eine These mit beliebigen formalen Mitteln (Inserts, Makros, Spielszenen, Kurzinterviews mit Fachleuten oder Politikern usw.) dargestellt und verifiziert wird.

Dieser Art von Beiträgen sei das Porträt gegenübergestellt, das durchaus auch in Kleinstform innerhalb eines Magazins üblich geworden ist. Dabei wird dann zumeist ein Mensch instrumentalisiert, um den Zuschauenden ein bestimmtes Thema in kürzestmöglicher Form emotional und eben personalisiert darzulegen. Mit anderen Worten: Ein Reporter dreht, was er von vornherein genau festgelegt hat; er weiß, welche Aussagen mit welchen emotionalen Folgen ihm die porträtierte Person in welcher Zeit und in welchem Dekor vor laufender Kamera abzugeben hat. Dieser Form, die auch in gewissen längeren Dokumentarfilmen anzutreffen ist, wollen wir nicht das Wort reden. Sie ist im Grunde keine Alternative zum Sachreport. Sie trägt zwar auf radikalste Weise der Tatsache Rechnung, dass auch das Dokumentarische fiktional ist; dennoch schöpft sie das Potenzial des dokumentarischen Schaffens, die Möglichkeiten, der Komplexität und Widersprüchlichkeit menschlicher Existenz filmisch näher zu kommen, nicht aus.

## Fotoblock 4: Kinder

Mit Kindern ist an erster Stelle Improvisationstalent gefragt. Auffangen können, Vertrauen schaffen, schnell reagieren. Die Art der Kommunikation spielt bei Porträts grundsätzlich eine große Rolle. Bei Kindern ist sie entscheidend.
(Fotos: Caroline Minjolle/freie Arbeit und Auftragsfoto für das Theater am Neumarkt, Zürich)

Basil als Freiheitsstatue

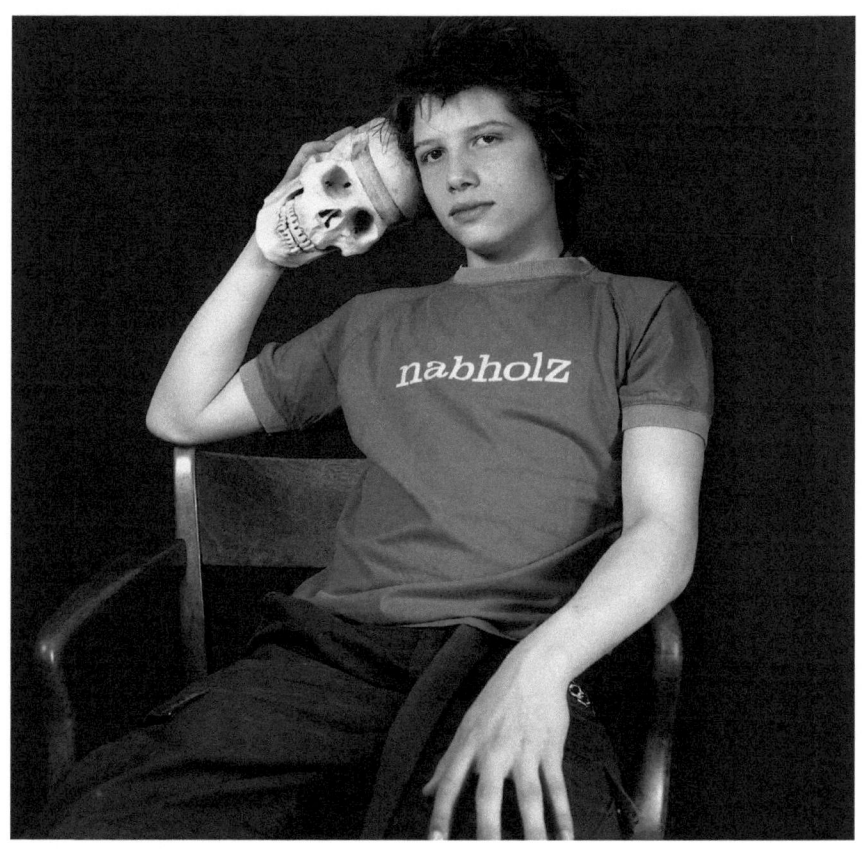

Dimitri für das Programmheft eines Theaterstücks

# 11 Beispiele

Es folgen einige besonders gelungene Porträts, lange und kürzere. Sie sollen anregen, inspirieren. Es sind kaum Porträts, die aus dem Tag heraus geschrieben sind, man spürt, dass intensiv an ihnen gearbeitet wurde. Wir wissen, dass es oft schneller gehen muss – die abgedruckten Beispiele mögen ermutigen, für Zeit und Freiräume zu kämpfen. Ein wirklich gutes Porträt ist die Kür des Journalismus – und diese Kür werden wir gerade im Zusammenhang mit neuen Medien mehr denn je liefern müssen, wenn der Qualitätsjournalismus auch in Zukunft eine Legitimation haben will.

Einige Porträts sind nicht mehr ganz neu – weil wir sie aber für so außergewöhnlich halten, belassen wir sie auch in dieser neuen Auflage. Die meisten Texte sind in Faksimile gedruckt, wir danken den Autoren und Publikationen für die Einwilligung. Zwei Beispiele erscheinen als Lauftext – Margrit Sprecher hat ihre Text leicht »entstaubt« und beschrieben, weshalb es für sie selbst wichtige Porträts sind. Auch dafür lieben Dank.

## 11.1 Elisabeth Pletscher: Appenzeller Jungbrunnen

Auffallend gut ist hier der Aufbau – beginnnend beim szenischen Einstieg, der uns Leserinnen und Leser sogleich an der Begegnung teilhaben lässt und zugleich sehr viel aussagt über die porträtierte Frau Pletscher. Der Autor wechselt dann durch den Text geschickt die Ebenen, vermittelt, wie die Frau denkt und redet, und endet mit einem furiosen Schluss. Das Porträt zeichnet ein Einzelschicksal und zugleich eine Generation im ländlichen Schweizer Raum.

# Appenzell
## Jungbru

**Text ERWIN KOCH**
**Fotos CHRISTIAN KÄNZIG**

«Ein Schlüsselerlebnis hätten Sie gern?
Das ganze Leben ist eines.

Ich war in der vierten Klasse, 1918, als ein Italienerkind, der kleine Soldera, das Tintenfass umkippte, damals schrieb man noch mit richtiger Tinte und richtigen Metallfedern. Die Tinte floss über Bank und Boden. Da packte ihn der Lehrer und schleifte ihn an den roten Haaren durchs ganze Zimmer. Der Bub schrie vor Angst, der Lehrer vor Wut, wir andern erstarrten.

Am Abend erzählte ich den Vorfall meiner Mutter. Wenn ich einen Sinn für Gerechtigkeit habe, dann von ihr. Zwei Tage später, ein Zufall, leerte meine Banknachbarin das Tintenfass aus. Wieder wurden wir ganz steif vor Angst.

Das Mädchen aber war die Tochter des Schulinspektors von Trogen. In Trogen bin ich gross geworden. Appenzell Ausserrhoden.

Da sagt der Lehrer: ‹Mäiteli, das kann halt passieren.›
Jetzt platzt es aus mir: ‹Aber den Soldera letzthin haben Sie verhauen, wieso?›
Der Lehrer: ‹Schweig.›
Ich: ‹Das ist nicht recht.›
‹Schweig, sage ich dir.›
Ich schweige nicht.
‹Fahr ab. Geh nach Hause.›  →

(Erwin Koch in: Das Magazin 17/1997)

Beispiele

Seit die Landsgemeinde auch den Frauen gehört, hat Elisabeth Pletscher keine verpasst. Im Trogener Pfarr- und Gemeindehaus ist die Männerlandsgemeinde in einem Deckenrelief aus dem 18. Jahrhundert verewigt.

Über Elisabeth Pletscher, die ihr Leben lang zufrieden und ledig war und der Gerechtigkeit auf die Sprünge half.

Beispiele

*Ich wollte mich nicht bei allem à tout prix durchsetzen. Es gibt Dinge, die brauchen Zeit. Und diese Zeit habe ich den Dingen gelassen.*

Also ging ich, ich war zehn Jahre alt. Ich weinte. Der Mutter sagte ich, ich könne nie mehr in die Schule. Der Lehrer würde mich zu Tode schlagen. Ich hatte wirklich Angst. Da schwieg die Mutter lange. Auf einmal sagte sie: ‹Gratuliere. Das hast du gut gemacht.›

Am anderen Tag brachte sie mich ins Schulhaus und redete mit dem Lehrer. Der war auf seine Weise ein armer Mensch, Alkoholprobleme. Aber als wir kamen, war er sehr freundlich. Und der rothaarige Soldera spitzte mir fortan sämtliche Griffel. Ich hatte das Gefühl, der Bub erfuhr zum ersten Mal, dass sich im Dorf jemand für ihn einsetzt.

Ist es das, was Sie hören möchten, Herr Journalist?»

Im 89. Jahr ihres Lebens, den Rücken so gerade wie zu Anbeginn, redet Elisabeth Pletscher ihre Geschichte über den Tisch. Blumen stehen auf dem Möbel, das Nähzeug liegt in einer ledernen Schatulle, daneben das neuste Buch von Danielle Mitterrand, französische Ausgabe. Ihr weisses Haar hat Frau Pletscher mit Schwung in den Nacken gebunden, Geschmeide braucht sie keines. Sie spricht sich ins Feuer, klopft, als beschwöre sie die Erinnerung, mit der flachen Hand ständig aufs Holz.

«Wenn Sie wollen», sagt die Frau, der man zuschreibt, sie habe den Ausserrhoderinnen die politische Gleichberechtigung im Alleingang zwischen die Hügel geholt, «wenn Sie wollen, schreiben Sie ruhig, ich sei keine Feministin. Dann schreiben Sie aber auch: Die Elisabeth Pletscher ist zeit ihres Lebens ohne Männer bestens über die Runden gekommen. Bei allem, was ich gemacht habe, wollte ich mich nicht à tout prix durchsetzen. Es gibt Dinge, die brauchen Zeit. Und diese Zeit habe ich den Dingen gelassen.»

Frühling leuchtet durch die kleinen Fenster ihres Hauses am Waldrand. Hier ist sie geboren, am 12. Oktober 1908, hierhin ist sie nach Jahrzehnten im fernen grossen Zürich zurückgekehrt, zuerst als Fräulein Pletscher, von dem man in Trogen oft redete, weil es über so manches anders dachte und dabei noch lächelte, später als Frau Pletscher, die sich für wenig zu schade war, wenn Männer, klönend und allzeit überlastet, sie in ihre Runde riefen, Baukommission des psychiatrischen Pflegeheims, Kantonsschulverein, Spitalkommission, Betriebskommission.

«Beim Kantonsschulverein», sagt sie und muss laut lachen, «war ich 30 Jahre lang die Aktuarin, also typisch: die Sekretärin der Herren. Aber Arbeit, wenn sie nötig war, machte mir nichts aus. Dieser Verein ist eine Organisation der ehemaligen Schülerinnen und Schüler der Kantonsschule von Trogen, die von meinem Ururgrossvater mitgegründet wurde, dem berühmten Jakob Zellweger. Napoleon hatte ihn eine Zeitlang eingesperrt, und doch hatte Jakob Zellweger später an dessen Krönung teilgenommen. Die Schule, übrigens, bauten die Zellwegers, reiche Trogener Textilhändler, für ihre Söhne und – für ihre Töchter, c'est remarquable, 1821. Item, als eines Tages der Präsident dieses Vereins zurücktrat und es darum ging, ihn zu ersetzen – können Sie mir noch folgen?»

Sie schlägt wieder die flache Hand auf den Tisch, lacht, dass es sie schüttelt.

Als die Männer sich aus der Verantwortung redeten, sagte einer halb im Scherz: Wie wär's mit dem Fräulein Pletscher? Die Männer lächelten. Elisabeth Pletscher aber antwortete: Warum nicht?

Dann schwiegen sie. Bis einer schüchtern fragte: Aber wie müssten wir Sie dann anreden? Fräulein Präsidentin?
Elisabeth Pletscher sagte: Mit Frau Pletscher.
«Mein Gott, es dauerte Jahre, bis ich den lieben Männern abgewöhnt hatte, nicht jeden Satz, den sie zum besten gaben, mit ‹Verehrte Präsidentin, verehrte Anwesende› einzuleiten.»
Sind Frauen beweglicher als Männer?
Elisabeth Pletscher denkt lange nach: «Ich vermute es fast.»
So wenig Männer die Läufe ihres Lebens lenkten, so viel weiss Elisabeth Pletscher über die Vorväter der eigenen Familie. Der Ururgrossvater, Leinwandhändler und Landammann Jakob Zellweger, Erzeuger von 17 Kindern, machte 1815 am Wiener Kongress mit, wo Europa neue Gestalt gewann, war Mitbegründer der modernen Schweiz. Mitten in Trogen baute er sich ein mächtiges Haus. Darin wohnte er mit Familie und Gesinde. So gross war das Gebäude, dass es heute das Rathaus ist. Zellwegers Enkelin Karoline, Frau Pletschers Grossmutter, rutschte aus der Konvention und heiratete den Sohn eines Kleinbauern, Michael Kern, der sich Miguel nannte, weil er zwölf Jahre lang in Mexiko gewesen war, um dort mit Kaffee und Tüchern zu handeln.
Mit Miguel zog Karoline nach Paris, 1871. Sie gebar fünf Kinder, das jüngste, Susanne, war fünf Jahre alt, als sein Vater starb. Zurück im kleinen Trogen, hielt Karoline ihre Kinder zu französischem Umgang an, damit sie, in der Mitte von Appenzell, die fremde Sprache nicht sofort vergässen. Sie baute sich ein Haus am Waldrand, drei Minuten hinter dem Rathaus. 95 Jahre war sie auf der Welt, 55 davon als Witwe. Ihre Jüngste, Susanne, heiratete einen Lehrer der Kantonsschule, Theodor Pletscher. Sie hatten zwei Töchter, Elisabeth und Madeleine, und die ältere war kaum vier, als auch ihr Vater an Blutarmut starb.
«Ich bin, neuzeitlich ausgedrückt, das typische Produkt einer alleinerziehenden Mutter, die ihrerseits auch von einer alleinerziehenden Mutter erzogen wurde.»
Elisabeth Pletscher kichert. Handlichen Formeln misstraut sie aus Erfahrung.
«Mutter und Grossmutter waren beide während 55 Jahren verwitwet. Das hat mich geformt. Ich bin sogenannt matriarchalisch geprägt. Einen Vater habe ich nie vermisst, im Gegenteil. Wenn meine Schwester und ich andere Kinder reden hörten, dass ihr Vater dieses oder jenes polternd verbiete, dankten wir unsere Vaterlosigkeit. Zu Hause sprachen wir französisch, im Dorf unser Appenzellerdeutsch.»
I ha glese vonere, i ha gkhört vonere, Trögner hend all pot vonere verzellt, nüd ali gliich zwoor, aber alli met eme ne ardlig ägne

## Uns Frauen hat man zurückgestuft, kaum wurden wir nicht mehr dringend gebraucht. Männer liessen sich solches nicht gefallen.

Reschpekt, begann im Januar 1997 das Haupt der Ausserrhoder Regierung, Landammann Hans Höhener, seine Lobrede auf Elisabeth Pletscher, die klein und strahlend auf einer Bank im Kantonsratssaal sass, den Preis der Kulturstiftung zu empfangen: In Anerkennung, war auf eine Urkunde geschrieben, Ihres jahrzehntelangen vielfältigen und beharrlichen Einsatzes für die Gemeinschaft, für Menschlichkeit und Gerechtigkeit.

Wie ist es, Frau Pletscher, mit 89 für etwas geehrt zu werden, wofür Sie vor 38 Jahren noch geächtet wurden?

Sie legt das Gesicht in ihre Hände, flüstert: ‹Ich kann nur sagen: Es freut mich.›

Wie kamen Sie zu Ihrer Rolle als...

Sie unterbricht: «...als Appenzeller Suffragette?›

Eines Tages im Jahr 1959, als die Schweizer Männer sich anschickten, darüber zu befinden, ob die Schweizer Frauen endlich mitbestimmen dürften, sass Frau Pletschers Mutter, schon über 80, vor dem Haus am Waldrand. Elisabeth Pletscher, ihre Tochter, lebte in Zürich, war Cheflaborantin der Frauenklinik, heimatlos, daheim nur in Trogen. Da spazierte Dr. Schläpfer vorbei, der Präsident des örtlichen Freisinns.

‹Wie geht's, Herr Doktor?› fragt die Mutter.

‹Ach›, sagt der, ‹gar nicht besonders.›

‹Wo fehlt's?›

‹Ich finde niemanden, der an unserer Versammlung aufs Podium steigt und für das Frauenstimmrecht weibelt. Weil wir hier ja sowieso alle dagegen sind.›

Meine Mutter sagt: ‹Aber mich haben Sie noch nicht gefragt.›

‹Um Gott's willen. Sie wollen doch nicht sagen, Sie seien fürs Frauenstimmrecht.›

‹Doch, doch, Herr Doktor.›

‹So, so, Frau Pletscher.›

‹Genau, Herr Doktor. Und wenn ich nicht so schmerzende Gelenke hätte, stiege ich wirklich auf Ihr Podest. Aber fragen Sie die Lisebeth in Zürich, meine Tochter. Die kommt.›»

Und so kam Elisabeth Pletscher zu ihrer Bestimmung. Der «Kronen»-Saal war voll, und der Ausserrhoder Regierungschef persönlich, als Mitglied des gesamtschweizerischen Komitees gegen die Mitbestimmung der Schweizerinnen in der Politik, waltete als Frau Pletschers Widerborst. Da es um Frauen ging, waren zum ersten Mal auch Frauen in den Raum gelassen, die vielbesungene Appenzeller Demokratie zu erfahren. Eine holte aus: Schon in der Bibel steht: Die Frau sei dem Manne untertan.

«Ich antworte: Wenn ich in der Bibel genug lange suche, finde ich eine Stelle, die das Gegenteil behauptet.»

So ging das hin und her, und sogar der Pfarrer mischte mit. Die meisten Männer meinten, die Frauen dürften im Politischen nicht mithalten, weil der Landsgemeindeplatz, auf dem die Ausserrhoder sich jeden April treffen, um ihre Geschäfte zu bestellen, zu klein sei, um auch noch Frauen aufzunehmen. Quadratmeter gegen Menschenrechte.

«Am nächsten Morgen sass meine Mutter wieder vor dem Haus. Da kam der Milchmann. Der sagt: ‹Eure Lisebeth hat gestern abend gut gesprochen. Eine gescheite Frau, bravo.›

‹Aha›, fragt die Mutter, ‹dann seid Ihr jetzt auch für das Frauenstimmrecht?›

‹Nää.›»

Elisabeth Pletscher lacht.

«Ich habe versucht», sagt sie, «mich für die Appenzeller nie zu schämen. Und eigentlich ist es mir gelungen. Ich habe unsere Männer, wenn sie ausserhalb des Kantons oder im Ausland angegriffen und als Rückständige, als Eingeborene geschimpft wurden, verteidigt. Ihr Widerstand galt nicht in erster Linie den Frauen. Sie hatten Angst um die Landsgemeinde, ihre liebe Tradition, die jahrhundertelang ohne Frauen auskam. Ich konnte sie begreifen, die Männer. Als Schülerin an der Kantonsschule war ich ja auch dagegen gewesen. Das Leben hat mich das Gegenteil gelehrt.»

Elisabeth Pletscher wollte Ärztin werden. Die Mutter trieb ihr den Wunsch aus dem Sinn. Das wenige Geld, das sie besass, hätte für das Studium der Tochter nicht gereicht. Stipendien gab es nur für Söhne. Ein Jahr vor der Matura besuchte Elisabeth Pletscher den kantonalen Berufsberater, der sich einmal im Monat dazu hergab, eine Stunde lang Mädchen zu empfangen. Der Mann riet ihr, Köchin zu werden. Oder Korsettnäherin. Elisabeth Pletscher weinte.

Monate später las sie im Mitteilungsblatt des Gemeinnützigen Frauenvereins – die Mutter war, wie alle Frauen, Mitglied –, in Bern stehe die Gründung einer neuen Schule für medizinische Laborantinnen und ärztliche Gehülfinnen an. Die Notiz war Elisabeth Pletschers Erlösung.

«Ich las sie, wo wir hier sitzen, rannte in den unteren Stock und fragte meine Mutter, ob Geld dafür vorhanden sei, 5000 Franken, ein Kredit, ein Vermögen.»

Zehn Monate war sie in Bern, als die Zürcher Frauenklinik die Schule anging, ob eine der 13 Schülerinnen bereit sei, sofort die Leitung ihres Labors zu übernehmen, aber die Logarithmentafel müsse sie beherrschen.

«Also ging ich nach Zürich, die Lehre noch nicht abgeschlossen, wurde Chefin und dachte, ich bliebe ein Jahr. Ich blieb 40.»

Elisabeth Pletscher wohnte in der Klinik, ihr Raum war Stube, Schlafzimmer und Büro, sie verdiente 250 Franken, fünf Jahre brauchte sie, um mit dem Geld, das übrigblieb, die Anleihe ihrer Mutter zurückzubezahlen. →

# Beispiele

21jährig, gründete sie den nationalen Berufsverband medizinischer Laborantinnen. Als Mittel wider die Männerwelt, die glaubte, wer helfe, helfe gratis und sei weiblich.

Während des Weltkriegs wurde Elisabeth Pletscher Mitglied des militärischen Frauenhilfsdienstes, Gattung 10, Sanität. Sie fasste einen grauen Ärmelschoss und erhielt den Sold eines Korporals, so lange, bis das Schlachten an den Grenzen der Schweiz ein Ende hatte. Dann, um zu sparen, wurde sie wie ein kleiner Soldat entlöhnt.

«Uns Frauen», sagt sie, «hat man zurückgestuft, kaum wurden wir nicht mehr dringend gebraucht. Männer liessen sich solches nicht gefallen. In meinem Leben, ich muss es sagen, habe ich männliche Schäbigkeit oft erfahren.»

Sie schweigt, schaut aus dem Fenster, schüttelt den Kopf: «Wie oft hiess es: Ach liebe Frau, wenn Sie sich beschweren wollen, schicken Sie doch Ihren Mann vorbei.»

Nach Kriegsende reiste sie in Mission des Roten Kreuzes nach Italien, sie sprach, neben Deutsch und Französisch, Italienisch, Englisch, Holländisch, Portugiesisch. 1953 flog sie in die USA, gierig darauf, zu erfahren, wie amerikanische Frauen ihre Rechte forderten. Ein Jahr darauf, Pletschers Tat, fand der erste internationale Kongress des medizinischen Laborpersonals in Zürich statt.

«Selbstverwirklichung, ein gefährliches Wort.»

Elisabeth Pletscher streicht sich übers Haar.

«Es verführt zu Egoismus.»

Bevor man verlangen dürfe, sagt sie, müsse man bereit sein zu geben. Eines Tages, sie wisse nicht mehr wann, habe sie mit sich ausgemacht, nicht nein zu sagen, wenn jemand sie um ihren Dienst bitte und sie fähig sei, diesen Dienst zu leisten.

«Und also stand ich plötzlich im ‹Kronen›-Saal und verlangte gleiche Rechte.»

Haben Sie nie resigniert?

«Ich kam nicht dazu. Wahrscheinlich neige ich auch nicht dazu. Es gab immer etwas, das mich geduldig machte.»

Bewundert han i si scho, gestand der Landammann in seiner Laudatio, bevor i si je emol gsea ha. Von Elisabeth Pletscher gehe etwas aus, sagte der Regierungschef, das ihn neugierig gemacht habe. Und das habe mit der Faszination zu tun, die jemand erwirke, der mit Überzeugung vorausgehe und einstehe, selbst dann, wenn dies nicht leichtfalle.

Zwei von drei Schweizern waren 1959 gegen das Frauenwahlrecht auf eidgenössischer Ebene, in Trogen schrieben sieben einsame Männer ein Ja auf den Zettel. Zwölf weitere Jahre gingen ins Schweizerland, bis am 7. Februar 1971 die Gleichberechtigung auf dem Papier war.

In Ausserrhoden blieben die Frauen, ging es um Kantonales, zum Schweigen verdammt.

Elisabeth Pletscher, frisch in Pension, zog am 1. Januar 1973 ins Haus am Waldrand. Mit ihrer Schwester, einer Lehrerin, die keine Stelle gefunden hatte und deshalb in Kairo Erzieherin geworden war, sprach sie, als wäre sie nie weg gewesen, französisch. Zusammen betrieben sie den fröhlichen Haushalt älterer Damen, empfingen häufig Besuch, hüteten die Kinder der Verwandtschaft und freuten sich an der Leichtigkeit des ehemannlosen Seins. Sie kochten, ein Grund zum Reden im Dorf, unregelmässig, kleideten sich mit langen, bunten Strickjacken. Doch Elisabeth Pletscher, in Trogen neu geboren, gab ihren Kampf nicht auf.

«Kampf. Welch hässliches Wort. Schreiben Sie: Einsatz. Oder meinetwegen Engagement.»

1989, im Januar, reiste Frau Pletscher nach Bonn, sass in der Runde der Sozialdemokraten, welche das 70jährige Bestehen des deutschen Frauenwahlrechts beredeten. Als sie an der Reihe war, sich vorzustellen, sagte sie: Ich komme aus dem Kanton Appenzell Ausserrhoden, Schweiz, und habe in kantonalen Dingen nichts zu sagen. Da hub sie ein Grölen an, und es vergingen nicht fünf Minuten, bis die Tagesschau der ARD mit der Kamera da war, das Unikum für die Hauptausgabe zu filmen.

Elisabeth Pletscher holt Luft: «1971, 1976, 1979 und 1984 haben die Appenzeller uns an ihrer Landsgemeinde jedes Mal zurückgewiesen. 1989 aber wurden sie vernünftig. Seither gehört die Landsgemeinde auch den Frauen, und ich habe noch keine verpasst.»

Es war ein heller, warmer Tag im April 1990, als Elisabeth Pletscher, die ihr halbes Leben lang für die Gleichberechtigung gestritten hatte, ihre Appenzeller Sommertracht anzog und zum Landsgemeindeplatz ging, drei Minuten vom Waldrand. Sie war stolz und auch ängstlich, 82 Jahre alt, stand neben dem Palast, den ihr reicher Ururgrossvater einst hatte bauen lassen, um seine Nachkommen, die Bediensteten und die Gäste aus Genua und Marseille unterzubringen, und nichts von dem, was sie befürchtete, geschah. Da war keine Gehässigkeit unter den Geschlechtern, der Platz reichte für Frauen und Männer. Und manche, die im Vorjahr noch ihre Gegner gewesen waren, ihr vorgehalten hatten, eine Appenzeller Tracht gehöre an den Busen einer Bäuerin, nicht aber an den einer Studierten, jene, die ihr anonyme Briefe geschickt und am Telefon gedroht hatten, grüssten sie, als hätten sie sich immer schon in Wonne begriffen.

«So sind wir wohl, die Appenzeller», sagt sie laut.

Im Gestell steht von Salis' «Grenzüberschreitungen» neben «Heimatmuseum» von Lenz. Steine beschweren Briefe und Notizen. Madeleine, die Schwester, ist vor fünf Jahren gestorben. Das Haus hat Elisabeth Pletscher verkauft. Seither lebt sie im obersten Stockwerk, hat das Wohnrecht auf Lebenszeit. Während der Radionachrichten strickt sie Wollbären für die Schweizerische Fachstelle für Alkoholkranke, sie liest und schreibt in vielen Sprachen, meidet jeden Fernseher und kommt dennoch vor ein Uhr nachts selten ins Bett. Wird es Morgen, bleibt sie eine Weile liegen, weil der Regen ans Fenster klopft. Oder weil die Sonne gerade so wunderbar das Bett beleuchtet.

Frau Pletscher, gab es nie einen Mann, der in Frage kam?

«Es gab einige», sagt sie, «aber immer war etwas, das mich zaudern liess. Eine Ehe und ich?»

Schliesslich härtet sie den Satz: «Es ging, mein Herr, ohne Herren bestens.»

Wieder schlägt die 89jährige Hand auf den Tisch, zack. «Und letzte Woche kaufte ich mir ohnehin einen Computer.» ◂

ERWIN KOCH und CHRISTIAN KÄNZIG sind regelmässige Mitarbeiter des «Magazins».

## 11.2 Jürgen E. Schrempp: Prügelknabe Rambo

Dieses Beispiel aus Brandeins ist geschrieben ohne Begegnung. Eine solche war nicht möglich, da der Protagonist abgetaucht ist. Das Porträt ist deshalb auch als »Annäherung« bezeichnet. Jürgen E. Schrempp wird quasi eingekreist, über Gespräche mit Weggefährten, Mitstreitern und Gegnern sowie über Medienberichte. Szenen, die äußerst genau nacherzählt sind vermitteln Nähe, Details Authentizität. Die oft sehr bildhafte Sprache – »15 Sekunden ohne Blinzeln« – lassen vergessen, dass wir nicht beim Gespräch dabei sein können.

Durch klare Blenden entsteht ein schillerndes Bild einer ebenso schillernden Person. Gleichzeitig werden Wirtschaftsmechanismen und -zusammenhänge näher gebracht.

## PRÜGELKNABE RAMBO

Jürgen E. Schrempp kam als Heilsbringer und ging als Verlierer.
Er versprach zu viel und erreichte zu wenig.
Seit mehr als einem Jahr hat er sich nicht mehr zu Wort gemeldet.
Annäherung an ein Ego-Tier, das sich versteckt hält.

Text: Thomas Ramge   Collage/Foto: Stefan Ostermeier

(Thomas Ramge in: brandeins 3/2007)

Beispiele

• Der Witz kursierte unter Aktionären schon länger. Schließlich war es mit der DaimlerChrysler-Aktie ja seit fast fünf Jahren kontinuierlich bergab gegangen. Im Frühjahr 2003 hatte ein Anteilsschein von Jürgen E. Schrempps Welt AG nur noch einen Wert von etwas mehr als 25 Euro. Und die Popularitätskurve des Witzes erreichte ihren historischen Höchststand. „Ein Journalist fragt Schrempp: Warum haben Sie als Vorstandsvorsitzender nicht einfach den Laden ein wenig aufgeräumt, die Verlustbringer ihres Vorgängers Edzard Reuter verkauft, die Weltmarke Mercedes-Benz gepflegt und dann mit dem Unternehmen Riesengewinne erzielt? Schrempp antwortet: Das hätte ja jeder gekonnt!"

2003 ist das Jahr, in dem das amerikanische Magazin »Business Week« Jürgen Schrempp zum „schlechtesten Manager des Jahres" wählte und Aktionärsvertreter ihn als „größten Kapitalvernichter aller Zeiten" beschimpften. „Das hat den Schrempp unheimlich getroffen", berichtet einer, der ihm damals nahe stand, ihn mag und dennoch nicht genannt werden möchte, „das hat er als absolut unfair empfunden."

Zwei Jahre später, am 28. Juli 2005, erreicht die Frankfurter Börse um kurz vor zehn Uhr ein Gerücht aus London. Schrempp habe bei der Aufsichtsratssitzung in Stuttgart seinen Rückzug zum Jahresende verkündet. Binnen Minuten steigt die DaimlerChrysler-Aktie um sieben Prozent. Eine halbe Stunde später ist die Nachricht offiziell. Altgediente Aufsichtsräte versichern, dass Schrempp den Tag seines Abtritts selbst gewählt hat, dass es weder von Kapital- noch von Arbeitnehmerseite Druck gegeben habe. Am Nachmittag erläutert Schrempp auf einer Telefonkonferenz mit Journalisten und Analysten emotionslos seine Gründe: Der richtige Moment, Chrysler saniert, Nutzfahrzeuggeschäft spitze, Weichen auf Erfolg und so weiter. Am Schluss kommt doch noch ein persönliches Bekenntnis: „I'm a very happy man!"

Unter den Aktionären sind an diesem Tag ebenfalls viele glückliche Menschen. Die Aktie steigt weiter. Am Abend ist die Firma 3,7 Milliarden Euro mehr wert. Die Börsianer treten kräftig nach und taufen den Kurssprung „Schrempp-Bonus". Die Zeitungen veröffentlichen in den kommenden Tagen Chroniken des Scheiterns. Der Heilsbringer von 1995 und „Manager des Jahres" 1998 (»Manager Magazin«) geht als Prügelknabe 2005. Wer noch einen Klumpen Dreck in der Hinterhand hat, wirft ihn jetzt. Von Graumarktgeschäften, Ermittlungen der US-Börsenaufsicht und Insiderhandel der Schrempp-Entourage ist plötzlich die Rede. Beweise bleiben die Angreifer schuldig.

Die DaimlerChrysler-Unternehmenskommunikation stellt Charts zusammen, die zeigen: Hat ein Aktionär am Tag von Schrempps Amtsantritt eine Aktie gekauft und diese über die zehn Jahre Vorstandsvorsitz gehalten, konnte er sein Kapital – Dividenden eingerechnet – fast verdoppeln. Das ist für einen Bluechip keine tolle, aber auch keine katastrophale Bilanz. Die PR-Leute rechnen vor, dass in neun von zehn Schrempp-Jahren ein positives Ergebnis erzielt wurde und dass sich die Produktivität pro Mitarbeiter gemessen am Umsatz unter seiner Führung ungefähr verdoppelt hat. Ebenso habe sich die Marktkapitalisierung – getrieben von der Fusion mit Chrysler – seit 1995 verzweifacht, wogegen sie in den zehn Jahren vor Schrempp, den Reuter-Jahren, um zehn Prozent gesunken sei.

Der Ruf der Unternehmenssprecher verhallt ungehört. Die Erwartungen an Schrempp waren zu hoch, als dass mäßige Ergebnisse nicht als Katastrophe wahrgenommen würden. Zu laut hatte er große Erfolge angekündigt. Zu weit hatte er auf Hauptversammlungen die Arme ausgebreitet, um für seine Global-Visionen zu werben. Zu aufdringlich hatte er sein Ego in der ersten Reihe platziert. Doch die Zeiten der ersten Reihe scheinen endgültig vorbei. Seit seinem Rückzug aus dem Konzern zum 31. Dezember 2005 hat Schrempp kein Interview mehr gegeben und hat dies in nächster Zeit auch nicht vor. Ex-Manager Jürgen Erich Schrempp möchte in Ruhe gelassen werden.

Der Manager Schrempp war einer, der nie Ruhe gab. Als Mann mit „extremen Zielvorstellungen", so sah er sich selbst. Superlative gehörten zum Selbstverständnis des Jürgen Managers Schrempp wie Daimler zu Untertürkheim. Dabei musste es nicht immer das Größte sein. Bei seinem Büro war er sichtlich stolz, dass es das kleinste war. Maximal halb so groß wie das seines Vorgängers. Auch Understatement kann angeberisch daherkommen. Umso erstaunlicher ist die absolute Funkstille seit dem Abgang. Immerhin: In seinem Umfeld öffnen sich ein paar Türen. Zum Beispiel die von Klaus Mangold.

Mangold saß von 1995 an als Vorstandsvorsitzender der Daimler-Tochter Debis (heute DaimlerChrysler Financial Services) im Vorstand von Daimler-Benz und begleitete Schrempp als loyaler Unterstützer durch den Fusionsprozess mit Chrysler. Ihr Verhältnis galt immer als eng. Heute treffen sich die beiden Manager im aktiven Ruhestand regelmäßig bei Aufsichtsratssitzungen. Auch Mangold weiß, wie es ist, öffentlich verprügelt zu werden. Er war 2002 und 2003 Aufsichtsratsvorsitzender des Mautkonsortiums Toll Collect. Wie geht es Herrn Schrempp denn heute so? „Gut. Sehr gut. Er genießt sein Leben sehr", sagt Klaus Mangold. „Er hat die richtige Balance gefunden aus Aufsichtsratsmandaten, da ist er gut unterwegs, ein paar anderen Aufgaben und seiner Familie, um die er sich jetzt sehr intensiv kümmert. Und er gewinnt zunehmend Abstand."

Abstand gewinnen gehörte eher nicht zu den Stärken des aktiven Managers Schrempp. Er war immer ganz bei sich. Also an dem Ort, um den sich die Welt drehte. Und vielleicht war auch die viele Energie hinderlich, die ihn immer nach vorn trieb und keine Zeit ließ, ein paar Schritte zurückzutreten und in Ruhe eigene Entscheidungen infrage zu stellen. Ein Jürgen Schrempp in Topform, das berichten Freund und Feind unisono, muss ein Erlebnis für sich gewesen sein. Der Raum gefüllt mit seiner Überzeugungskraft. Die Hände immer in Bewegung, die Mimik gewinnvoll lebhaft, der Blick fest auf den Gesprächspartner gerichtet. 15 Sekunden ohne Blinzeln. Wohin mit der Energie? Eis mit Kommunikation brechen war da immer ein guter Anfang.

### Der Biograf ist fasziniert vom frühen und enttäuscht vom späten Schrempp

„Extrem offen, kontaktstark, immer mit ausgefahrenen Antennen, Ausstrahlung und Charisma", das sind die Attribute, die Mangold zu Schrempp als Erstes einfallen. „Und die Fähigkeit, die Stimmung in einem Raum komplett zu drehen." Wenn 80 Prozent in einem Raum gegen das Kampfflugzeug Tornado waren und der damalige Dasa-Chef Schrempp eine Stunde reden durfte, waren danach 80 Prozent für den Tornado, schätzt Mangold. Jürgen Grässlin, Sprecher der Kritischen AktionärInnen DaimlerChrysler und bislang einziger Schrempp-Biograf, hat immer zu den 20 Prozent gehört, die nach der Rede noch immer dagegen waren. Seit Jahren befindet sich der oberkritische Aktionär mit Schrempp in einer publizistischen Dauerfehde – und kämpft tapfer gegen die juristischen Folgeerscheinungen. Wenn Grässlin über Schrempp redet, passen Form und Inhalt oft nicht zusammen. Das liegt daran, dass der David vom gestürzten Goliath fasziniert bleibt, auch wenn er ihn weiter mit Steinchen bewirft.

Fasziniert erzählt Grässlin von dem Dasa-Chef, den er auf der Hauptversammlung für „Massenmorde in der Dritten Welt mitverantwortlich" machte, woraufhin Schrempp vom Podium herunter kam, ihm auf die Schulter klopfte und sagte: „Das war ein unterhaltsamer Tag. Lassen Sie uns die Diskussion mal bei Off-Records-Gesprächen vertiefen." Fasziniert bleibt er von dem Chef von Mercedes-Benz Südafrika, der – wie der Autor für seine Biografie in Pretoria recherchierte – immer seinen Koffer selbst zum Auto trug und seinem schwarzen Fahrer etwas zu Essen organisierte, bevor er sich mit weißen Rassisten zur Besprechung traf. Fasziniert ist er von einem Mann, der seine Geschäfte gern von 20 Uhr abends bis fünf Uhr morgens verhandelte: „Mehrere seiner Geschäftspartner haben mir persönlich bestätigt: Von acht bis vier Uhr nachts klopfte er sie weich. Von vier bis fünf machte er ein paar Zugeständnisse und am Ende gingen die anderen heim und merkten gar nicht, dass sie einen schlechten Deal gemacht hatten – so jedenfalls deren Eindruck."

Jürgen Grässlin, im Hauptberuf Kunstlehrer in Freiburg, ist verbindlich, humorvoll, kenntnisreich – mit leichtem Hang zur Besserwisserei. Für Grässlin gibt es immer zwei Schrempps. Der frühe war aus seiner Sicht „ein forscher, aggressiver, aber durchaus bewundernswerter Manager". Beim späten Schrempp schwingt seine Faszination mehr in der Stimme mit.

Die Geschichte des ganz frühen Jürgen Erich Schrempp beginnt im September 1944 in Freiburg. Dort kommt er als Zweiter von drei Söhnen eines Universitäts-Angestellten zur Welt. Später erzählt Schrempp gern: „Wir tranken Leitungswasser, nicht den teuren Sprudel." Damals war das ein Zeichen für Armut und nicht für Faulheit. Jürgen schafft es auf das angesehene Rottek-Gymnasium, glänzt in den Naturwissenschaften und verweigert Leistung, wenn ihm etwas unnütz vorkommt. Zum Unnützen zählen Französischvokabeln. Lieber eine Sechs kassieren, als einem Lehrer, den er nicht mag, einen Gefallen tun.

Jürgen liebt klare Verhältnisse. Freund oder Feind, gut oder böse. „Für ihn gab es nur schwarz oder weiß, aber keine Grautöne, so seine eigene Aussage mir gegenüber", berichtet sein Biograf. Mit 12 oder 13 Jahren ist das normal. Der binäre Code aber wird Schrempp im Managerleben lang einprogrammiert bleiben.

Der Französischlehrer sorgt dafür, dass Jürgen in der Quarta hängen bleibt. Mit der mittleren Reife geht er von der Schule ab, beginnt Ende der fünfziger Jahre eine Lehre als Kfz-Mechaniker bei der Freiburger Mercedes-Niederlassung und heiratet die Dame seines Herzens, die in der Reinigung ihrer Eltern arbeitet. In seiner Freizeit spielt Schrempp Trompete, am liebsten Jazz, womit man auch damals kein Geld verdienen konnte. Also machte er Tanzmusik, mit der er das Studium an der Offenburger Ingenieurschule finanziert, auf die er nach der Lehre auch ohne Abitur wechseln kann. Nach dem Studium kehrt er zurück „zum Daimler".

In der Deutung der Psychostruktur egozentrischer Führungspersönlichkeiten aus kleinen Verhältnissen taucht immer ▸

folgendes Muster auf: Kleiner Mann kämpft sich hoch, muss dabei oft einstecken und in einem Maß auf Anweisung handeln, die dem inneren Riesen zutiefst widerstrebt. Kommt der kleine Mann mit dem inneren Riesen groß raus, dreht er durch. Gefährlich wird Größenwahn bekanntlich erst, wenn ein Zwerg die Mittel bekommt, ihn umzusetzen. Immer wieder wurde dieses Deutungsmuster auch an Schrempp erprobt. Nur passte es nicht.

## Der Verwalter in Südafrika kennt einen Schrempp, der gern was riskiert

In den vielen Interviews, die Schrempp im Laufe der Jahrzehnte gab, tauchen immer wieder die Begriffe „Mut" und „Herausforderung" auf. Schrempp liebt diese Begriffe, so wie er Südafrika liebt. Vermutlich passen die Begriffe aus seiner Sicht auch besonders gut zu Südafrika. Ein dritter Begriff gesellt sich in alten Interviews an dieser Stelle oft dazu: „Unabhängigkeit". Jürgen Schrempp ist stolz darauf, sein Studium selbst finanziert zu haben. Ein Stipendium von Daimler-Benz lehnte er ab, denn das hätte ihn verpflichtet, für fünf Jahre zurück zum Unternehmen zu gehen. Er ging zurück, weil er wollte.

Und zurück hieß bald: weiter. Beziehungsweise weit weg aus Stuttgart, wo das Gebäude stand, das er später, weit weg in Südafrika, „Bullshit Castle" nannte. Schrempp hat die Karriere auf der Außenbahn gewählt, im bewussten Abstand zur Konzernzentrale. Bullshit Castle war für den Mann mit der vielen Energie immer Hauptquartier der Chefbedenkenträger und ängstlichen Bürokraten mit ihren selbst auferlegten Tempolimits.

Geschwindigkeitsbeschränkungen kann einer wie Schrempp nicht brauchen. Ein Mann wie er braucht Platz. Den fand er in Südafrika, im übertragenen wie im wörtlichen Sinn. In den Neunzigern hat Schrempp westlich des Krüger Nationalparks – in einer Art Privatsafaripark – ein afrikanisches Rundhaus besessen. Im Rahmen seiner Recherchen zur Schrempp-Biografie besuchte Grässlin das Privatreservat. Der Verwalter des riesigen Areals erzählte, dass Schrempp gern im offenen Jeep durch den Park fuhr, und zwar auch in der Trockenzeit, wenn die Wildtiere besonders hungrig und damit äußerst aggressiv gewesen seien. Grässlin, wie alle anderen sicher im geschlossenen Wagen unterwegs, war in diesem Moment klar: „Schrempp ist ein Spielertyp. Die Grenzen von Vernunft und Unvernunft sind bei ihm offenbar fließend."

Der Schrempp im offenen Jeep hatte immer eine Pistole im Holster, galt allerdings nicht als guter Schütze. Als betrieblicher Troubleshooter hat sich der frühe Schrempp hingegen mehrfach bewährt. Troubleshooting heißt: Fehler eingrenzen, finden, beheben. 1982 machte Schrempp genau das bei der maroden US-Nutzfahrzeugtochter Euclid Inc. Er sanierte mit gewohnter Energie und einer Managementphilosophie, die seinem charakterlichen Selbstbild sehr entgegenkam: Fix it, sell it or kill it. Euclid war das Gesellenstück. 1989 war Schrempp reif für den Saniererjob bei der Dasa, der wie ein Himmelfahrtskommando aussah.

Die Dasa war zu diesem Zeitpunkt ein poröses Dach, unter dem die defizitären, von Staatsaufträgen alimentierten Unternehmen der deutschen Luft- und Raumfahrt vor sich hin rosteten. Aus ihnen sollte Schrempp ein schlagkräftiges Unternehmen formen. Seinen Sanierungsplan nannte der Troubleshooter „Dolores", was für „Dollar Low Rescue" stand. Die 16 000 entlassenen Angestellten übersetzten aus dem Spanischen, wo „dolor" Schmerz heißt. Schrempp nannten sie Rambo.

Die Schmerzen, die Rambo zufügt, waren notwendiger Teil eines Heilungsprozesses. Die Dasa bekam wieder Luft unter die Flügel, dank eines Managers, der nicht zauderte, sondern sagte, was Sache war, und machte, was nötig war. Am Ende der Ära Dasa/Schrempp standen deutlich reduzierte Verluste, die Integration wichtiger Unternehmensteile in eine europäische Luftfahrtindustrie. Und eine Fehlentscheidung, die Schrempps Image schwer schaden sollte. Eigentlich war es weniger die Fehlentscheidung, die für Aufsehen sorgte, als der Umgang mit ihr.

1993 hatte Schrempp den niederländischen Traditionsflugzeugbauer Fokker gekauft und fortan als sein „Love Baby" bezeichnet. Das kranke Baby wollte aber nicht auf die Beine kommen. Der Adoptivvater ließ es 1996, er war noch kein Jahr Vorstandsvorsitzender von Daimler-Benz, den Insolvenztod sterben. Bei einem informellen Get-together am Vorabend der Hauptversammlung waren auch niederländische Journalisten anwesend. Ihre Fragen waren nicht feindlich, nicht freundlich. Das reizte Schrempp. Die niederländische Presse berichtete kurz darauf, ein sichtlich vom Bier beflügelter Deutscher habe die Insolvenz des stolzen Unternehmens mit den Worten bedacht: „Ich bin der erste Topmann, der 2,3 Milliarden Mark verspielt hat und dann auch noch ohne Umschweife sagt: Das war ganz allein meine Schuld."

Verantwortung übernehmen. Zu Fehlern stehen. Auch das sind Eigenschaften, die zu Schrempps Selbstverständnis gehören. Eigenschaften, die ihn in der Eigenwahrnehmung von den Zauderern in Bullshit-Castle unterscheiden. Die vermeintliche Stärke erwies sich nur immer wieder als Schwäche. Schuldeingeständnisse gingen bei Schrempp nahtlos in selbstgefällige Prahlerei über, wie das vermeintliche Understatement mit dem besonders kleinen Büro. An jenem bierseeligen Abend vor niederländischen Journalisten fiel auch der Satz: „Während andere Manager für 50 Millionen entlassen werden, stehe ich noch hier. Finden Sie das arrogant? Ja, ich sehe es Ihnen an! Schreiben Sie es auf."

Dann ging das innere Ego-Tier vollends mit Schrempp durch. Breitbeinig wippend, die Havanna in der Hand, stellte er abschließend fest: „Daimler-Benz braucht mich mehr als ich Daimler-Benz." Der »Spiegel«-Reporter Jürgen Leinemann beobachtete die Szene mit dem Block in der Hand. Er arbeitete gerade an einem Porträt über Schrempp. Als der Kommunikationsdirektor von dem Kommunikations-GAU seines Chefs erfuhr, bekam Leinemann umgehend einen Interviewtermin. Der Eindruck wirkt bis heute nach und lässt sich auf die Formulierung „emotionale Unreife" kondensieren. „Menschen wie Schrempp drücken ihr Leben lang Gefühle weg", sagt Leinemann. Ihre emotionalen Ausdrucksformen blieben deshalb die der Halbstarken: Männerbündelei und Aggression. Am Ende des Gespräches fragte Leinemann Jürgen Schrempp noch, was er mit „Verantwortung übernehmen" im Fall Fokker eigentlich gemeint habe. Ob das hieße, dass Schrempp die Milliardenverluste aus eigener Tasche bezahlen wolle? An die Reaktion erinnert sich Leinemann noch sehr genau: „Der hat mich angeschaut, als ob ich sie nicht mehr alle habe."

Das innere Ego-Tier büchste dem Bauchmenschen Schrempp in dieser Zeit öfter mal aus. Kurz zuvor hatte er eine kleine Rotweinfeier auf der Spanischen Treppe mit seiner Büroleiterin und künftigen, zweiten Ehefrau Lydia Deininger veranstaltet. Die endete in einem Römer Polizeirevier und wurde von Aufsichtsratschef Hilmar Kopper fortan als „die römische Anekdote" bezeichnet. Für Kopper blieb Schrempp der „Leitwolf", der „Eins-a-Mensch" und der „Maximo Lider", was Fidel Castro, dem ein ordentlicher Sinn für Humor nachgesagt wird, sicher zum Lachen gebracht hätte. In einer Hinsicht zumindest scheint der Vergleich treffend: Auch Schrempps Revolution ging ordentlich los.

Als er im Mai 1995 den Vorstandsvorsitz von Daimler-Benz übernahm, dümpelte die Aktie bei einem Kurs von 35 Euro herum. In den folgenden drei Jahren jagte der Aktienkurs von einem historischen Höchststand zum nächsten. Im Sommer 1998 lag er bei mehr als 95 Euro, ein Plus von annähernd 200 Prozent seit Amtsantritt. Die Messlatte lag allerdings auch recht niedrig: In Edzard Reuters „integriertem Technologiekonzern" gab es allerlei Technologie, keine Integration und hohe Verluste in vielen Sparten. Den Schachtelsätzen des Intellektuellen – mindestens so komplex wie seine Träume der vernetzten Synergien im Konzern – konnten und wollten die Aktionäre nicht mehr folgen. Sie hatten es lange genug versucht.

### Der Bergsteiger schätzt den Schrempp mit überragender Kondition

Dann kam Schrempp. Der Anti-Reuter. Der Gegenentwurf. Der Macher mit der unbändigen Energie und der Fähigkeit, vom Bandarbeiter bis zum Bankvorstand alle mitzureißen. Der Sportler, den Edelbergführer Reinhold Messner „Steilwand-Schrempp" nannte, wenn er im Sommer mit einer Gruppe Manager im Hochgebirge unterwegs war und der Daimler-Mann mit einer überragenden Kondition und vorbildlichem Sozialverhalten beim gemeinschaftlichen Aufstieg glänzte. Steilwand-Schrempps Sätze waren einfacher strukturiert als die von Reuter. Der bekannteste lautete: „Profit, Profit, Profit!"

Als Schrempp den Thron vor zwölf Jahren in Stuttgart bestieg, machte immer wieder das böse Wort vom Königsmörder die Runde. Das Bild ist so unscharf wie die Analogie vom Mann aus kleinen Verhältnissen, der ganz groß rauskommen möchte. König Edzard musste nicht ermordet werden. Die Aktionäre jagten ihn fort. Interessanter sind die konzerninternen Ränkespiele um die Nachfolge. Schrempp, der Dasa-Mann, diente sich Reuter, dem integrierten Technologen, an, indem er stets signalisierte: Mit Schrempp würde zumindest Reuters Vision überleben.

Schrempps härtester Konkurrent um die Nachfolge war Helmut Werner, damals Vorstandsvorsitzender der Mercedes-Benz AG. Werner, der Automann, war nicht als Freund integrierter Technologie bekannt, was nicht verwundert, da er sie mit seinen Gewinnen seit Jahren subventionierte. Reuter vertraute seinem Zögling Schrempp. Der brachte nicht den König um, er trug dessen Traum zu Grabe. Der Kampf Schrempp gegen Werner ging dann noch eine Weile weiter. Schrempp integrierte die Mercedes-Benz AG in die Daimler-Benz AG. Helmut Werner verließ 1997 frustriert den Konzern. Der Aktienkurs stieg. Schrempp fühlte sich unschlagbar und begann Geheimverhandlungen mit Chrysler-Chef Robert Eaton.

Hier etwa beginnt die Geschichte des späten Schrempp.

Die „Hochzeit im Himmel" nannte man transatlantisch „Merger of Equals". Nach und nach wurde klar, wie ungleich die Partner in ihre Liaison gingen. Die amerikanische Braut war ▶

# Beispiele

SCHWERPUNKT: SPITZENKRÄFTE

| | | |
|---|---|---|
| Der einstige Kfz-Lehrling Schrempp kehrt nach Lehre und Ingenieurstudium „zum Daimler" zurück und beginnt seine Karriere in der Zentrale | 1967 | Start des Farbfernsehens in der Bundesrepublik |
| Schrempp geht zum ersten Mal nach Südafrika, zunächst zuständig für den Kundendienst, dann als Geschäftsführer für den Bereich Technik | 1974 | |
| Der erste Sanierungsjob: bei der US-Nutzfahrzeug-Tochter Euclid Inc. | 1982 | |
| Zurück nach Südafrika, zunächst als Vice Chairman, dann als Chairman von Mercedes-Benz | 1984 | |
| „Bullshit Castle" ruft: Schrempp wird Bereichsleiter Nutzfahrzeuge und stellvertretendes Vorstandsmitglied | 1987 | |
| Schrempp wird Vorstandsvorsitzender der Dasa und damit auch Mitglied im Vorstand der Konzern-Holding Daimler-Benz AG | 1989 | Die Mauer öffnet sich. William de Klerk wird Staatspräsident in Südafrika und nimmt sofort Kontakt zu Nelson Mandela auf. Bei der ersten demokratischen Wahl in Südafrika 1994 wird Mandela Präsident |
| Jürgen Schrempp übernimmt von Edzard Reuter die Spitze bei Daimler-Benz | 24. Mai 1995 | |
| | September 1995 | Schrempp muss einen Halbjahresverlust von 1,56 Milliarden Mark aufgrund von Währungsschwankungen bekannt geben |
| Die IG Metall erkämpft die 35-Stunden-Woche | November 1995 | Das Sparprogramm bei der Luftfahrttochter Dasa kostet 8800 Stellen |
| | Januar 1996 | Daimler-Benz stoppt alle Geldflüsse an die niederländische Tochter Fokker. Der Flugzeugbauer geht bald darauf in Konkurs |
| | April 1996 | Erstmals seit 45 Jahren gibt es keine Dividende |
| | Oktober 1997 | Die A-Klasse von Mercedes-Benz kommt in die Schlagzeilen, weil sie bei dem als Elchtest bekannten Ausweichtest umkippt |
| | November 1998 | Aus Daimler-Benz wird DaimlerChrysler; DaimlerChrysler wird Eigentümer von Smart |
| | April 2000 | Die deutsch-amerikanische Doppelspitze bei DaimlerChrysler wird aufgelöst. Der ehemalige Chrysler-Chef Robert Eaton verlässt das Unternehmen, Schrempp wird alleiniger Konzernchef |
| | Juli 2000 | DaimlerChrysler übernimmt 34 Prozent der Anteile an Mitsubishi Motors und zehn Prozent am koreanischen Hyundai-Konzern. Die Luft- und Raumfahrttochter Dasa wird in den deutsch-französischen Konzern EADS eingebracht |
| George W. Bush wird nach einer Entscheidung des Supreme Court Präsident der Vereinigten Staaten | November 2000 | Schrempp beruft Dieter Zetsche an die Spitze von Chrysler. Er und sein Stellvertreter Wolfgang Bernhard schließen sechs Fabriken und streichen 26 000 Stellen |
| | August 2003 | Das Konsortium Toll Collect, zu dem auch DaimlerChrysler gehört, muss technische Pannen eingestehen, die Einführung der Lkw-Autobahnmaut verzögert sich bis Anfang 2005 |
| | April 2004 | DaimlerChrysler leitet den Rückzug bei Mitsubishi ein. Über Schrempps Zukunft wird spekuliert |
| | April 2005 | Für den Smart wird ein Sanierungsprogramm von 1,2 Milliarden Euro notwendig. Außerdem belasten hohe Kosten für die Verbesserung der Qualität das Ergebnis, sodass die Mercedes-Gruppe im ersten Quartal fast eine Milliarde Euro Verlust schreibt |
| | 28. Juli 2005 | Schrempp kündigt seinen Rückzug zum Jahresende an. Dieter Zetsche wird sein Nachfolger |

# Beispiele

Doppelspitze mit Robert Eaton und ihm war aufgelöst und nahezu alle Schlüsselpositionen im Konzern waren mit Deutschen besetzt worden.

Amerikanische Aktionäre, angeführt von Großanteilseigner Kirk Kerkorian, hörten sehr genau zu. Endlich hatten sie den Beweis für ihren Anfangsverdacht: Die Fusion war kein „Merger of Equals" gewesen, sondern eine Übernahme Chryslers durch die Daimler-Benz AG. Das hatte der deutsche Vorstandsvorsitzende gerade öffentlich verkündet.

## Der Nachfolger verdankt Schrempps Fehlakquisition die Bewährungsprobe

Dieses Interview wurde das teuerste in der Unternehmensgeschichte. Kerkorian und eine Gruppe von Kleinaktionären klagten vor einem amerikanischen Gericht auf acht Milliarden Dollar Schadenersatz wegen Täuschung. Man einigte sich außergerichtlich auf den Betrag von 300 Millionen Dollar. Juristisch und finanziell kam Schrempp mit einem blauen Auge davon, zumal nach langem Rechtsstreit schließlich Versicherungen für den finanziellen Schaden aufkommen mussten. Der Imageschaden für Jürgen E. Schrempp, den übermütigen Quassler, war in Finanzkreisen irreparabel. Auch privat ging es in diesen Jahren eher turbulent zu.

Schrempp verließ seine Frau und Jugendliebe Renate, mit der er zwei Söhne hat, und begründete diesen Schritt öffentlich. „Sie wollte, dass ich langsam auf die Bremse trete, und ich wollte die Fusion mit Chrysler. Ich stand vor der Alternative: Arbeit oder Ehe. Und ich habe gemerkt: Die Herausforderung der neuen Aufgabe bedeutet mir mehr als alles andere auf der Welt." Bei Chrysler, im konservativen mittleren Westen, kam diese Botschaft nicht gut an.

Im November 2000 ließ sich Schrempp scheiden und heiratete einen Monat später seine Büroleiterin Lydia Deininger. Gegen die vielen Teddybären, die in Deiningers Büro jeden freien Stuhl besetzten, hatte man bei Chrysler nichts. Mit Misstrauen verfolgten die Amerikaner jedoch, dass Frau Schrempps Büro das Vorzimmer von Herrn Schrempp blieb. Nicht nur unter amerikanischen Managern und Aufsichtsräten fanden sich Stimmen, dass nach offizieller Eheschließung eine Trennung von Beruflichem und Privatem angezeigt sei. Schrempp soll seinem Freund Kopper mitgeteilt haben: Wenn sie gehen müsse, gehe auch er. Die Gattin und ihre Teddys durften bleiben. Einen freien Rücken und emotionale Unterstützung konnte Schrempp in den folgenden Jahren besser gebrauchen denn je.

Nur dem Erfolgreichen wird Hybris verziehen. Die Welt AG sorgte nach 2001 für Negativmeldungen im Akkord. Mal waren es völlig ungewohnte Qualitätsprobleme beim Flaggschiff mit dem Stern, gefolgt von teuren Rückrufaktionen, die unter dem Schlagwort Qualitätsoffensive liefen. Hier muckte das Dauersorgenkind Smart wieder, dort fand der Misserfolg beim Luxusliner Maybach mediale Beachtung. Selbst die Silberpfeile in der Formel1 kamen nicht recht auf Touren. Und dann auch noch das Toll-Collect-Desaster. Die bittersten Nachrichten erreichten Stuttgart jedoch aus Japan. Dort hatte Schrempp für zweieinhalb Milliarden Euro im März 2000 eine 34-Prozent-Beteiligung an Mitsubishi erworben. Sie sollte „das Tor nach Asien" öffnen, hinter dem, so Schrempps Vorgabe, bald 25 Prozent des Konzernumsatzes erwirtschaftet werden müssten.

Der neue Partner war den Aktionären als Marke angepriesen worden, „die über innovative Produkte und ein sehr gutes Produktions- und Vertriebsnetz verfüge". Leonhard Knoll fällt zum Mitsubishi-Deal ein, dass Mitsubishi der einzige japanische Fahrzeughersteller war, der nach der Jahrtausendwende rote Zahlen schrieb. Während Dieter Zetsche bei Chrysler mit der Sanierung gut vorankam, musste der nach Tokio entsandte Troubleshooter Rolf Eckrodt feststellen: Mitsubishi war über Jahre hinweg ausgezehrt worden, hatte weniger als drei Prozent vom Umsatz investiert (üblich sind mindestens sechs Prozent), keine neuen Modelle in der Entwicklung und ein angeschlagenes Image, da das alte Management über Jahre Qualitätsmängel vertuscht hatte. Eigentlich wollte sich Schrempp bei Nissan einkaufen, doch

Renault kam ihm zuvor. Honda hatte DaimlerChrysler zweimal abblitzen lassen – es wollte ein unabhängiges Unternehmen bleiben. Übrig blieb Mitsubishi. Zum zweiten Mal angelte sich der Daimler-Mann den schlechtesten Kandidaten zum schlechtesten Zeitpunkt.

Die erste Kur half dem japanischen Patienten nicht. Anfang 2004 wollte der Vorstandsvorsitzende mit einem zweiten Sanierungsplan nachlegen, der DaimlerChrysler noch einmal rund vier Milliarden Euro kosten sollte. Zum ersten Mal verweigerte der Vorstand Jürgen Schrempp die Gefolgschaft. Eine Abstimmung über den Sanierungsplan ging, so sickerte durch, acht zu drei gegen Schrempp aus. Viele Vorstände erwarteten jetzt den Rücktritts Schrempps.

### Der Betriebsrat erlebte einen Schrempp, der zwar hart war, aber stets fair

Den forderten auf der Hauptversammlung am 7. April 2004 auch wieder einmal wütende Aktionäre. Diesmal waren es nicht nur die üblichen Verdächtigen um Jürgen Grässlin oder den Würzburger Wirtschafts-Professor Ekkehard Wenger, die die Begriffe „Scheitern" und „Größenwahn" miteinander in Verbindung brachten. Diesmal waren es vor allem die sonst so zurückhaltenden Fondsgesellschaften und institutionellen Anleger. Am gleichen Tag verlängerte der Aufsichtsrat unter Führung von Hilmar Kopper den Vertrag des Vorstandsvorsitzenden um weitere vier Jahre.

Nach »Spiegel«-Informationen waren sich Aufsichtsrat und Schrempp zu diesem Zeitpunkt schon einig, dass der Vertrag nicht die vollen vier Jahre laufen sollte: Innerhalb der kommenden zwei bis drei Jahre solle ein günstiger Zeitpunkt für die geordnete Übergabe an einen Nachfolger gefunden werden. Dann kam mal wieder alles schneller als geplant. Auch die Inszenierung des Rückzugs wirkte wie eine Fortsetzungsfolge der Pannenserie. In der offiziellen Mitteilung hieß es trocken: „Prof. Jürgen E. Schrempp ... scheidet zum 31. Dezember 2005 aus dem Unternehmen aus." Das ist gewöhnlich die Formulierung für einen Rausschmiss. Zudem fehlte jede Form des Dankes an einen Mann, der dem Konzern mehr als 44 Jahre lang gedient hatte. Hilmar Kopper versuchte sich in Krisenkommunikation: „Ich bin todunglücklich. Das hat Schrempp nicht verdient."

Ein Gewerkschafter benutzt noch heute ähnliche Formulierungen. „Ich habe eigentlich Mitleid mit ihm, wie er auf der letzten Hauptversammlung behandelt wurde", sagt Peter Schönfelder. Schönfelder ist Betriebsratsvorsitzender von EADS in Augsburg. In dieser Funktion saß er fast die gesamte Schrempp-Ära im Gesamtaufsichtsrat von Daimler-Benz und später DaimlerChrysler. „Vom Kumpel bis zum Raubauz" habe er Schrempp in allen Facetten seiner Charakterstruktur erlebt. Aber der Schrempp sei auch einer gewesen, „der sich in die Welt der Arbeit hat einfühlen können". Nur den Angriff auf die Lohnfortzahlung im Krankheitsfall, die nimmt der IG-Metaller dem Manager nachhaltig übel. Aber „Schwamm drüber", den Angriff konnten die Arbeiter ja weitgehend abwehren und Schönfelder findet: „Auch Schrempp hat das Recht, seinen Ruhestand unbehelligt zu genießen. Wie jeder andere Arbeitnehmer auch."

Ex-Arbeitnehmer Schrempp verbringt seinen Ruhestand mit Frau Lydia und seinen zwei kleinen Kindern Loana Theresa und Luca Timon in seinem Haus in München. Südafrika ist Feriendomizil geblieben und nicht, wie oft spekuliert, Altersruhesitz geworden. In einem seiner letzten Interviews im November 2005 schaute Schrempp zurück und stellte klar: „Die wesentlichen Entscheidungen würde ich wieder genauso treffen." ∎

## 11.3 Margrit Staub-Hadorn: Gedankenfetzen zum Tag

Die NZZ am Sonntag hat die wöchentliche Rubrik »Nachrufe«. Willi Wottreng, der Verantwortliche, schreibt zum folgenden Porträt:

»Ein Fernsehgesicht, eines von vielen. Was soll an der Person besonders sein? Vielleicht war sie etwas distanzierter als andere: herzlich zwar, aber nicht anbiedernd.

Sollte ich die Fernseh- und Radiofrau Margrit Staub-Hadorn für einen Nachruf in die engere Wahl nehmen, nur weil sie eben bekannt gewesen war? (Persönlich war ich ihr nie begegnet.) Gab es die weniger bekannte Frau dahinter?

Dass es diese geben musste, wurde bei der Anrecherche klar. Staub-Hadorn hatte in späteren Jahren eine Anzahl schmaler Bücher veröffentlicht. Bücher sind oft Fluchtkanäle. Freiräume für eingebundene Seelen.

Beim Blättern darin fiel mir ein Satz auf, dessen Berndeutsch mir zuerst Mühe machte: »Hundertschtusekunde hani aus Sinnbiud ufgschribe für üsi Zit«. Da beklagt sich die Fernseh- und Radiofrau, die selber mitschwimmt in jenem Medium, das die Beschleunigung der Gesellschaft vorangetrieben hat, über die Geschwindigkeit. Da musste die Geschichte stecken, die ich brauchte. Denn für die Nachrufe, die ich seit dem ersten Erscheinen der »NZZ am Sonntag« im Jahr 2002 praktisch wöchentlich schreibe, wähle ich zwar sowohl bekannte wie unbekannte Personen aus; das heimliche Kriterium aber ist, dass darin etwas Brüchiges zu spüren ist, etwas Widersprüchliches, etwas Krisenhaftes – das im thematisierten Leben zu Erfolg oder zu Misserfolg geführt hat.

Sicher suche ich das, weil meine eigene Biographie diesen Bruch kennt. Aber auch, weil Brüchigkeit eine existentielle Erfahrung von vielen Leserinnen und Lesern zu sein scheint. Darum interessieren Menschen, bei denen ebenfalls manches anders herauskam, als vom Teenager erträumt. Die gradlinige Karriere, der Glanz ohne Kratzer, die ungetrübte Heiterkeit sind bestenfalls in Ausnahmebiografien Realität.

Ich mag die Geschichten von der Hippiefrau, die zur Vorzeigekapitalistin aufsteigt (Anita Roddik, Gründerin der Kosmetikkette »The Body- Shop«). Oder vom herausragenden Autorennfahrer, der zum Kritiker der Industriegesellschaft wird (Hans Ruesch, Schweizer Grand-Prix-Fahrer). Von der unscheinbaren Angestellten, die im Alter aufbricht und in Afrika als Engel der Armen wirkt (Margrit Fuchs aus Windisch, die in Ruanda Hilfswerke aufbaute). Und von der Millionärin, die Geld verschleudert, bis sie selber zum Pflegefall wird (Brooke Astor).

Wenn die Biographie noch ein Stück Zeitgeschichte beleuchtet, dann wird die Miniatur rund. Margrit Staub-Hadorn: eine Biografie mit einer inneren Brüchigkeit also, und eine Erzählung, die zugleich Einblick in die Entwicklung von Radio und Fernsehen ermöglichte. Das Thema war gesetzt.

Zwei ihrer langjährigen Arbeitskollegen stellten sich als Gesprächspartner zur Verfügung. Zusammen mit ihren Büchern würde dies genügend Material ergeben. Zumal Staub-Hadorn in Berndeutsch geschrieben hatte: das versprach poetische Zitate, die hoffentlich lesbar blieben, wenn man kürzere Sätze wählte. (»Ds munzigchline Züüg ir Wäut vor Elektronik macht mi z förchte.«) Auf 31 500 Zeichen summierten sich dann meine Notizen und Exzerpte ab Tonband, Artikeln und Büchern. Wie immer galt es: einkochen.

Der Rest war Handwerk. Für das Gefäß des Nachrufs – 5000 Zeichen – haben wir im Ressort einen festen Raster entwickelt: Erster Abschnitt: eine Einleitung, die bereits einen Widerspruch andeutet und damit neugierig macht. Zweiter Abschnitt: ein Zitat, das Authentizität vermittelt und nahe an die Person heranführt. Ab dem dritten Abschnitt: chronologisch dem Leben nach, linear erzählen, ohne Reflexion und Bildungsballast. Doch mit ein, zwei biografischen Schwerpunkten. Aufregenden Geschehnissen etwa, dramatischen Wendepunkten. Diese werden normalerweise in die szenische Gegenwart gesetzt, im Unterschied zum Lauftext, der grundsätzlich in der Vergangenheit steht. Bei Margrit Staub-Hadorn gibt es diese Gegenwarts-Passagen ausgerechnet nicht. Wie könnte man bei einem Text über »d Seeu« – eine Seele, die nicht nachkommt in der Hektik der elektronischen Welt – Textteile beschleunigen wollen?

Der Tod selber wird weggelassen. Nachrufe sind Geschichten übers Leben, nicht übers Sterben. Zuletzt der Titel. Ich bitte um Entschuldigung. Wir haben ihn im Ressort dreimal geändert. Einen witzigen, scharfen, mitreißenden Titel habe ich nicht gefunden. Langsamkeit reißt nicht mit.

So entstand eine weitere Geschichte übers Gestern. Nichts Unattraktiveres im Zeitungsbusiness als die Vergangenheit, müsste man meinen. Ich halte dem entgegen: Im Tod schließt sich ein Bogen. Erstmals wird ein Leben in seiner Gesamtheit sichtbar. Ein Nachruf, frisch geschrieben aus der Nähe, ist eine neue Geschichte. Eine Geschichte über eine der vielen Blumen auf der Magerwiese, in der wir selber gedeihen oder darben.«

Beispiele

# Gedankenfetzen zum Tag

## Margrit Staub-Hadorn, Radio- und Fernsehmoderatorin, ist 66-jährig gestorben

Sonor war ihre Stimme, wie ein Cello. Und ihr Gesicht charaktervoll, kein hübsches Lärvchen. Das hätte sie auch nicht haben wollen. Sie war widerständig in der Medienwelt. Radio und Fernsehen waren ihr im Grunde zu schnell.

«Grüessech mitenang», eröffnete sie einmal die Sendung. «We mer grad schnäu chli Zit hätted, säged, begriifed dir das mit dem ‹schnäu›?› Wer komme noch mit dem Tempo mit?, fragte sie, sprach vom «Gschwindigkeits-Virus» und, «das haut d Seeu nid nachemög». Die Seele bleibe zurück.

Geboren wurde Margrit Hadorn 1941 in Belp, wo die Moderne eingebrochen war mit Gedröhn, ein Jahrzehnt zuvor war der Flugplatz eingeweiht worden. Margrit kannte noch andere Welten, konnte noch auf einer Alp am Niesen ihre schwarzgekleidete Urgrossmutter grossartig Geschichten erzählen hören.

Zwar absolvierte Hadorn das Lehrerinnenseminar im schmucken Thun, doch reizte die Schauspielerei sie mehr, und nach der Theaterausbildung erhielt sie einen Job beim Kurzwellendienst, der Radiosendungen fürs Ausland machte. Die elektronischen Medien (die mit Strahlen arbeiteten, welche für manche ein Rätsel blieben) waren in Aufschwung. Wenig später arbeitete Hadorn als Fernsehansagerin. Ein Traumjob für junge Frauen, noch besser als Stewardess.

Eigentlich will sie kein Brustbild zum Angucken sein. Einmal hat sie gar eine Perücke tragen müssen, weil ihr burschikoser Kurzhaarschnitt den Fernsehoberen nicht passte. Sie wollte mitreden, nicht ablesen. Darum sagte sie zu, als ihr die Mitarbeit als Moderatorin in der Frühsendung «Guten Morgen» beim Schweizer Radio angeboten wurde. So pendelte sie jahrelang zwischen Radio- und Fernsehstudio, war bald bekannt in der deutschen Schweiz und beliebt, weil sie nicht nur frisch und spontan wirkte, sondern vor allem direkt und glaubwürdig. Wobei eine Distanz blieb – ein Schätzchen der Nation war sie nie. Auch an Garderobeanlässen der Cervelat-Prominenz sah man sie nicht.

Nach Thun kehrte Hadorn zurück mit der TV-Sendung «Chumm und lueg», wo man reizvolle Örtchen besuchte und heimatlichen Schätzen nachspürte. Sie wohnte selber mit ihrem Partner, dem Jazzer Ueli Staub, an so einem Ort: in einem Kleinbauern-Reihenhaus im Zürcher Oberländer Städtchen Grüningen. Gästen kam es vor, als beträten sie ein Museum, eine Besucherin erinnert sich an eine Engelsfigur auf dem Küchentisch. Im Radio übernahm Margrit Staub-Hadorn, wie sie jetzt hiess, die Musikwunschsendung für die Kranken, die «Visite». Da war bei ihr selber eine erste Krebserkrankung diagnostiziert worden, und sie musste kürzertreten. Sie hätte das Gefäss nicht gesucht, doch prägte sie es nun auf ihre Art. Jedes Mal brachte sie ein «Gedankefötzeli», wie sie ihre berndeutschen poetischen Reflexionen nannte. Über die Notwendigkeit von zirzensischen Illusionen etwa: «Mir bruuche se, d Goukler, di schwäbendi Jungfrou, der Löi, wo zur Muus wird, ds Wasser zum Wii.» Über die unverständliche Mikrowelt der Elektronik: «Ds munzighline Züüg ir Wüut vor Elektronik macht mi z förchte.» Die Sendung war beliebt: «Radio aalaa, d ‹Visite› chunnt», hiess es nicht nur in Spitalzimmern, sondern auch in manchem stressigen Grossraumbüro.

Sie hatte selber Mühe mit der Elektronik. Eine Radiofrau konnte sich nicht darauf beschränken, wie anno dazumal, Texte zu sprechen. Man musste selber fahren, wie das hiess, Mikrofon einstellen, gleich einem Diskjockey Platten auflegen und CD-Player bedienen und was weiss ich. Wenn sie's nicht schaffte und die falsche Musik anhob, könnte die halbe Schweiz die Cellostimme schimpfen hören über das moderni Züüg.

Ihre Katzen zu Hause waren ihr lieber, auch wenn sie diese ebenfalls nicht verstand. Hadorn ging weiter auf dem Weg zurück zu Natur und Nachdenklichkeit. In der Frühsendung «Zum neuen Tag» führte sie Kurzgeschichten ein, kleine literarische Beiträge, die sie später in Büchern veröffentlichte. Sie dachte über die Sprache nach: «I hätt ir Frömdi nit Längiziti nach miim Vatterland, sondern nach mir Muetersprach» (In der Fremde sehnte ich mich nach der Muttersprache). Oder sie legte ein Bekenntnis in Mundart zur Multikulturalität ab, was dann so tönte: «Öse Autag, üsi Kultur hei weiss der Gugger wo überau Würzeli.» Wobei die Mahnung folgte, dass die Aufnahme fremder Einflüsse Zeit brauche.

Über Nacht war sie 64. Pensioniert. Eine neue Erkrankung trug sie, ohne dass man sie klagen hörte. «Es isch mer eifach aues z schnäu gange», seufzte sie allerdings im Buch «Aues für d Chatz». Sie moderierte noch ein wenig. Sie schrieb. Wie hatte sie einmal eine Sendung beendet? «I wünsche nech es schöns Wuchenändi.» Ein schönes Wochenende. «Mir träffe nis i dere Rubrik i paar Wuche wider, we me ds Läbe no hei.» Bis zum nächsten Mal in dieser Rubrik, falls wir dann noch leben. *Willi Wottreng*

Die TV-Ansagerin: Margrit Hadorn in der Sprecherkabine, 1969. (SF)

(Willi Wottreng in: © NZZ am Sonntag, 28.10.2007)

## 11.4 Daniel Hope: Der Geniestreicher

Ein eher kürzeres Porträt, dessen Stärke der klare Fokus auf den beruflichen Werdegang, die lebensgeschichtlichen Prägungen eines Geigenvirtuosen ist. Man vernimmt wenig Emotionales, kaum Privates. Und dennoch kommt es Daniel Hope recht nahe. Einstieg und Schluss bilden eine schöne Klammer – hier weder gesucht noch abgedroschen. Durch Zitate kann man die Bedeutung des Meisters nachvollziehen, seine wenigen, eigenen Aussagen unterstreichen seine Kompetenz. Die tendenzielle Unterkühlung des Textes tut der Nähe keinen Abbruch.

Beispiele

## DER GENIESTREICHER

Daniel Hope wuchs im Haus eines legendären Geigenvirtuosen auf.
Dort lernte er, wie man die Welt der Klassik erobern kann:
mit eigenem Stil.

Alles wäre ganz anders gekommen, wenn Daniel Hopes Mutter damals die Stelle beim Erzbischof von Canterbury angenommen hätte. Stattdessen wurde sie Privatsekretärin von Yehudi Menuhin. Wenn der kleine Daniel seine Mutter besuchte, wanderte er durch eine Villa, in der die Bilder berühmter Geiger an den Wänden hingen und Menuhins Stradivari offen herumlag – wenn sie nicht, was wahrscheinlicher war, unter dem Kinn des Besitzers klemmte. Musik, große Musik, war in diesem Haus so allgegenwärtig wie die Luft zum Atmen. »Bis zum Alter von sieben Jahren kam ich fast jeden Tag dorthin«, erzählt Daniel Hope. Die Besuche haben nachhaltige Wirkung gehabt.

Inzwischen ist Daniel Hope einer der markantesten Geiger seiner Generation. Dreimal in Folge hat er den Echo gewonnen, den wichtigsten deutschen Klassik-Preis. Die Zeit nannte ihn »fantastisch«, die Times feierte seine »Leidenschaft und Intelligenz«.

Nach einem Dutzend CDs für andere Labels erscheint Mitte September sein erstes Album bei der Deutschen Grammophon, eine Aufnahme von Felix Mendelssohn Bartholdys Violinkonzert in e-Moll. Die angesehene Firma hat große Erwartungen an Hope; sie sieht in dem 33-jährigen Rotschopf einen jener schwer zu findenden Charismatiker, dessen Wirkung über den begrenzten Hörerkreis der Klassik hinausreicht. Bekannt ist er schon – nun soll er ein Star werden.

Viel muss zusammenkommen – Begabung, Glück, Arbeitseifer – um sich in diesem engen Markt absetzen zu können. Forscht man nach, wie es Hope gelang, kommt man irgendwann wieder in jener Villa in Nord-London an, in welcher der einzigartige Ton von Yehudi Menuhin durch die Räume hallte. Obwohl Daniel Hope in den Neunzigern mehr als sechzig Konzerte mit Menuhin spielte, war er kein Schüler des 1999 verstorbenen Meisters. Was er von ihm mitbekam, war nicht der Fingersatz beim Geigenspiel, sondern eher die Herzensbildung, aus der heraus ausdrucksstarke Musik überhaupt erst entstehen kann. In Menuhins Haus saß an einem Abend der Cellist Rostropowitsch auf dem Sofa, nächsten der indische Sitar-Virtuose Ravi Shankar; es wurde über Musik und Philosophie diskutiert, über Yoga und den Weltfrieden. »Besonders Menuhins Originalität und Spontanität haben mich immer wieder inspiriert«, erzählt Hope.

Außerdem erkannte Hope am Beispiel Menuhins, der nach frühen Erfolgen als Wunderkind in eine Schaffenskrise geraten war, wie wichtig in der klassischen Musik der Zusammenklang von technischen Fähigkeiten und interpretatorischen Ideen ist. »Meine Empfindung für die Musik war schon da, als ich als kleines Kind mit dem Geigenspiel angefangen habe«, erzählt er. »Mit 15 habe ich jedoch gemerkt,

»Virtuosität ist
heute kein Distinktions-
merkmal mehr«,
erklärt Daniel Hope.

dass ich weit entfernt war vom technischen Niveau anderer 15-Jähriger. Ich musste dann extrem hart an der Technik arbeiten.« Dabei war Hope jedoch bewusst, dass Virtuosität kein echtes Distinktionsmerkmal mehr ist in einer Zeit, in der die Musikhochschulen so viele technisch exzellente Geiger entlassen wie nie zuvor. »Es geht doch vor allem darum, was man zu sagen hat«, erklärt er. »Wir spielen Stücke von Bach, von Beethoven, von Mendelssohn, die schon unglaublich oft gespielt wurden. Was gibt es, das ich persönlich dazu beitragen kann? An dieser Idee arbeitet man ein ganzes Leben lang.«

Tatsächlich liegt hier Hopes große Stärke. Gleichermaßen von Empfindung und intellektueller Neugier geleitet, kann er auch bekannte Stücke immer wieder auf zeitgemäße, überraschende Weise interpretieren. Bachs Violinkonzerte in E-Dur und a-Moll spielte Hope in einer ungewohnt energiegeladenen Version und für Mendelssohns Violinkonzert, das nun bei der Deutschen Grammophon erscheint, sichtete er sämtliche Versionen der Partitur und griff schließlich auf die noch nie zuvor aufgenommene Urfassung zurück.

Hope beherrscht das klassische Repertoire, verfügt jedoch über einen musikalischen Verstand, der der Tatsache Rechnung trägt, dass die Klassik irgendwann nicht mehr überlebensfähig sein wird, wenn sie nur aus entrückten Virtuosen besteht, welche den Alten Meistern huldigen. So findet Hope in vielen Bereichen Anregungen: Er hat zahlreiche Stücke zeitgenössischer Komponisten aufgeführt, getreu dem Vorbild seines Mentors Menuhin mit indischen Musikern gespielt und schon mit Stewart Copeland und Andy Summers von Police gejammt. »Sting hat sogar Menuhins Haus in London gekauft«, erzählt er. »Das Haus, in dem ich groß geworden bin.«

Wie um zu bezeugen, dass der Klassik-Star von heute mehr sein muss als ein exzellenter Musiker, hat Hope nun noch ein Buch geschrieben. In Familienstücke, das Ende September bei Rowohlt erscheint, geht es um die Geschichte seiner verzweigten Sippe und um den alten Stammsitz der Familie, eine Villa in Berlin-Dahlem, welche die Urgroßeltern in der Nazi-Zeit verlassen mussten; danach zog dort Hitlers Außenminister Ribbentrop ein. Unberechenbar wie Billardkugeln haben sich die Mitglieder seiner Familie quer durch die Zeiten und Kontinente bewegt, Zufälle zogen weitreichende Wirkungen nach sich, wie zum Beispiel jene Kettenreaktion, die sich ergab, als Daniel Hopes Eltern kurz nach seiner Geburt wegen der Apartheid-Politik nach England emigrierten, seine Mutter dann, als das Geld knapp wurde, zwei Stellenangebote bekam: bei einem Bischof – und bei einem Geiger... JOHANNES WAECHTER

(Johannes Wächter in: Süddeutsche Zeitung Magazin, 27. Juli 2007)

## 11.5 Roger Federer: Global Player

Über den Schweizer Tennisspieler Roger Federer ist schon fast alles geschrieben, wer sich für ihn interessiert, kann praktisch alles wissen. Doch die Weltwoche widmet ihm nochmals sieben Seiten und ein Editorial. Beobachtungen am Rande eines Turniers, Gespräche, die zum Teil direkt in Interviewform zitiert weiter gegeben werden, Aussagen anderer Champions, bekannte Bonmots, die hinterfragt werden, zeigen neue Facetten Federers. Interessant an diesem Beispiel ist auch der Umgang mit der Zeit. Rückblick, hier und heute und das Morgen, betrachtet aus der Vergangenheit, wechseln bunt, und damit auch die Tempi. Ein Porträt, das leicht und locker daherkommt, das sich sehr einfach liest, hinter dem aber viel Arbeit steckt.

Beispiele

# Global Player

**Mädchen kreischen, wenn er sein T-Shirt auszieht, Tennis-Champions schwärmen von seinem Spiel und Journalisten entzückt er mit seiner Zuvorkommenheit. Roger Federer und die Magie des Erfolgs: Nahaufnahmen aus Dubai und ein spätabendliches Gespräch.** *Von Bruno Ziauddin*

«Nein, nein. Nicht neben, sondern *anstelle von* Angus Young!» Roger Federer lacht vergnügt, mein verblüfftes Gesicht scheint seine Erheiterung noch zu verstärken. Es ist der zweitletzte Abend des Tennisturniers von Dubai. Vor anderthalb Stunden hat Federer das Halbfinale gegen den Deutschen Tommy Haas gewonnen. Nun sitzen wir in der Players' Lounge im schicken «Aviation Club», trinken 7up aus der Dose und unterhalten uns vor allem nicht über Tennis. «Ich mag es, über andere Themen zu sprechen», sagte er mir bei unserer ersten Begegnung Anfang der Woche. «Über meine Vorhand habe ich schon hunderttausendmal geredet.»

Darum die Frage nach seinem Bubentraum. Einem lokalen Ausgehmagazin hatte er verraten, dass er einmal mit einer Rockband auftreten möchte.

Und jetzt will man wissen, mit welcher.

Mit AC/DC, die hat er schon zweimal live gesehen.

Seite an Seite mit dem legendären Leadgitarristen Angus Young?

Nein, alleine als Frontmann. «Ist doch irgendwie logisch, in meinem Fall.»

Womit ein erstes Missverständnis geklärt wäre. Roger Federer ist nicht bescheiden. Als Fünfzehnjähriger musste er im Tennisinternat im Waadtländer Ecublens seine sportlichen Ziele auf ein Blatt Papier schreiben. Die anderen notierten Dinge wie «Berufsspieler werden» oder «Unter die ersten hundert der Weltrangliste vorstossen». Roger Federer schrieb: «In die Top Ten kommen und dann die Nummer eins werden».

Tatsächlich sind sein Wunsch, sich ständig zu verbessern, und die Sehnsucht, die Konkurrenz zu dominieren, so gross, dass selbst Boris Becker, die Fleisch gewordene Metapher deutscher Siegertugenden, sich allmählich darüber wundert. Becker rief mich aus Strassburg an, wo er einen Schaukampf gegen den Franzosen Henri Leconte bestritten hatte. «Es ist jetzt das vierte Jahr in Folge, wo Roger nahezu perfekt spielt, und er wird immer noch nicht müde zu gewinnen», sagte er. «Ich war viermal hintereinander im Wimbledon-Finale. Irgendwann begann mich das schlicht und einfach zu langweilen.»

Von den Journalisten wird Federer oft auf dieses Thema angesprochen. Ob er, der nun seit drei Jahren und acht Wochen ununterbrochen die Nummer eins im Welttennis ist, der von seinen letzten 272 Partien lächerliche 15 verloren hat (rund jede zwanzigste), der in seiner Karriere über siebzig Auszeichnungen erhalten hat (darunter zweimal in Folge den Laureus-Award, den Oscar des Sports), der 2007 schon nach wenigen Wochen über eine Million Dollar Preisgeld gewonnen hat und bereits wieder für den Masters Cup, das Jahresendturnier der acht Besten, qualifiziert ist – ob er seiner ganzen Erfolge nicht überdrüssig wird, nie die Motivation verliert, die Freude am Siegen?

«Fede-lell, Fedel-ell!»

Wer war dieses rigoros ehrgeizige und zugleich so heitere Sportgenie? Vielleicht würde sich hier in Dubai eine Antwort finden lassen, wo Federer ein Appartement besitzt und sich Anfang März daranmachte, das 47. Tennisturnier seiner Profikarriere zu gewinnen, bevor er vor zehn Tagen in Indian Wells ausnahmsweise wieder einmal eine Partie verlieren sollte.

Die Worte des Platzsprechers waren schlicht, aber effektvoll. In seinem wohltemperierten BBC-Englisch (Sport scheint in den Arabischen Emiraten eine ziemlich britische Angelegenheit zu sein) sagte er: «Ladies and Gentlemen, einen warmen Applaus für den Superstar des Tennis. Roger Federer.»

Ein paar Sitzreihen weiter unten schwenkte eine Inderin im Sari ein Schweizer Fähnchen. Teenager in Trägerleibchen kreischten, als seien sie an einem Robbie-Williams-Konzert. Ein älterer Herr hielt eine selbstgemalte Kartontafel in die Höhe, die mit arabischen Lettern und einem weissen Kreuz auf rotem Hintergrund versehen war. Ein kleines Mädchen, wahrscheinlich aus Japan, quiekte: «Fede-lell, Fedel-ell!»

«Ziemlich populär, unser Schweizer», sagte ich zum Kollegen neben mir, einem libanesischen Agenturjournalisten mit den Ausmassen einer reifen Bauchtänzerin. «Federer gleich Tennis», brummte dieser zurück. Schon am Vortag, bei der feierlichen Auslosung der Erstrundenpartien, war mir aufgefallen, wie allgegenwärtig «Fed», wie sie ihn hier nannten, selbst in seiner Abwesenheit war. Zu jenem Zeitpunkt befand er sich auf Einladung des Turniersponsors auf einem Helikopterrundflug über Dubai, dieser aseptischen Mischung aus Shoppingparadies, Grossbaustelle, Sanddüne und Stadtautobahn.

Selbst mit dem Spanier Rafael Nadal – zweitbester Tennisspieler der Gegenwart, immerhin – wollten die Journalisten immer nur über das eine reden: Freuen Sie sich auf ein mögliches Finale gegen FEDERER? Glauben Sie, FEDERER in diesem Jahr herausfordern zu können? Wie frustrierend ist es, einen FEDERER als Konkurrenten zu haben?

Sein erster Gegner war ein Däne namens Kristian Pless. Schon während des Einspielens ging ein Raunen durchs Stadion, weil «Fed» einen Ball mit derart viel Drall übers Netz spielte, als handle es sich um Tischtennis. Die Menge, realisierte ich, war in fiebriger Erwartung von Zauberschlägen und Kunststückchen. Man hätte meinen können, nicht ein Sportler bereite sich auf seinen Auftritt vor, sondern ein Feuerschlucker oder David Copperfield.

Für einen Laien wie mich war der Däne eine völlig unbekannte Figur. Wie vermutlich die meisten im Stadion erwartete ich eine Art Scheinkampf zwischen einem Meister und einem Stümper. Nun, der Däne servierte Asse mit 210 Stundenkilometern. Das ist etwa so schnell wie ein Rennmotorrad der 125er-Klasse auf der Zielgeraden. Es entwickelte sich ein unerwartet spannendes Match, in dem Federer nur ein einziges Break gelang. Das reichte zwar für den Sieg, aber jetzt verstand ich besser.

**Phänomenal pflichtbewusst**

Bei einem Gespräch zwei Tage zuvor hatte ich von Federer wissen wollen, ob er sich über einen Gegner wie diesen Dänen überhaupt noch Gedanken mache. Es folgte ein wasserfallartiger Vortrag über die beeindruckenden Stärken seines Widersachers zu Juniorenzeiten, das erhebliche Problem, dessen aktuelle Spielweise nicht genau zu kennen, die generelle Schwierigkeit von Erstrundenpartien und das nicht zu unterschätzende Handicap einer mehrwöchigen Wettkampfpause.

Zunächst hielt ich das für den Kniff eines Dauersiegers, sich einzureden, dass er sich weiterhin Mühe geben muss. Doch nach diesem Match realisierte ich, dass der Däne dahintersteckte als ein bisschen Autosuggestion. Heinz Günthardt, Mitte der achtziger Jahre bestklassierter Schweizer Tennisspieler, später Coach von Steffi Graf und heute Fernsehkommentator, formuliert es so: «Die Konkurrenz im Herrentennis war noch nie so breit und so gut trainiert. Selbst die Topspieler riskiert, von der Nummer 67 oder 81 bezwungen zu werden, wenn er nicht vollkommen auf seine Aufgabe fokussiert ist.»

Jene erste Unterhaltung mit Federer trug sich am Privatstrand eines der zahllosen Fünfsternehotels Dubais zu, wo er dem Schweizer Fernsehen in den Sonnenuntergang hinein ein kurzes Interview gab und anschliessend eine Grussbotschaft aufnahm für einen Wohltätigkeitsanlass zugunsten seines Kinderhilfsprojektes in Südafrika. Die Freundin Mirka Vavri-

(Bruno Ziauddin in: Weltwoche 12/2007)

»Er gehört zu dieser raren Spezies von Sportlern, die besser werden, je mehr man sie herausfordert«: Tennisgenie Federer, 25.

# Beispiele

nec, früher selber Berufsspielerin, war auch dabei (wie fast immer und überall, seit die beiden vor acht Jahren an den Olympischen Spielen von Sydney ein Paar geworden sind), zudem zwei alte Tennisfreunde, Yves Allegro und Reto Staubli, samt Begleitung.

Die Gruppe lachte viel und blödelte herum; sie erinnerte an eine aufgeräumte Clique junger Leute, die im Ausgehviertel einer Stadt um die Häuser zieht. Die Stimmung erreichte ihren Höhepunkt, als Federer beim Aufsagen der Grussbotschaft – er sass auf einem Stuhl und hielt ein Mikrofon in der Hand – zweimal hintereinander die Vornamen der Organisatoren durcheinanderbrachte. Freundin Mirka eilte zu ihm hin und fragte fürsorglich: «Bebele, soll ich dir den Text nicht lieber aufschreiben?» Halb im Scherz, halb im Ernst versetzte der zweifache Weltsportler des Jahres: «Fort jetzt mit euch. Wenn ihr mir alle zuschaut, bin ich zu stark unter Druck.»

Anschliessend kam er auf mich zu, bot sofort das Du an und sagte, ich solle lieber gleich ein paar Fragen stellen. Er wisse nicht, ob im Verlauf der Woche nochmals die Zeit dafür sei. Womit sich auch mir sein phänomenal zuvorkommendes und pflichtbewusstes Wesen offenbarte, das Journalisten aus aller Welt entzückt.

In der zweiten Runde spielte er gegen einen Italiener. Der schlug noch schneller auf als der Däne. Dafür nahm er sich zwischen den Ballwechseln viel Zeit, um sich die Hände mit einem Frotteetuch abzutrocknen und die Saiten seines Rackets zurechtzuzupfen. Irgendwann wurde er deswegen verwarnt, was die Fachkollegen neben mir ein wenig übertrieben fanden. Später an der Pressekonferenz sagte Federer, er habe dem Schiedsrichter zuvor lediglich gebeten, seinen Gegner zu etwas mehr Eile aufzufordern. «Als er dann sofort eine Verwarnung aussprach, hatte ich fast ein wenig ein schlechtes Gewissen.»

An einer anderen Pressekonferenz – die Spieler sind verpflichtet, sich nach jedem Match für einige Minuten den Journalisten zur Verfügung zu stellen – erzählte Federer beiläufig, dass «Etienne» ihn angerufen habe, um sich bei ihm zu entschuldigen. Etienne de Villiers ist der Chef der ATP, der Vereinigung der Profispieler. Gegen den Widerstand Federers hatte der ehemalige Walt-Disney-Manager verfügt, beim Turnier von Las Vegas den bewährten K.o.-Modus zu ändern. Der wenig durchdachte Versuch endete im Chaos. Mit eisiger Stimme sagte Federer, «die Integrität des Sports» stehe auf dem Spiel, und er sei froh, dass sich de Villiers jetzt «die Finger verbrannt» habe. So redet man nicht über seinen Chef. Ausser man ist ihn in Wahrheit selber.

Nach einer Stunde und 21 Minuten weitgehend normalen Tennissports verwandelte sich der Centre-Court von Dubai doch noch in eine Manege. Mit eisiger Stimme sagte Federer, «die Federer rückte ans Netz vor, der Italiener spielte von rechts hinten einen Lob, diagonal über den ganzen Platz, genau auf die Grundlinie, einfach perfekt. Federer sprintete hinterher und schlug, mit dem Rücken zum Netz, zwi-

schen den Beinen hindurch einen Passierball. Der «Hot Dog», wie der Schlag im Branchenjargon heisst, sei für ihn das Pendant zum Fallrückzieher im Fussball, sagte Federer später. Das Publikum tobte, Federer blickte lächelnd zur Grossleinwand hoch, der Italiener kniete wie ein Knappe vor ihm nieder und zog den imaginären Hut als Reverenz an den Virtuosen. Wenig später war Schluss (für den Italiener).

**«Von einem anderen Stern.»**

Am nächsten Morgen telefonierte ich mit Stefan Edberg. Der sechsfache Grand-Slam-Sieger und frühere Weltranglisten-Erste, der als Spieler seiner tadellosen Manieren wegen den Übernamen «Nettberg» trug, lebt heute im Universitätsstädtchen Växjö in Südschweden. Er besitzt eine Kapitalanlagegesellschaft für Berufssportler und betreibt zudem ein wenig Forstwirtschaft. Ich fragte Edberg – neben Boris Becker das grosse Jugendidol Federers –, ob dieser der beste Tennisspieler aller Zeiten sei. Mit vollendeter skandinavischer Zurückhaltung antwortete er: «Früher pflegte ich zu sagen, Pete Sampras sei der beste. Er beherrschte jeden Schlag. Aber Roger ist einfach bemerkenswert. Er scheint bereits in der gleichen Liga zu sein, dabei ist er erst 25. Wenn er gesund bleibt und den Spass am Tennis nicht verliert, ist es gut möglich, dass er als einer der Grössten in die Geschichte der Sportart eingehen wird.»

Am Nachmittag setzte ich mich auf die Tribüne und schaute einer Doppelpartie zu. Ich dachte zurück an die theatralische Geste der Ehrerbietung des Italieners. Er war längst nicht der Erste, der etwas in dieser Art hatte. Man könnte so weit gehen zu behaupten, im moder-

**John McEnroe schrieb neulich, die Gegner müssten einen Weg finden, «Federer zu hassen».**

nen Tennis sei die Nummer «Ich verneige mich vor Roger Federer» schon fast zu einem eigenen Genre geworden. Selbst Rafael Nadal, ansonsten nicht bekannt für die locker-selbstironische Tour, meinte kürzlich: «Kampf um die Nummer eins? Ich bin doch schon der beste Tennisspieler auf Erden – Roger ist schliesslich von einem anderen Stern.»

Es gibt ein paar alte Grössen, die sich, bei aller Hochachtung für Federer, an dieser Unterwürfigkeit stossen. John McEnroe, der Agent provocateur der Sportart, schrieb neulich, die Gegner seien zu nett zu ihm, sie müssten einen Weg finden, «Federer zu hassen». Und Mats Wilander (sieben Grand-Slam-Titel) meinte gegenüber einem schwedischen Journalisten, Typen wie Jimmy Connors oder McEnroe wären dem Schweizer «in den Kopf gedrungen». Heute hingegen sehe man Spieler, die nach einer Niederlage gegen ihn ins Publikum winken. «Zu meiner Zeit», versicherte mir Boris Becker, «hätte es das nicht gegeben.»

**Federer mittels Psychospielchen aus dem Konzept bringen zu wollen, ist Zeitverschwendung.**

Ein idealer Gesprächspartner für dieses Thema schien mir Brad Gilbert zu sein. Er ist einer der erfolgreichsten Tennistrainer der Gegenwart. Derzeit betreut er das schottische Grosstalent Andy Murray, davor arbeitete er mit Andy Roddick und Andre Agassi. Vor einigen Jahren hat Gilbert ein bezauberndes kleines Buch geschrieben. Es heisst «Winning Ugly. Wie man bessere Gegner schlägt». Das Werk ist ein Branchenklassiker, den auch Federer gelesen hat. Darin schildert Gilbert genüsslich, wie er es 1987 schaffte, den hochüberlegenen Boris Becker nach einem Null-zu-zwei-Satzrückstand derart zu entnerven, dass er ihn noch bezwang. «Als er anfing, auf Deutsch zu schimpfen, wusste ich: Jetzt hast du wieder eine Chance.»

Ich erreichte Gilbert in einem Hotel in Las Vegas, wo sein Zögling Andy Murray ein Turnier bestritt. Der Anfang des Gesprächs verlief vielversprechend. Ich eröffnete ihm, dass ich nicht viel von Tennis verstünde. «Wieso schreiben Sie dann darüber?», raunzte er mich an. Doch als wir zur Sache kamen, wurde er erstaunlich zahm. Er erklärte mehr oder weniger, dass es Zeitverschwendung sei, Federer mit Worten, Gesten, Psychospielchen oder strategischen Überlegungen aus dem Konzept bringen zu wollen. «Mittlerweile verfügt er über eine innere Ruhe, die mich stark an Björn Borg erinnert. Er gehört zu dieser ganz raren Spezies von Sportlern, die besser werden, je mehr man sie herausfordert, und die es richtig geniessen, zuoberst zu stehen und zu bleiben.» – «Menschen, auf die Erfolgsdruck entspannend wirkt?» – «Exakt.»

**«Psychologisch bereits im Vorteil»**

«Björn Borg, erkennen Sie sich in Federer wieder?» Obwohl es geheissen hatte, die legendärste aller Tennislegenden gebe nur ungern Interviews, entwickelte sich ein überaus unkompliziertes Telefongespräch. Borg, der in dritter Ehe in Stockholm lebt, eine eigene Kleiderlinie besitzt, noch immer regelmässig Tennis spielt und ein paar schwedische Junioren betreut, hatte eine angenehme Stimme und schien gänzlich frei von Allüren. Die Konversation führte so weitgehend von der Grundlinie aus, mit Aussagen wie «Jede Zeit hat ihren eigenen Champion» oder «Es gibt so viele gute Spieler heute, aber Roger ist einfach besser».

Er sehe sehr wohl Ähnlichkeiten zwischen sich und Federer, sagte er. Und er sprach davon, dass es die Dinge manchmal vereinfache, wenn man der Beste sei und alle einen besiegen wollten. «In dem Moment, wo du den Platz betrittst, bist du psychologisch bereits im Vorteil. Dein Gegner sagt sich, wenn ich gewinnen will, muss ich heute etwas ganz Besonderes probieren und das Match meines Lebens spielen.» Er hingegen

# Beispiele

«Einen Matchball gegen mich muss man zuerst einmal verwerten»: Roger Federer.

«Mit der Zeit entwickelt man Übung im Gewinnen»: Björn Borg.

«Meine Beine waren nicht so schnell wie die von Roger»: Boris Becker.

habe jedes Spiel und sogar jeden Punkt gleich behandelt und sich keinerlei Gedanken darüber gemacht, ob er jetzt dies oder das tun müsse oder jenes zu unterlassen habe. Er sei überzeugt, dass «Roger die Sache genau gleich angeht».

### «Ein wenig Zeit für die Fans»

Bei einem Besuch in Federers Elternhaus in Bottmingen BL hatte mir der Vater erzählt, Borg sei, ganz ähnlich wie sein Sohn, als Junior ziemlich ungezogen gewesen. Darauf angesprochen, lachte Borg und sagte: «Oh ja, als ich zwölf, dreizehn Jahre alt war, habe ich auf dem Tennisplatz herumgetobt, geflucht und gemogelt. Irgendwann wurde es so schlimm, dass mein Verein mich für ein halbes Jahr suspendierte.» Ich wollte von dem Mann, den die Fans «Iceborg» nannten, wissen, wie man es schaffe, sich derart in den Griff zu bekommen. Das sei ein jahrelanger Prozess der Selbstfindung und des Sammelns von Erfahrungen. Mit der Zeit entwickle man sozusagen Übung im Gewinnen, «und du weisst in jeder Situation exakt, welches Verhalten zum Erfolg führt».

Aber war es denn wirklich möglich, sich eine solche Coolness anzutrainieren? Gewissermassen das eigene Wesen umzupolen? «Nun», antwortete Björn Borg lakonisch, «wenn du der Beste werden willst, bleibt dir nichts anderes übrig.»

In der dritten Runde spielte Federer gegen einen Serben namens Novak Djokovic, neunzehn Jahre jung und ein richtig grosses Talent. Der Serbe war gut und Federer besser als an den Tagen davor, so dass diesmal mehr Wettkampfatmosphäre als Zirkusstimmung im Stadion herrschte. Wenn sich Federer streckte, um die

> Im Tennis ist die Nummer «Ich verneige mich vor Federer» fast zu einem eigenen Genre geworden.

harten Passierbälle des 1 Meter 90 grossen Serben zu erreichen, erinnerte er an einen Fussballtorwart, der aus dem Stand blitzschnell in die Ecke schnellt – mit dem Unterschied, dass Federer jeweils auf den Füssen zu stehen kam. Eine Art Becker-Hecht ohne Bauchlandung.

Darauf angesprochen, gestand Boris Becker: «Ich musste mich ab und zu hinlegen, weil meine Beine nicht so schnell waren wie die von Roger.» – «Aber die Wirkung, die er erzielt», fragte ich ungläubig nach, «ist dieselbe?» – «Ja. Die Beweglichkeit ist ohnehin eine seiner ganz grossen Stärken. Roger gerät nie aus der Balance und bewegt sich leichtfüssig wie ein Tänzer.»

Zum Erstaunen der Zuschauer konnte der junge Serbe zwei Matchbälle abwehren und den zweiten Satz im Tiebreak für sich entscheiden. Der Rest der Partie verlief wieder normal, also eher einseitig. Am lautesten wurde es auf den Rängen, als Federer in einer Pause sein verschwitztes Trikot auszog, um sich ein frisches überzustreifen. Dem Gekreische nach mussten

## Beispiele

Tausende verliebter Mädchen im Stadion sein. Vom Platzsprecher beim Siegerinterview darauf angesprochen, sagte er: «Nadal hat das gestern auch gemacht. Aber anscheinend gefällt dem Publikum mein Body besser.»

Keine fünf Minuten nach dem zweistündigen Match machte er sich auf den Weg zur Pressekonferenz. Danach, etwa gegen halb zehn Uhr abends, würde er Autogramme schreiben und in Handykameras lächeln, sich «ein wenig Zeit für die Fans nehmen», wie er zu sagen pflegt. Anschliessend würde er mit seinem Freund Yves Allegro auf einem Nebenplatz noch zum Doppel antreten, um sich danach – von zentraler Bedeutung in dieser die Bänder und Gelenke malträtierenden Sportart – während einer Stunde dem Stretching und der Massage zu widmen. Darauf würde er in der Umkleidekabine bereits wieder Autogramme geben müssen, weil sich dort auch Members des «Aviation Club» aufhielten.

Lange nach Mitternacht würde er sich mit der Freundin in seinen weissen SUV setzen und zu dem zwanzig Autominuten entfernten Siebensternehotel «Burj al-Arab» fahren, wo er, trotz eigenem Appartement, für die Dauer des Turniers wohnte. (Das eigene Heim suggeriert Freizeit und Müssiggang; ein fremdes Bett erinnert ihn daran, dass er einen Job zu erledigen hat.) Kurz vor ein Uhr nachts würde er seine Suite betreten, wo das Essen, das die Freundin vor der Abfahrt per Mobiltelefon bestellt hatte, schon bereitstand. Irgendwann nach zwei würde er sich ins Bett legen und hoffen, dass er nicht wieder bis zum Morgengrauen wach bliebe.

### Instinktsicher und unsentimental

Doch zuerst warteten zwei Dutzend Journalisten mit ihren Fragen auf ihn. Federer war fröhlich, entspannt und präsent, als gebe es kein Vorher und kein Nachher. Sobald ihm das Publikum nicht mehr zujuble, scherzte er auf Englisch, werde er anfangen, Spiele freiwillig zu verlieren. Vom Reporter der Equipe (einer der wichtigsten Sportzeitungen Europas) wollte er wissen, ob es auf Französisch le oder la challenge heisse. Auf die Bemerkung eines deutschen Kollegen zum Hawk-Eye, der neu eingeführten elektronischen Spielüberwachung, sagte er: «Darüber haben wir uns ja schon gestern unterhalten.» Und beim Hinausgehen erfüllte er den Wunsch eines iranischen TV-Journalisten, aus Anlass des persischen Neujahrs «Happy Nouruz» in die Kamera zu sagen.

In der Biografie «Das Tennis-Genie» (Pendo-Verlag) des Journalisten René Stauffer ist nachzulesen, wie Federer mit neunzehn Jahren einen der schwierigeren Entscheide seiner Karriere zu treffen hatte. Er musste sich festlegen, mit wem er fortan auf der Profitour unterwegs sein würde: mit dem Australier Peter Carter, seinem väterlichen Freund und Jugendtrainer, den er mehr als sein halbes Leben lang gekannt und dem er viel zu verdanken hatte. Oder mit dem ehemaligen schwedischen Berufsspieler Peter Lundgren, dem er damals ungleich weniger nahestand. «Alle dachten», erinnert sich Yves Allegro, «er würde Carter nehmen.» Federer entschloss sich für Lundgren. Der Schwede machte aus dem begabten, aber unsteten Teenager innert dreier Jahre einen Wimbledon-Sieger – nicht der einzige bemerkenswert instinktsichere, weitsichtige und unsentimentale Entscheid Federers in seiner Laufbahn.

### Grösser als Michael Jordan

Roger Federer, wurde mir klar, war nicht nur ein singulär begabter Tennisspieler, sondern auch eine Führungspersönlichkeit mit Topmanager-Potenzial. Er hatte die Gabe, sich auf ständig wechselnde Situationen einzustellen, ohne den Überblick (und die gute Laune) zu verlieren, er war in hohem Masse stressresistent und belastbar, und er verfügte über das kühle Blut, rasche, wenn nötig unpopuläre Entschlüsse zu fällen. Gut möglich, dass es genau diese Eigenschaften waren, die ihn auf dem Tennisplatz in kritischen Momenten so oft das Richtige tun liessen.

Bei einem Schlummertrunk im original Irish Pub auf dem Areal der Sportanlage fragte ich den Mann von L'Equipe, was er von Federer halte. Er erzählte mir, dass er erst seit ein paar Jahren über Tennis schreibe und sich davor lange Zeit mit amerikanischem Sport befasst habe. «Ich habe Stars wie Michael Jordan und Wayne Gretzky erlebt. Doch von allen ist Federer die grösste Persönlichkeit, die mir je begegnet ist.» Am meisten beeindrucke ihn, wie normal Federer geblieben sei, in einem Umfeld, das mit all dem Geld, dem Luxus und dem Hype ganz und gar nicht normal sei. «Federer hat eine stabile Beziehung, einen intakten Freundeskreis, und er ist imstande, sich im richtigen Leben zurechtzufinden. Ich glaube, ein guter Teil seiner Stärke gründet in dieser Normalität.»

Ein paar angeheiterte englische Kollegen bestürmten uns, «auf einen Absacker in der ‹Manila-Bar›» mitzukommen. Stattdessen ging ich zeitig zu Bett. Schliesslich hatte ich morgen ein Interview mit Roger Federer.

Ich war schon eingeschlafen, als das Mobiltelefon klingelte. Eine männliche Stimme mit osteuropäischem Akzent sagte: «Hallo Bruno, hier ist Ivan Lendl. Sie wollten mich sprechen?»

Während seiner Aktivzeit galt Lendl, ein in die USA emigrierter Tscheche, nicht als Inbegriff des flamboyanten Entertainers. Im Gespräch erwies er sich aber als ebenso humorvoller wie mitteilungsbedürftiger Zeitgenosse. Ich fragte ihn, was er zurzeit so mache. «Ich bin viel unterwegs, weil ich meine Golf spielenden Töchter zu den Turnieren fahre. Wenn ich mal zu Hause bin, dann setze ich mich in den Lehnstuhl, schalte der Fernseher ein und geniesse es, dem fantastischen Sportsmann Roger Federer beim Gewinnen zuzuschauen.»

Ich wollte wissen, mit welcher Taktik er gegen ihn gespielt habe.

Lendl, sehr trocken: «Taktik? Roger hätte kurzen Prozess mit mir gemacht.»

Ob das nicht allzu bescheiden sei für einen, der neunzehn Grand-Slam-Finals bestritten und insgesamt über fünf Jahre die Nummer eins war?

«Nein, Bruno, das ist die Wahrheit.»

Dann erklärte er mir, dass ein Spieler in der Regel zwei oder drei Arten beherrsche, einen Punkt zu machen. Nicht nur durchschaue Federer die Spielweise seiner Gegner sehr rasch, so dass diese ihre Stärken gar nie entfalten könnten, auch verfüge er selber über einen ungleich grösseren Bestand an Gewinnschlägen. «Roger vereinigt verschiedene Spielertypen in einer Person. Dies sowie die Anmut, mit der er die schwierigsten Bälle spielt, sind die Dinge, die ich am meisten an ihm bewundere.»

Ausgerechnet im letztjährigen Finale von Paris gegen Nadal, zitierte ich Stefan Edberg, habe Federer jedoch sein Spiel zu wenig auf die Stärken des Gegners ausgerichtet. «Dieses Match», sagte Lendl, «habe ich eingehend mit Tony analysiert.» Er meinte Tony Roche, seinen langjährigen Coach, der jetzt Federer betreut. Natürlich wollte ich wissen, zu welchem Schluss die beiden gekommen waren. «Bruno, du wirst verstehen, dass ich den Inhalt des Gesprächs vertraulich behandle. Aber wenn Roger in Pension geht, können wir gerne darüber reden.» Dann bedankte sich Ivan Lendl für mein Interesse, wünschte einen schönen Abend und sagte: «Viele Grüsse an Roger. Ich hoffe sehr, dass er in diesem Jahr den Grand Slam gewinnt.»

Am nächsten Nachmittag traf ich den Medienverantwortlichen der ATP, einen kultivierten, unaufdringlichen Italiener. Ich fragte ihn,

> «Taktik?», fragte Ivan Lendl sehr trocken: «Roger hätte kurzen Prozess mit mir gemacht.»

ob Federers Dominanz nicht allmählich zum Problem für das Männertennis werde. «War die Dominanz von Martina Navratilova oder Steffi Graf ein Problem für das Frauentennis?», fragte er zurück. «Rogers anhaltend herausragende Leistungen sind im Gegenteil ein Segen für unsere Sportart.»

Natürlich war es keine Überraschung, dass er etwas in der Art antworten würde. Nachdem ich mehreren Leuten die gleiche Frage gestellt hatte, war ich aber geneigt, ihnen zu glauben. Ein aus Indien stammender Journalist der Financial Times, der von sich behauptete, er habe in den achtziger Jahren einzig deswegen in den USA studiert, weil er John McEnroe live sehen wollte, formulierte es so: «Irgendwann verlor ich das Interesse am Tennis und hörte auf, darüber zu schreiben. Aber Federer spielt so unglaublich schön, dass ich zu meiner alten Passion zurückgekehrt bin. Ich bin sicher, so geht es jedem, der schon einmal einen Tennisschläger in den Händen gehalten hat.»

## Zum Glück redet er so, wie er Tennis spielt – schnell und mit hoher Intensität.

Punkt 16.20 Uhr Ortszeit rief ich Tony Godsick an. Punkt deshalb, weil er mir geschrieben hatte, dass er an jenem Tag um 07.20 Uhr *New York time* im Auto unterwegs zu einem Meeting sei und exakt zehn Minuten für mich habe. Tony Godsick ist Federers Manager und Vizepräsident von IMG, der weltweit wichtigsten Sportmarketingfirma (Umsatz: über eine Milliarde Dollar). Godsick ist dafür da, Fed als globale Brand jenseits der Welt des Tennis zu positionieren sowie dessen Einkommen zu mehren. Gemessen an seinem Status liegt dieses mit geschätzten 16 Millionen Dollar jährlich noch beträchtlich über Par (Tiger Woods: 87 Millionen).

Natürlich redete er nicht über Zahlen, versicherte aber, dass «Rogers Einkünfte substanziell sind, die höchsten in der Geschichte des Tennis», dass man «in den letzten acht Monaten mindestens zwanzig Anfragen für Werbedeals» habe ablehnen müssen, dass Federers Name «immer öfter in Wirtschafts-, Mode- und grossen Wochenmagazinen» erscheine und dass, sollte er den Grand Slam gewinnen [die vier wichtigsten Turniere im selben Jahr], «es nicht unangebracht wäre», ihn in die Nähe der grössten Athleten aller Zeiten wie Muhammad Ali oder Michael Jordan zu rücken.

### «Eine grosse fliessende Peitsche»

Am Abend spielte Federer das Halbfinale gegen Tommy Haas. Es wehte ein ziemlich starker Wind durchs Stadion, und ich musste an eine Anekdote denken, die mir Darren Cahill erzählt hatte. Cahill betreut das australische Davis-Cup-Team und war sechs Jahre lang Trainer von Andre Agassi. Vor den Turnieren habe er jeweils mit Agassi den Centre-Court betreten und gefragt: «Wem kommen wohl die Bedingungen hier entgegen?» Egal, ob der Belag schnell war oder langsam, die Bälle schwer oder leicht, das Wetter windig oder ruhig, immer habe Agassi geantwortet: «Ich denke, die Bedingungen kommen Roger entgegen.»

Zwischen Haas und Federer entsponnen sich zahlreiche Ballwechsel, von denen jeder an einen guten Kinofilm erinnerte. Man vergass die Welt um sich herum, es hagelte Pointen, und immer wenn man glaubte, den Ausgang der Geschichte zu kennen, nahm sie eine unglaubliche Wendung. Gegen Ende des ersten Satzes erhoben sich selbst die Journalisten von ihren Sitzen, um den Spielern zu applaudieren. Einzig das Happy End blieb dem immer gleichen Protagonisten vorbehalten.

Vor dem Siegerinterview warf Federer sein Schweissband ins Publikum. Er katapultierte es fast in die obersten Ränge der steilen Tribüne, so dass man sah, wie viel Kraft in diesem Handgelenk steckte, das sein Coach Tony Roche einst als entscheidend bezeichnete für die unglaubliche Beschleunigung, die Federer mit seiner Vorhand erzielt. Eine Vorhand, die der amerikanische Schriftsteller David Foster Wallace unübertroffen poetisch als «grosse fliessende Peitsche» bezeichnet hatte.

Im «Aviation Club» ist die Hälfte meiner Gesprächszeit mit Roger Federer bereits um. Zum Glück redet er so, wie er Tennis spielt – schnell und mit hoher Intensität –, so dass wir uns in dieser Zeit nicht nur über Angus Young unterhalten konnten, sondern auch über Anna Wintour, die *Vogue*-Chefin, die Federer als Freundin bezeichnet, über Roberto Carlos, der ihn in Madrid um ein Autogramm bat, über Björn Borg, den er als eindrücklichste Figur der Tennisgeschichte bezeichnet, über Ivan Lendl, einen netten Kerl, dem man zu Unrecht das Image des Ostblock-Roboters angehängt habe, und über die Torwartmisere der Schweizer Fussballnationalmannschaft (er selber, sagt er laut lachend, wäre als Torhüter vollkommen ungeeignet, weil er Angst davor hätte, sich den Stürmern vor die Füsse zu werfen).

*Was ist das Beste am Berühmtsein?*
Der Applaus des Publikums. Entertainer sein, im Mittelpunkt stehen. Was mir nicht viel bedeutet, ist, auf der Strasse erkannt zu werden. Bis vor ein paar Jahren hiess es manchmal noch: «Sie habe ich doch schon irgendwo gesehen.» Das ist jetzt leider vorbei.

*In den letzten Tagen bist du öfter mit gesenktem Kopf herumgelaufen. Das wirkt irgendwie verklemmt und passt nicht zu dir.*
Manchmal will ich halt Blickkontakt vermeiden. Sonst muss ich ununterbrochen Leute grüssen und Autogramme geben.

*Du wechselst dein T-Shirt, und alle Groupies kreischen – wird deine Freundin nie eifersüchtig?*
Im Gegenteil. Die ist stolz darauf! Schau, jede Stadt, jedes Turnier hat seine eigenen Sitten. Und hier herrscht offenbar beim Anblick meines Oberkörpers eine Mega-Euphorie. Ist doch unglaublich. Ich sass auf meinem Stuhl und habe mich innerlich vor Lachen gekrümmt. Zuerst wollte ich eine Geste ins Publikum machen, dann habe ich mir gesagt: Konzentrier dich jetzt.

*Deine Freundin macht die Pressearbeit für dich. Du bist sozusagen ihr Chef...*
...Ach, das wird manchmal ein wenig übertrieben dargestellt. Als sei sie meine Managerin oder so. Sie ist einfach für die Liaison zwischen mir und den Medien zuständig – nicht dass das keine harte Arbeit wäre, vor allem da sie zu neunzig Prozent aus Absagen besteht. Aber ich habe ihr gesagt, in dem Moment, wo du keine Lust mehr hast, suchen wir uns jemand anders.

*Es heisst, in deinem Umfeld wollest du stets über alles Bescheid wissen. Bist du ein Kontrollfreak?*
Nein, ich möchte einfach möglichst gut informiert sein. Um mich herum gebe ich so viel ab – Sponsoren, Medien, meine Foundation. Wenn da etwas schiefläuft, muss *ich* den Kopf hinhalten. Also will ich auch mitbestimmen können. Das Coole an meinem Job ist ja: Ich bin mein eigener Boss und kann machen, was ich will. Nicht wie ein Fussballer, der einfach irgendwohin transferiert wird oder dem man verbieten kann, sich in eine Hängematte zu legen, weil es nicht zum Image des Vereins passt. Es ist allein meine Entscheidung, ob ich in einem Anzug oder nackt durch die Gegend laufe. – Noch zwei Fragen?

*Okay, dann lass uns doch noch ein wenig über Tennis reden: letzter Satz, Tiebreak, Matchball für den Gegner, du musst über den zweiten Aufschlag. Was geht dir in diesem Moment durch den Kopf?*
Die Frage ist, ob du riskierst oder nicht. Willst du das Zepter in die Hand nehmen,

> «Anscheinend gefällt mein Body dem Publikum besser als der von Nadal.»

oder überlässt du dies dem anderen? Ich bin eher der Typ, der Prozent spielt, sich also fragt: Wann sind meine Chancen am grössten? Darum würde ich eher wenig riskieren. Wenn der Ball einmal im Spiel ist, kann ich meine Stärken einsetzen, und für den anderen wird es auch nicht einfacher. Einen Matchball gegen mich muss man zuerst einmal verwerten. Und ich sage mir: Der andere muss *mich* schlagen, das tue ich sicher nicht selber. Indem ich den Ball im Spiel halte, gebe ich den Druck weiter. Vielleicht haut der andere ja den nächsten Ball ins Out. Dann hätte ich es geschafft, dass er sich selber bezwingt. – Letzte Frage?

*Ach, die schenke ich dir. Geh schlafen, du hast es verdient.*

Am nächsten Tag wird Roger Federer das Finale gegen den Russen Michail Juschni gewinnen. Der Russe wird an der Pressekonferenz in maximal komplexitätsreduziertem Englisch sagen: «Roger give me gud less'n.» Dieser wird, nachdem er die Ehrbekundungen des einheimischen Vizeturnierdirektors an die anwesenden «Hoheiten», «Exzellenzen» und «distinguierten Gäste» mit einem jugendlichen Strahlen über sich hat ergehen lassen, den Veranstaltern auch den letzten Wunsch nicht abschlagen. Und so kommt es, dass Roger Federer, Superstar, Jahrhundertsportler, Weltwunder, wie an einer Dorftombola ein Lotterielos ausrollen und verkünden wird: «Der Hauptpreis geht an den Teilnehmer mit der Nummer 3-2-7-3.» Der Turnierviezedirektor wird ihm die Gewinnsumme zuflüstern, und er wird überrascht ausrufen: «Was, eine Million Dollar? Dieser Glückspilz!» o

## 11.6 Claudia Schiffer: »Hey Baby, come Girl, happy happy – sehr schön!«

Margrit Sprecher, die für ihre feinen und gleichzeitig messerscharfen Porträts schon oft preisgekrönt wurde, wählte aus ihrer großen Arbeit die beiden nächsten Porträts für dieses Buch aus und schreibt zum Text über Claudia Schiffer: »Interviews in einer anonymen Hotelsuite, Journalisten, durchgeschleust im Zehn- und Zwanzig-Minutentakt – so sieht die Reporterinnen-Wirklichkeit immer häufiger aus. Damit die Massenabfertigung nicht zu einem Recycling-Festival und die Ausbeute nicht allzu dürftig wird, muss man sich minutiös vorbereiten und dabei nach einem möglichst andern Blickwinkel fahnden, den man in den paar kostbaren Minuten zu vertiefen versucht. Was macht Claudia Schiffer – eine belanglose und langweilige Frau – für unsere Zeit so wichtig?«

Die Annäherung geschieht etappenweise. Im zwölften Stock werden wir mit allem Notwendigen für die Begegnung versehen: Kaffee, Wasser, dicken Torten, üppig belegten Broten und einem Namensschild, damit sie jederzeit sieht, mit wem sie es gerade zu tun hat.

Alle haben wir gute Vorsätze. Alle wollen wir die kurze Zeit nutzen, um in psychologische Tiefen vorzudringen. Sie nach ihren geheimen Verletzungen befragen, nach der voyeuristischen Gier der phallischen Kameras, der sie täglich ausgesetzt ist. Nach den falschen Freunden und der wahren Schönheit. Und nie vergessen wir dabei das Schicksal jener andern Blondine, die ebenfalls niemand nach dem »mind behind the body« befragte und die darob so jämmerlich zugrunde ging: Marilyn Monroe. Claudia, wir kommen!

Wer die Begegnung schon hinter sich hat, wirkt seltsam ermattet. »Acht Minuten«, flüstert eine Kollegin aus Nürnberg und entwirrt die Kabel ihres Aufnahmegerätes. Andere trinken stumm ihren Kaffee aus und verschwinden rasch. Alles, was wir schreiben, muss dem Verlag erst zur Genehmigung vorgelegt werden.

Stufe 2 zündet. Lift zu ihrer »Hilton«-Suite. Wieder Warten im Korridor. Hastig angerauchte Zigaretten liegen im Aschenbecher. Ein Stuhl fällt um. »Psst«, zischt ein dezent geschminkter Mann, wohl ihr Visagist. Dann verdunkelt die Wand-zur-Wand Gestalt des Leibwächters den Korridor. Sein Spezialschlüssel öffnet die Tür, die Dame vom Verlag deutet auf einen Tisch mit vier leeren Stühlen: »Frau Schiffer sitzt hier. Sie sitzen dort.« Und schon steht die schönste und bestbezahlte Frau der Welt auch schon da, viel grösser und viel magerer als im Fernsehen, grüsst artig, setzt sich hin und bedeckt dabei kaum ein Viertel des Sitzes. Sie legt die rechte Hand auf den linken Unterarm und sagt, wie sehr sie sich freut, dass sich so viele Journalisten für ihr Buch interessieren.

Ihr Buch? Natürlich. Sie hat es zwar nicht selbst geschrieben. Auch wenn das leicht gewesen wäre, weil drei Sätze in Ihrer grosser Schrift eine Seite füllen. Was tut's. Noch nie, nie schwärmen die Damen vom Heyne-Verlag, hat es im deutschen Verlagswesen einen ähnlichen Rummel gegeben. Vier Fernsehstationen und 65 Journalisten haben sich zum Interview in München angemeldet. Die kleineren Zeitungen bekommen zehn Minuten zugewiesen, die wichtigere wie die »Süddeutsche Zeitung« oder »Die Weltwoche« zwanzig Minuten.

Das Buch ist so gross wie ein Kochbuch und ebenfalls voller schöner, farbiger Bilder. Claudia Schiffer hat sie eigenhändig ausgewählt und angeordnet. Über dreihundert Mal lächelt sie dem Betrachter entgegen: erst als Baby, dann als Brigitte-Bardot-Kopie und schliesslich als Vamp. Der allerdings lässt weniger an Sünde denken denn ans süsse Baby von der Zwiebackreklame.

Die drei Verfasserinnen des Werks bemühten sich nicht nur, das kurze, glückliche Leben der Claudia Schiffer in passende Worte zu fassen. Sie sorgten auch für literarische Passagen: »Rund um den Planeten entsteht ein Gewisper, entspinnen sich die tollsten Träume, alles um ihretwillen.«

Auch einen Blick in ihr aufregendes Leben dürfen wir werfen. Das willkürlich herausgerissenes Terminkalenderblatt vom 24. Mai, vollgekritzelt in ihrer steilen Schrift, beweist, wie wild es in einem Fotomodell-Leben zu und hergeht: Flug Paris-New York (Vermerk: »Concorde«) und noch am Ankunftstag Fotosession für »Harper's Bazaar«, Beautyshot with Patrick, und abends Musical »Tommy«. Spitze!!! Super!!!!

Die andern Lektionen geraten ebenso deutlich. Das Wichtigste ist ein schönes Familienleben. Wäre die Tochter eines Rechtsanwaltes nicht so behütet mit zwei Brüdern und einer Schwester in einer rheinländischen Kleinstadt aufgewachsen, niemals hätte sie jetzt die Kraft, den Ruhm durchzustehen. Dabei ist sie bescheiden geblieben. Privat schaut sie nur zum Zähneputzen in den Spiegel. Noch immer ruft sie ihre Mutter jeden Abend an. Und sie bleibt sauber: raucht nicht, trinkt nicht, nahm nie Drogen, ja sogar vom Kaffeeduft wird ihr übel. Sie ernährt sich von Fruchtsalat, ist auf Parties die erste, die wieder geht, Biedermeier ist ihr Lieblingsstil, und zwischen zwei Flügen findet sie immer wieder Zeit, ihre alten Freunde zu treffen. Weil sie katholisch erzogen wurde, stellt sie »hohe moralische Ansprüche«. Das schlichte Kreuz, das sie beim Interview am Hals trägt, ist denn auch keineswegs ein Modegag, sondern Bekenntnis. »Die Schönheit habe ich zwar von der Mutti, betrachte sie aber als Geschenk Gottes«, sagt Claudia und wechselt die Armstellung. In den nächsten acht Minuten ruht Ihre Linke auf dem rechten Arm.

Ihr Buch ist derart porentief von allem Unrat dieser Welt gereinigt, dass es selbst die Summe, die Claudia Schiffer zum bestbezahlten Fotomodell aller Zeiten machte, vernebelt. »Nur fünf Menschen kennen den genauen Betrag«, haucht das Werk aufgeregt. Dabei machten die zehn Millionen Dollar, die Claudia Schiffer für drei Jahre Werbung von Revlon bekam, Schlagzeilen in sämtlichen Zeitungen der Welt. Seither stemmt Claudia zwei Kilo schwere Guess-Parfumflaschen auf Pressekonferenzen und lächelt in die Runde, bevor sie wieder ins Bett geht, um ihre Haut ruhen zu lassen.

Mit solchen Zahlen kann der Buchmarkt natürlich nicht konkurrieren. Muss auch nicht. Denn das Buch – die deutsche Auflage beträgt 50 000 Exemplare – soll ihr vor allem Arbeit abnehmen. »Es soll«, sagt Claudia Schiffer und blickt ernst wie eine Autorin über den Tisch, »alle Fragen meiner Fans beantworten.«

Der einzige Makel an Claudia Schiffer ist ihr Dauerverlobter, David Copperfield. Er genügt den ästhetischen Ansprüchen der Modebranche nicht. Benutzt zu viel After-Shave und hat eine Türklingel in Form eines Bauchnabels. Auch lässt das Paar öffentlich den Kaugummi von Mund zu Mund wandern. »Ja«, lächelt Claudia Schiffer beim Stichwort Copperfield, »er hat auch mich verzaubert.«

Auch ihre andern Bekenntnisse kommen einem vertraut vor. Geld ist nicht alles im Leben. Ich bin keine Feministin, denn ich schätze altmodische Qualitäten wie Höflichkeit und Disziplin. Dies im Gegensatz zu aufmüpfigeren Kolleginnen wie Naomi Campell, die um Stunden zu spät kommt. Doch wenn die »dunkle Lustgöttin« endlich da ist und »mit wiegendem Gang wie trägen Sex« über den Laufsteg schreitet, ist alles vergeben und vergessen. Hat Claudia Naomis Insider-Roman »Swan« gelesen? Nur kurz wankt ihre unerschütterliche Sanftheit. Nein. Um gleich beizufügen: »Aber wenn ich alle Bücher gelesen habe, die ich lesen will, lese ich es sicher.«

Denn die Naomi Campells auf dieser Welt sind einer Claudia so fremd wie Lady Macbeth einem Gretchen. Claudia spurt. Und fühlt sich wohl im Erwartungskorsett der Massen. Nie würde sie sich wie Topmodel Tatjana Patitz für Greenpeace engagieren. Lieber unterstützt sie den gesellschaftskonformeren »Herzenswunsch«, eine Organisation, die letzte Wünsche unheilbarer kranker Kinder erfüllt. Und nie würde sie sich wie Supermodel Cindy Crawford fragen, ob sich die 72 000 Stunden, die sie bisher in ihrem Leben mit Schminken, Frisieren und Ankleiden verbracht hat, wirklich lohnen. Marilyn Monroe? »Gewisse Menschen«, antwortet Claudia Schiffer, »lassen sich eben gehen. Ich selbst bin sehr optimistisch und positiv.«

Zwar taucht eben ein neuer Look am Modehorizont auf. Verkörpert wird er von der spröden, rauchenden Engländerin Kate Moss, die weder gesund noch schön sein mag und deren hervorstechende Rippen an ein Schlachtfohlen gemahnen. Doch das muss Claudia nicht beunruhigen. Denn der Backlash, die Rückschlagbewegung gegen den Feminismus, braucht Frauen wie Claudia: saubere Frauen, gesund, frisch und konservativ im Denken. Frauen, die gemerkt haben, dass man noch immer mit Schönheit am weitesten kommt. Ja, dass Schönheit die einzige wirkliche Macht der Frauen ist. »Endlich«, freut sich die »Herald Tribune«, »hat die Welt wieder eine vorbildliche junge Frau.« Bereits möchten 92 Prozent aller Mädchen zwischen 14 und 17 sein wie sie.

Fototermin im Dürersaal des Münchner »Hilton«. Der unordentliche Haufen der Medienleute wird von einer Kordel in gebührendem Abstand gehalten. Stille. Probehalber Schüsse auf ihre ausgeleuchtete, überlebensgrosse Unterschrift mit weiblich geschwungenem C und im S, wohlausgewogen wie von einem Designer entworfen.

Kaum bewegt sich die Türfalle, klicken die Apparate wie ein anschwirrender Heuschreckenschwarm. Claudia, im schwarzen Chanel-Mini, haucht »hallo«

und macht sich sogleich ans Werk. Drückt ihr Buch an den Busen, senkt den Kopf, bedient alle mit ihrem Lächeln, wartet. Hey baby! Come girl! Noch mal! Sehr schön! Happyhappy! Dann stiefelt sie mit sportlichem Schritt auf die andere Seite der Bühne.

Nach fünf Minuten ist alles vorbei. »O.K. Dankeschön«, sagt sie nett und verschwindet, den Bodyguard und die Verlagsdamen im Schlepptau. Verdutzt packen die Fotografen die Apparate wieder ein und überlegen, was da eigentlich war.

»Hausmannskost«, sagt schliesslich einer und schultert seine Kamera. Zwar falsch. Und doch so wahr.

(Margrit Sprecher in: Weltwoche 2000)

## 11.7 Gerhard Schröder: Bär vor gefülltem Honigtopf

Margrit Sprecher zur Ausgangslage dieses Porträts: »Abgemacht waren ein paar Minuten Interview nach einem Anlass in einer Hamburger Fabrik. Aber auch die konnte sein Pressebüro nicht garantieren: ›Sie müssen selbst schauen, wie Sie das deichseln.‹ Weil dann alles ganz schrecklich eilte, schlug Gerhard Schröder vor, das Interview während der Fahrt zu seinem nächsten Termin zu machen. Bald schon hatte er sich an meine Anwesenheit gewöhnt, vielleicht auch langweilte er sich so allein im Fond der Staatslimousine – jedenfalls endete mein Tag nachts um zwölf auf dem Presseball als Begleiterin des Ehepaars Schröder.«

Wie ein Heldentenor eilt er mit ausgestreckten Armen durch die Fabrikhalle auf einen Freund zu. Und dann gleich weiter zum nächsten Händedruck. Mancher in der Schar, die er eben durchpflügt hat, schaut ihm absichtlich nicht nach. Soll nicht glauben, er sei etwas Besonderes. Braucht sich gar nichts einzubilden auf sein Amt. Ohne sie, die Genossen, ist er niemand. Sogar die Bodyguards nehmen sie ihm übel, irgendwie. So, als führe er ein zu teures Auto.

Gerhard Schröder spricht, wie immer, frei, ganz darauf vertrauend, nach zwei Minuten sein Publikum im Griff zu haben. Doch heute hat er Pech. Erstens ist es seine Sache nicht, andere, und erst noch Tote, zu würdigen. Zweitens fanden seine Vorredner überaus bewegende, tief empfundene Worte für den deutschen Gewerkschafter Otto Brenner, der heute seinen 90. Geburtstag hätte feiern können.

So versucht er es mit einem spielerischen: »Was soll ich denn jetzt noch sagen?« Dann ja, ist ihm doch noch etwas aufgefallen: »Ein Kammerorchester in einer Fabrikhalle, das hätte Otto Brenner auch gemocht.« Schliesslich endet er vage mit ein paar Zitaten von Willy Brandt. Und verschwindet, geduckt, seitlich in der Kulisse.

»So isser halt, unser Gerd«, sagen die Männer von der IG-Metall in der Hanomag-Werkhalle nachsichtig. Die Frauen schauen finsterer: »Er vertritt unsere Grundsätze nicht mehr.«

Diese weibliche Unerbittlichkeit kennt Gerhard Schröder aus leidvoller persönlicher Erfahrung. Hatte sich der niedersächsische Landesfürst abends erledigt aus dem Ministerium nach Hause geschleppt, erwartete ihn dort kein Friede, sondern Gattin Hillu samt ihren Töchtern (»mein Untersuchungsausschuss«) und schickte ihn sogleich wieder zurück in den Ring: »Gerd, du musst was gegen die Tiertransporte machen.« »Gerd, was tust du gegen den Rinderwahnsinn?« »Gerd, was ist mit den Krötenwanderwegen?«

Den Ausschlag gab dann die in feministischen Kreisen berüchtigt gewordene Currywurst, die zu servieren Vegetarierin Hillu sich weigerte. Ein Wort ergab das andere, schliesslich auch das Geständnis des Ehebruchs. Noch am gleichen Abend verfrachtete Hillu ihren Gerhard samt seiner Habe ins Auto und kutschierte ihn in die Staatskanzlei. Zur Strafverschärfung: Die Büros waren, wie immer übers Wochenende, ungeheizt.

Die Scheidung schadete ihm politisch weniger als befürchtet. Zwar rutschte eine Zeitlang jedes Interview ins Unterhaltungsfach ab. Doch dann entdeckten die Deutschen mit Staunen: Schröder ist nicht nur ein politischer Triebtäter. Schröder ist auch ein frisch verliebter Mann, der plötzlich so versonnen dreinblickt wie ein Bär vor einem gefüllten Honigtopf.

»Seltsam nur«, sagt Gerhard Schröder, nachdem er die Festversammlung in der Hanomag-Halle verlassen und sich in die Staatslimousine geworfen hat, »dass mir bisher noch kein Genosse zu meinem neuen Glück gratuliert hat.« Während der nächsten Minuten ist er ganz damit beschäftigt, einen Kaffeefleck auf der Krawatte wegzureiben. Er ist nicht mehr so unerhört braun wie damals nach der Trennung. Die Bräune kam vom Solarium. Dazu geraten hatte der befreundete Anwalt, der ihm Unterschlupf gewährte. »Er sagte mir, wenn es dir schon nicht gut geht – und es ging mir nicht gut – musst du wenigstens super aussehen.«

Inzwischen geht es ihm wieder blendend. Laut Umfragen werden ihn sechzig Prozent als neuen Kanzler wählen. Auch die Grünen. Obwohl er persönlich alles andere als vorbildlich grün lebt. »Ein bisschen Mülltrennung, dann hat sich's.« Und links, das war er mal. Nicht auf Anhieb übrigens. Der gelernte Porzellanverkäufer – später wechselte er in eine imagemässig besser passende Eisenhandlung – besuchte damals die Parteiversammlungen aller Couleurs, »weil ich keine eigene Meinung hatte.« Um sich bei Diskussionen behaupten zu können, vertrat er stets das Gegenteil. »Meist verstanden die andern aber wirklich was von der Sache, und ich zog mit roten Ohren wieder ab.«

Beim Schlachtfest der Firma Wiedemann, Haushalttechnik in Sarstedt, für ihre 1500 Kunden, geht's schon so hoch zu und her, dass Schröders Ankunft kaum bemerkt wird. »Ich kenne«, ruft er über's Festgewühl, »die Ängste kleiner und mittlerer Unternehmen. Der Unsinn mit den billigen Arbeitskräften aus dem Osten muss endlich aufhören!« – »Ja, wie willst denn das verhindern …!«, ruft einer zurück. Doch die Worte gehen im Lärm unter.

Dann stellt sich Gerhard Schröder flink und unauffällig in die lange Reihe vor den Würsten, Kraut, Speck und Schinken, überblickt die Lage und ist, eh man sich's versieht, mit wohlgefülltem Teller zurück auf seinem Platz. Als er seine Lippen ans Glas setzt, senkt sich der Inhalt zügig. Zehn bis fünfzehn Bier kann er, sagt er, ohne Sprachausfälle kippen.

Kommt jemand mit einem Anliegen auf ihn zu, heftet er seine blauen Augen fest auf sein Gegenüber und ist ganz da. Darauf winkt er seinem Sekretär, der ein paar Plätze weiter aufmerksam das Geschehen verfolgt, und lässt die Adresse notieren. Schröder-Service – prompt und direkt. Ein prima Kerl eben, das macht ihm so leicht keiner nach. »Arrogant«, sagt er, »finden mich nur die, die mich vom Bildschirm her kennen.«

Freilich, allzu lange darf man seine Aufmerksamkeit nicht in Anspruch nehmen. Dann wandern seine Augen weiter. Und schliesslich verschwindet er rasch und unauffällig. Überhaupt wirkt er, seiner bulligen Erscheinung zum Trotz, seltsam flüchtig. Viele Parteigenossen mit prinzipienschwererem Schritt nehmen ihm diese Leichtigkeit, mit der er sich durchs Leben und die Politik schwingt, übel. Wie kann man sich sowohl auf der VW-Vorstandsetage wie unter Genossen wohl fühlen … »Wenn du wenigstens zeigen würdest, dass du bei einem Kompromiss heimlich Bauchschmerzen hast«, klagt einer aus seinem Tross.

Diesen Gefallen kann ihm Schröder, ehrlich erheitert über so viel Naivität, nicht tun. »Bauchschmerzen habe ich wirklich nicht. Wenn ich einen Kompromiss schliesse, muss ich die Zufriedenheit darüber rüberbringen.« Und überhaupt. »Bei der SPD ist das Glas immer halb leer statt halb voll.« Wenn er seine Parteikollegen ärgern will, pflegt er zu fragen: »Was wollt ihr – die Mehrheit oder ein gutes Gefühl? Die Macht oder ein reines Gewissen?«

Dass ihn die Kleinbürgerlichkeit seiner Basis ärgert, soweit möchte er nicht gehen. »Ich habe ja selbst einen Zug ins Kleinbürgerliche«, sagt er auf der Weiterfahrt. Nun ja, einen Mangel an Grosszügigkeit und Toleranz eben. Kommt vielleicht aus seiner Jugend: Vater im Krieg gefallen, Mutter Putzfrau. Und, sagt er, da ist auch ein Bedürfnis nach Sicherheit. Tatsächlich fordert er wie ein strammer Rechter: »Kriminelle Asylanten sofort raus!«

Zu klauen freilich fänden die Asylanten bei Schröders kaum was. Das frisch verheiratete Paar wohnt in Ikeamöbeln, in einer grauen Mietskaserne mitten in Hannover. Die 90 Quadratmeter sind nicht viel für zwei Erwachsene und die sechsjährige Klara, die Doris mit in die Ehe gebracht hat.

Als Gerhard Schröders Limousine vor der Haustüre vorfährt, öffnen die übrigen Mieter die Fenster, betten ganz ungeniert ihre Arme aufs Fenstersims und hören zu, was der Ministerpräsident denn so mit seinen Bodyguards bespricht. »Wir sind«, entschuldigt Doris Schröder die Neugier ihrer Mitbewohner, »halt der einzige Ministerpräsident, der so wohnt.«

Sie stört am Domizil höchstens, dass es »mit dem Kind mühsam ist, alles ohne Lift fünf Stockwerke hochzuschleppen«. Ihn stört das gar nicht. »Ich wüsste nicht, was ich in einer Villa tun sollte. Ich habe ohnehin keinen teuren Geschmack.« Das bisschen Tennis, das er sich leistet, ist ja längst kein Gentleman-Sport mehr, seit Vorstadtmütter ihre Kinder mit Gewalt ins Geviert zwingen.

Als das Ehepaar Schröder wieder erscheint, hat es sich umgezogen. Gerhard Schröder trägt Smoking, die ehemalige bayrische Klosterschülerin und Journalistin Doris ein Kleid von Joop. Sie wirkt darin wie ein kleiner Vogel ohne Nest. Viel zu sperrig und schwer scheint der Stoff für die paar zarten Knöchelchen. Wenn sie ihren Mann anschaut, glimmt ihr Gesicht sanft wie von innen erleuchtet. Das erste Buch, das sie ihm schenkte, war »Der kleine Prinz«. Noch hat er es nicht gelesen. Lehren wie »Man sieht nur mit dem Herzen gut«, sind in der Politik nicht zu gebrauchen.

Das Tanzen ist Gerhard Schröders Sache nicht. Die Hände über der plissierten Hemdenbrust gefaltet, sitzt er so ergeben an einem Tisch des Presseballs in Goslar, wie vor ein paar Stunden an der Gedenkfeier, als ein Professor sein 24seitiges Manuskript vorzulesen begann. Doch die Ballbesucher im Smoking betrachten ihn mit weit mehr Sympathie als die Gewerkschafter am Morgen. Pragmatisch? Das heisst, man kann mit ihm über alles reden. Prinzipienlos? Kein Nachteil in einer Welt, die sich so schnell verändert. Auch schätzt man es durchaus, es mit einem Mann zu tun zu haben, der ganz offen an die Spitze will. »Wenn man so nahe dran ist«, sagt er selbst, »muss man die Macht auch wollen.«

Dann hält er es nicht mehr aus im Ballsaal des Hotel »Achtermann«. Eher mit Besitzer- denn mit Beschützergeste schiebt er seine Frau zum Bierkeller. Wie immer muss Gerhard Schröder auch dort selbst für die Unterhaltung sorgen, will er was zu lachen haben. Als der »König des Kiezes« ihn sprechen möchte, springt er freudig überrascht auf. Endlich action. Doch der Mann, der das Eros-Center für 260 Damen an der Hamburger Reeperbahn gebaut hat, ist ein alter Herr mit Hornbrille, sieht aus wie ein Buchhalter und hat ihm auch nichts zu sagen. Nach drei Minuten ist Gerhard Schröders guter Wille erlahmt. Jedesmal diese Vorfreude wie ein Kind an Weihnachten. Und dann liegt wieder nicht das Richtige unter dem Baum.

(Margrit Sprecher in: Weltwoche 1998)

## 11.8 Roeland Wiesnekker: Ich ging nie an Anlässe

Ein Porträt, das sich ein klares Thema setzt und alles darauf ausrichtet: Wiesnekker, der Schauspieler, der zufrieden ist, wenn er außerhalb der Bühne nicht im Zentrum steht. Die Szenen unterstreichen die Aussagen zur Persönlichkeit und spiegeln gleichzeitig die Begegnungen während eines Tages. Auf rund 90 Zeilen erfahre ich dank der stringenten Fokussierung die relevanten biografischen Daten, lese, wie er sein berufliches Leben beschreibt, und höre ihn sprechen, wiederum bezogen auf das Hauptthema. Den Lesern wird nicht vorgegaukelt, man wisse nach der Lektüre alles oder zumindest sehr vieles über die Person. Aber ich habe am Schluss den Eindruck, einen zentralen Charakterzug von Roeland Wiesnekker erfasst zu haben. Interessant ist, dass der Autor das Treffen mit dem Schauspieler als »eher misslungen« beschreibt. »Roeland W. war sehr verhalten und wollte nicht reden. Nicht mit Journalisten jedenfalls. Ich hatte nicht viel Zeit und musste mir was einfallen lassen und kam dann auf die Idee dieser Rahmenhandlung.

Roeland Wiesnekker vor dem Hotel Savoy in Berlin: «Ich fragte mich, wieso mich keiner entdeckt.» (Annette Hauschild/Ostkreuz)

# «Ich ging nie an Anlässe»

Roeland Wiesnekker ist einer der gefragtesten Schweizer Schauspieler zurzeit. Er selbst mag den Rummel nicht

**Sacha Batthyany**

Am Ende dieses langen Tages, es ist kurz vor Mitternacht, steht Roeland Wiesnekker an der Theke eines Nachtklubs in Berlin und trinkt ein Bier. Die Premierenfeier ist in vollem Gange, die versammelte deutsche Film- und Fernsehprominenz lässt sich feiern, Fotografen schubsen, blitzen und betteln um ein Lächeln. Roeland Wiesnekker, der in der Weihnachtskomödie «Meine schöne Bescherung» Andy, den Aufschneider, spielt, steht abseits des ganzen Rummels, wird kaum beachtet. Wiesnekker sieht zufrieden aus. Endlich.

Zehn Stunden zuvor sitzt er in der Lobby des Hotels Savoy hinter dem Bahnhof Zoo. Er ist zurzeit einer der gefragtesten Schweizer Schauspieler, Kino, Fernsehen, Theater, die ganze Palette. Er ist im Juli Vater geworden, feiert diesen Sonntag seinen vierzigsten Geburtstag und steht auf dem Höhepunkt seiner bisherigen Karriere. Wiesnekker: «Es fühlt sich gut an.» Viel mehr muss man dazu auch nicht sagen. Besonders wohl scheint er sich beim Pressegespräch nicht zu fühlen, das sieht man ihm an. Später wird er von der Fotografin auch noch aufgefordert, mit zwei alten Koffern zu posieren, die sie aus ihrer Requisitensammlung mitgebracht hat. Auch darüber ist er nicht sonderlich begeistert, doch er lässt es über sich ergehen. Es ist die Kehrseite des Ruhms. Er weiss das.

Aufgewachsen ist Wiesnekker in Zürich, die Eltern kommen aus Holland, Roeland geht in Schuls ins Internat, spielt dort gerne Theater, fängt eine Kochlehre an, bricht ab, versucht sich als Krankenpfleger im Spital, bricht ab, meldet sich am Schauspielhaus Zürich und: Er reüssiert. Wiesnekker: «Der Anfang war schwer, ich wusste, dass ich auf die Bühne gehöre, aber ich erhielt wenig gute Rollen, und Kompromisse wollte ich nicht eingehen.» Er kam gerade so über die Runden, ging zwischendurch auch stempeln, «nichts

**In der Mitte des Lebens**

**Der 40. Geburtstag:** «Ich werde am Sonntag mit ein paar Freunden feiern. Kein grosses Fest. Ich ziehe keine Zwischenbilanz.»
**Weihnachten:** «In meinem aktuellen Film trifft sich eine Patchwork-Familie zu Weihnachten, alles geht drunter und drüber. Früher feierte ich auch so, heute ist es ruhiger, meine Familie, ein Baum, wie es sich gehört.»
**Berufliche Zukunft:** «Ich drehe die letzten Folgen der Pro-7-Serie ‹Dr. Psycho›, danach habe ich frei. Angebote sind genug da, noch ist nichts spruchreif.»

tun», sagt der Vielbeschäftigte heute, «ist ein Scheissgefühl.» Zweifel kamen auf, Neid, doch er blieb sich immer treu. «Ich ging nie an irgendwelche Anlässe, um mich bei Regisseuren anzubiedern. Das ist nicht meine Art. Ich ging lieber in die nächste Kneipe und fragte mich nächtelang, wieso mich keiner entdeckt. Immer schon wollte er sich durch seine Arbeit empfehlen, «nicht durch Gequatsche».

Dann kam «Strähl», die Rolle des angeschlagenen Drogenfahnders in Zürich, und mit «Strähl» kamen der Erfolg, die Preise und die Premieren. Jetzt sitzt Wiesnekker in einer Hotellobby in Berlin, hat jede Menge Arbeit und muss mehr reden, als ihm lieb ist.

Nach dem Gespräch und den Fotos mit den Koffern folgt bereits der nächste Termin, Wiesnekker muss um acht vor dem Palast-Kino über den roten Teppich laufen. Es gibt die, die geniessen jeden Meter, sie lächeln in die Kameras, sie verbiegen sich, winken, sie posieren. Und dann gibt es Wiesnekker. Er lächelt zwar artig mit, doch richtig zufrieden sieht er erst am Ende dieses langen Tages aus, an der Theke des Berliner Nachtklubs, kurz vor Mitternacht, abseits des ganzen Rummels.

Wie hat er noch gesagt? «Ich wollte mich immer durch meine Arbeit empfehlen und nicht durch Gequatsche.»

(Sacha Batthyany in: NZZ am Sonntag, 25. November 2007)

## 11.9 Otto Schily: Der doppelte Otto

»Vor einem Vierteljahrhundert verteidigte der Anwalt Otto Schily Terroristen gegen den Staat. Heute verteidigt der Minister Otto Schily den Staat gegen Terroristen. Annäherung an einen Mann, der sich Fragen nach biografischen Brüchen verbittet.

*Die Kaufhaus-Brandstifterin Gudrun Ensslin, die später zur RAF-Terroristin wird, berät sich im Oktober 1968 mit ihrem Verteidiger Otto Schily. Er vertritt sie sieben Jahre danach auch im großen RAF-Prozess in Stuttgart Stammheim.*
Im 13. Stock seines mächtigen Ministeriums sitzt – jenseits der Sicherheitsschleusen und Durchleuchtungsgeräte – ein fast 70-jähriger und will nicht mehr nach früher gefragt werden. Vor den Panoramafenstern der fahle Tag, drunten, im Trüben, Berlin. Das Jahr 2001 geht zur Neige, und die Sonne erholt sich auch zur Mittagszeit nicht mehr. Früher – das ist zu lange her.

Ein Innenministerium ist kein Ort des In-Sich-Gehens, dieser Tage weniger denn je. Der Mann hat größere Sorgen als ein Mensch sie haben kann: Werden sich Flugzeuge in Atommeiler bohren, Raketen in ausverkaufte Fußballstadien, wird bald Gift das Trinkwasser einer Großstadt verseuchen? Er muss eine Republik vor solchen apokalyptischen Anschlägen von Terroristen schützen, die zum Letzten entschlossen scheinen. Al-Qaida soll die Gruppe heißen und ihr Führer Osama bin Laden. Es sind Männer, denen das Menschenleben nichts gilt, das fremde nicht, das eigene nicht. Werden sie aus dem arabischen Raum eindringen? Oder bewegen sie sich unerkannt schon unter uns? Das sind Otto Schilys Dimensionen der Bedrückung.

Seine Stimmungsaufheller sind neue, harte Schily-Gesetze: Mehr Macht der Polizei, mehr Einblicke dem Geheimdienst, ausgedehnte Ermittlungen von Sicherheitskräften, V-Männer, Überwachung ohne Verdacht, elektronisches Lauschen, Fingerabdrücke, Gesichtsraster – ein ganzes Volk will er erkennungsdienstlich behandeln. Doch der Innenminister, den die Presse »Polizeiminister« nennt, bei dem Politiker linker und liberaler Parteien »despotische Wahnvorstellungen« und den »Verlust jeder Balance« diagnostizieren, ist zum ersten Mal unter die beliebtesten Politiker des Landes geraten. Er jettet nach Amerika, hastet mit dem Kanzler nach Pakistan, eilt nach Indien, um in der ersten Reihe der globalen Antiterrorfront zu stehen gegen Selbstmordattentäter, gegen deren Schirmherren und Sympathisanten in Afghanistan, im Irak und anderswo. Er verteidigt seine Sicherheitsgesetze mit scharfen Hieben in Sitzungen, im Bundestag, im Fernsehen. Er tritt auf wie einer, der alle Höflichkeit längst hinter sich gelassen hat. Alle reden auf ihn ein, fragen ihn, wollen ihn sprechen. Und nun soll er an jenem bleiernen Tag im 13. Stock seines Machtapparates nicht über Sicherheit reden, sondern über sich. Und über früher. Ach, sagt sein Blick, lass mich in Ruh'. Ein Vierteljahrhundert früher, da steht vor einem Maschendrahtzaun, hinter dem sich das Betonmassiv des Hochsicherheitsgefängnisses Stuttgart-Stammheim auftürmt, ein Mann in den Vierzigern im eleganten Dreiteiler vor der Fernsehkamera und lässt sich fragen. Er trägt die Krawatte korrekt gebunden und kneift die Augen zusammen, die Frühlingssonne scheint ihm ins Gesicht. Ein knospendes Bäumchen wiegt sich im Hintergrund. Das Jahr 1975 ist noch jung. Der Mann erklärt dem Reporter vom Südwestrundfunk, dass er, als Verteidiger der Terroristin Gudrun Ensslin, einen politischen Prozess für seine Mandantin führen werde. Was das sei? »Politischer Prozess bedeutet, dass in dem Prozess dargestellt werden kann, was die politischen Ziele der Rote-Armee-Fraktion sind«, sagt Otto Schily. Er intoniert es näselnd, beinahe arrogant.

Und was waren die politischen Ziele von Andreas Baader, Ulrike Meinhof, Gudrun Ensslin und Jan Carl Raspe, deren Hauptverhandlung am 21. Mai 1975 vor dem Stuttgarter Oberlandesgericht begann? »Dass der Krieg in die Wohnviertel der Herrschenden getragen wird«, wie sie dem Volke mitteilten. »Vernichtung, Zerstörung, Zerschlagung des imperialistischen Herrschaftssystems – politisch, ökonomisch, militärisch«, wie Ulrike Meinhof meinte. Dass sie der »verbrecherischen Politik einer imperialistischen Supermacht«, der USA, das »politische Verbrechen« entgegensetzten, wie es der Verteidiger Otto Schily zusammenfasste.

Im Stammheimer Verfahren waren vor allem Anschläge auf US-Militäreinrichtungen in Frankfurt und Heidelberg angeklagt, bei denen 1972 mehrere amerikanische Soldaten getötet oder schwer verletzt wurden. Die Anklage lautete auf Mord und Mordversuch. Was blieb den Verteidigern in der Materialschlacht mit der Bundesanwaltschaft, angesichts der Indizienflut, unter der sich die Tische bogen, übrig, als sich für die Veredelung der Motive ihrer Mandanten einzusetzen? Der Staat zog alle Register, um dieses Verfahren zu gewinnen. So führten die Verteidiger, darunter Otto Schily, den politischen Prozess: Man wollte beweisen, dass die Terroristen die höchste Unmoral letztlich aus moralischen Gründen vollbracht hatten. Otto Schily wird bekämpft: von der Justiz, von den Sicherheitsbehörden, von voreingenommenen Politikern, deren Methoden und Weltsicht er gnadenlos angreift. Und er wird getragen: von der Sympathiewelle der außerparlamentarischen Opposition und der Studenten, die in ganz Deutschland auf die Straße gehen. Viele 20-jährige der Siebzigerjahre sehen in den Terroristen Helden im Kampf gegen das Weltenunrecht und im erfolgreichen Anwalt Otto Schily den Herold ihrer jugendlichen Überzeugungen. Er kommt ihnen vor wie die intelligenteste Waffe gegen den verhassten Staat – zumal er sich an die Kleiderordnung des Kapitalismus hält.

Im RAF-Prozess schlägt Schilys große Stunde, das erzählen alle, die dabei waren, und die Tonbandmitschrift, die das Verfahren dokumentiert, erzählt es auch. Die Mehrzweckhalle des Stammheimer Gerichtsgebäudes wird Schilys Probebühne der Beredsamkeit, hier beginnt seine Karriere als Politiker. Der Saal ist eine Traumanlage für den großen Auftritt. Vor dem Publikum tut sich eine

Arena auf, die Platzmikrofone garantieren maximale Wirkung auch der leisen, ja geflüsterten Worte. Hier, wo die Richter über politisch verwirrte Straftäter zu Gericht zu sitzen glauben, macht Schily der Machtpolitik der USA den Prozess. Anklage: Völkermord in Indochina. Die Schrecken des Vietnamkrieges lässt er auferstehen, napalmverbrannte Kinder ziehen vor dem geistigen Auge des Publikums vorbei, im Zeugenstand will er Präsident Nixon sehen und die Führung des Verteidigungsministeriums der USA, das er »Kriegsministerium« nennt. Kann man hinnehmen, dass solche Gräuel von deutschem Boden aus unterstützt werden?, fragt er. Ist es nicht gerechtfertigt, gegen solche Mordapparaturen, quasi in Notwehr, gewaltsam vorzugehen? Was wäre eigentlich, wenn heute jemand angeklagt wäre, im »Dritten Reich« einen Sprengstoffanschlag auf das Reichssicherheitshauptamt verübt zu haben, bei dem Menschen starben? Würde man nicht genau überprüfen, welche verbrecherischen Aktionen von diesem Reichssicherheitshauptamt bei der Vernichtung der Juden gesteuert wurden und welche verbrecherischen Aktionen durch den Anschlag verhindert worden seien? Die Richter sind fassungslos. Eberhard Foth, später Richter am Bundesgerichtshof, erinnert sich, damals gedacht zu haben: »Was will der Mann? Was verspricht er sich davon? Soll das politische Geschwätz etwa Verteidigung sein? Warum macht er das?« Es ist der bedeutendste und größte Strafprozess der Republik und gleichzeitig das größte denkbare Missverständnis: hier die Justiz, die nun nach Jahren der Ermittlung endlich zur Beweisaufnahme schreiten will, dort der Verteidiger Otto Schily, der die Indizienberge der Bundesanwaltschaft »Schrotthaufen« nennt und die Straftaten der Terroristen endlich ins Verhältnis rücken will zu den Schrecken und zur Niedertracht der Weltpolitik.

*Fragen im November 2001: Herr Minister, könnten Sie sich heute vorstellen, mutmaßliche Terroristen zu verteidigen? Wäre bin Laden ein attraktiver Mandant?*
Ich habe gelernt in der Politik, dass man nie auf hypothetische Fragen antworten darf.
*Die Frage richtet sich nicht an den Politiker Schily, sondern an den Verteidiger im Politiker.*
Den Verteidiger sehen Sie nicht. Ich habe meinen Anwaltsberuf ruhen lassen. Die Frage stellt sich also nicht. Aber wenn bin Laden hier vor Gericht gestellt würde, hätte er selbstverständlich Anspruch auf einen Verteidiger.
*Auch auf einen, der ihn politisch verteidigt?*
Wie er ihn verteidigt, das müsste der Verteidiger schon selbst entscheiden. Es müsste allerdings im Rahmen der rechtsstaatlichen Ordnung geschehen.

*Sie haben früher mutmaßliche Terroristen verteidigt, und Sie haben es politisch getan. Es ging damals um Verständnis für die Motive und vielleicht sogar um Rechtfertigung der Taten ...*

... um Rechtfertigung ging es nicht. Es ging darum, die Möglichkeit zu schaffen, dass ein Angeklagter im Strafprozess darstellen kann, wie das, was er erreichen wollte, politisch einzuordnen sei... Aber – ich werde jetzt nicht das Stammheimer Verfahren mit Ihnen durchnehmen. Damit Sie sich gleich darüber im Klaren sind.

*Warum nicht?*

Das ist für mich eine abgeschlossene Geschichte. In der öffentlichen Wahrnehmung würde das, glaube ich, nicht den richtigen Zugang zum Thema eröffnen.

*Nun ist es natürlich besonders interessant, sich mit Ihnen zu unterhalten, weil Sie ein Mensch mit Brüchen in der Biografie sind.*

Das sagen Sie!

*Studiert man Ihre Beweisanträge von damals und Ihre heutigen Reden vor dem Bundestag, fragt man sich schon, wie Sie von A nach B kommen.*

Man soll die Rolle eines Verteidigers nicht verwechseln mit der Rolle eines Ministers.

*Aber Sie sind doch nicht nur Rollen. Sie sind doch auch ein Mensch.*

Es geht um die Bestimmung einer Aufgabe. Die Aufgabe eines Verteidigers ist sehr einseitig, das ist etwas anderes als ein politisches Mandat. Insofern muss man die beiden Aufgaben klar auseinander halten. Den Verteidiger neben den Minister zu stellen gibt ein schiefes Bild. Um den Verteidiger Schily kennen zu lernen, kommen Sie ein bisschen zu spät. Und ich würde heute – entsprechend dem, was ich denke und fühle und was meinen Überzeugungen entspricht – auch als Verteidiger nicht alles wieder sagen, was ich damals gesagt habe. Doch ich kann alles, was ich gesagt und getan habe, im rechtsstaatlichen Rahmen gut verantworten. Man muss das aber auch aus der Zeit und der Entwicklung verstehen und interpretieren. Und es gehört zu meinen wirklich positiven Erfahrungen, dass mir einer der damaligen Anklagevertreter ...

*... ein Bundesanwalt ...*

... ein Bundesanwalt, zu dem ich ein faires Verhältnis hatte, gratuliert hat, als ich ins Amt des Bundesministers berufen wurde.

Heute sind die ehemaligen RAF-Mandanten des Otto Schily fast alle tot. Sie haben sich erhängt oder zu Tode gehungert. Einer allerdings ist bei guter Gesundheit und sieht von seinem Berliner Wintergarten aus den draußen ausgebreiteten Walnüssen beim Trocknen zu. Mit dem bärtigen, dick bebrillten Rübezahl, der er einst war, hat er keine Ähnlichkeit mehr. Er saß als Terrorist eine Dekade im Gefängnis, jetzt sitzt er in der NPD. Das ist Lebenslogik beim Rechtsanwalt Horst Mahler, denn er ist ein Querulant. Jetzt, da es die extreme Linke nicht mehr gibt, hat er seine frei flottierenden zänkischen Potenziale bei den Rechtsextremen untergestellt.

»Wir waren Peanuts gegen die«, sagt Mahler und meint die Revolutionäre der Al-Qaida und den Terroristen bin Laden. »Aber das Denken war das Gleiche.« Als Kamikazeflieger das World Trade Center in Schutt und Asche legen – was für ein Coup! »Ein perfektes Bild.« Die Baader-Meinhof-Gruppe wählte da einen weit bescheideneren Auftakt, Andreas Baader und Gudrun Ensslin zündeten 1968 nachts ein Frankfurter Kaufhaus an. Das Feuer wurde gleich entdeckt, niemand kam zu Schaden. Mahler, damals noch als Baaders Verteidiger dabei, sieht im Rückblick seinen Kollegen Otto Schily beim Kaufhausbrand-Prozess »mit Tränen in den Augen« die Richter beschwören, dass ein Volk froh und dankbar sein solle, wenn es Menschen habe, die ihr privates Glück der Kritik des Systems opferten. Schily, sagt Mahler, »war sicher nie ein Revolutionär, er war in diesem Staatssystem zu Hause, aber er beherrschte die Grammatik des Volkskriegs«.

Das bestätigen auch andere, die Schily von früher kennen. Er sei einer gewesen, der sich – ohne seinen Bürgersinn zu prostituieren, ohne sich mit ihnen gemein zu machen – in Menschen hineindenken konnte, die sich aus Gewissensgründen dem Kampf um eine bessere Welt widmeten, die »im Keim die revolutionäre Gerechtigkeit in sich trugen«, wie die RAF gesagt hätte. Solche Terroristen sind keine Verlierertypen, sie sind oft intelligent, aus ihnen könnte Großes werden, sie haben alle Chancen und verschreiben sich doch einem Krieg, der nicht zu gewinnen ist.

Dazu gehört die sensible und moralische Pastorentochter Gudrun Ensslin, die gegen das Grauen von Vietnam aufstehen wollte, weil die Elterngeneration sich nicht getraut hatte, gegen die Nazis aufzustehen, und die sich 1977 in ihrer Stammheimer Zelle erhängte. Dazu gehört der ehrgeizige Student der Technischen Universität Hamburg, Mohammed Atta, integrierter Musterknabe, ein Paradekandidat für Schröders Green Card, Sohn eines ägyptischen Anwalts, der am 11. September 2001 mit dem Flieger in den Nordturm des World Trade Centers raste. Was den Kern der RAF und den von Al-Qaida bei aller Unvergleichlichkeit der Terrorgruppen miteinander verbindet, ist das Verzweifeln an politischen Zuständen und eine Heilserwartung, eine Hoffnung auf paradiesische Zustände im Diesseits, mag man sie Gottesstaat oder Weltgerechtigkeit nennen. Was sie verbindet, ist der Glaube daran, dass sich das Elysium herbeibomben ließe. Horst Mahler sagt: »Wir hätten es damals nie zugegeben, aber heute weiß ich, wir, die RAF, waren eine tiefreligiöse Gruppe.« Im Lehrstück »Die Maßnahme« von Bertolt Brecht, dem Evangelium der einstigen RAF, heißt es:

»Furchtbar ist es zu töten.
Aber nicht andere nur, auch uns töten wir,
wenn es Not tut
Da doch nur mit Gewalt diese tötende
Welt zu ändern ist, wie
Jeder Lebende weiß.«

Der Innenminister Otto Schily befindet sich »im Gespräch mit Prof. Nida-Rümelin«, seinem Kabinettskollegen und Staatsminister für Kultur. Er hat ihn zu diesem Zweck in seinen Wahlkreis nach Ottobrunn bei München gebeten. Es ist der Abend des 19. Oktober 2001, vor fünf Wochen sank das World Trade Center in sich zusammen. Geladen wurde zu einer »hochkarätigen Kulturveranstaltung«, Thema ist »die Beziehung von Kultur und Gesellschaft«, der Spiegel hat in dieser Woche mit dem Krieg der Welten aufgemacht. Die Reihen des Saales sind voll gepfropft mit gespannten und gebildeten Ottobrunner Bürgern. Schily stellt Nida-Rümelin als »den Philosophen im Kanzleramt« vor und sagt, bei Terror dürfe man auf polizeilich-militärische Maßnahmen nicht verzichten, aber langfristig sei eine »geistig-politische Auseinandersetzung« die rechte Strategie. Nida-Rümelin nickt. Dann beginnt das hochkarätige Gespräch: Die Entlohnung von literarischen Übersetzern wird gerügt, die Besteuerung von Künstlern diskutiert und das Wirken und Werden von Stiftungen ausgebreitet. Als das Volk nach 50 Minuten Fragen stellen darf, erhebt sich einer, dessen graues Haar zum Pferdeschwänzchen gebunden ist, und fragt, wo denn der Terrorismus bleibe und der Kampf der Kulturen. Darauf kommen wir zurück, verspricht Schily. Nachdem dann noch die bayerische Kulturpolitik zu ihrem Recht gekommen und die Zeit fast verstrichen ist, fragt der Innenminister: »Wie können im Globalisierungsprozess die Kulturspannungen überwunden werden? Die westliche Zivilisation wird als böse gesehen, man will sie unter Hinnahme von Toten bekämpfen.« Der Philosoph im Kanzleramt senkt ratlos die Denkerstirn. Schily räsoniert: »Bin Laden ist Multimillionär, es geht also nicht um die Ungerechtigkeit der Welt.« Nida-Rümelin postuliert einen »globalen Konsens, dass ein solcher Terrorakt inakzeptabel ist«, und dann sagt Schily einen Satz, der auch schon im Bundestag einschlug: »Der Terror beginnt in den Seelen der Menschen.« Ja. Und wer wüsste das besser als Otto Schily? Wer hat einen tieferen Blick in die Seelen dieser Menschen getan als er? Wer, außer ihm, kennt hier die Grammatik des Volkskriegs? Es ist der einzige gute Satz dieses Abends, die geistig-politische Auseinandersetzung könnte losgehen. Doch jetzt ist die Veranstaltung leider zu Ende. In Nürnberg steht der Innenminister Schily auf der feierlichen Bühne des Opernhauses und hält eine

Rede. Es ist die Verleihung des 4. Internationalen Menschenrechtspreises und der Tag 5 nach dem großen Fall der Türme zu New York. Der mexikanische Bischof Monsignore Samuel Ruiz Garcia erhält die Auszeichnung dafür, dass er als Vermittler einen Bürgerkrieg zwischen den radikalen Zapatisten, der revolutionären Speerspitze der entrechteten Indios, und der mexikanischen Regierung verhindert hat. Er überlebte mehrere Mordanschläge. Schily würdigt die Furchtlosigkeit des Bischofs. Dann spricht er über Terrorismus und dessen Wurzel im »hasserfüllten religiösen Fanatismus« und von der geistig-politischen Auseinandersetzung, die der polizeilich-militärischen auf dem Fuße folgen müsse. Er ruft nach der »Erkenntnisfähigkeit unserer geistvergessenen Welt« und mahnt, das Verbrechen beginne in den Seelen der Menschen. Als die Rede vorbei ist, rauscht der Beifall.

Der Besänftiger der Aufständischen, Bischof Garcia, hatte zuvor über den New Yorker Anschlag gesagt: »Der amerikanische Präsident Bush sollte darüber nachdenken, warum die Vereinigten Staaten eine solche Reaktion heraufbeschworen haben. Welche Sachen sie gemacht haben in der so genannten Dritten Welt, wo Orte angegriffen wurden unter dem Vorwand, die Menschenrechte zu verteidigen. Die Dritte Welt erlebt praktisch Tag für Tag die Ungerechtigkeit, und die Eingeborenen werden verachtet, werden ausgegrenzt, als Ergebnis der Globalisierung, auf die sich die Wirtschaftsmacht konzentriert.« Und der Laudator des Bischofs, der argentinische Friedensnobelpreisträger Adolfo Perez Esquivel, sagt: »Wir werden ernten, was wir gesät haben.« Esquivel kommt aus einem Kontinent, der den Terrorismus gut kennt, und schildert die »Mechanismen der Unterdrückung« Südamerikas, »dem die Doktrin der Nationalen Sicherheit aufoktroyiert wird«. Die Völker seien »Terror in Form von Folter, Gefängnissen, Ermordungen und dem Verschwinden von Menschen ausgesetzt«. Und die USA hätten jenen »systematischen Plan der Zerstörung und Unterwerfung«, den »Massenmord an den Völkern« tatkräftig mitunterstützt. Im Auditorium hört Otto Schily zu, in der ersten Reihe.

Am selben Sonntagabend sitzt der Innenminister in der politischen Talkshow »Christiansen«, undurchdringlich wie ein tausendjähriger Berg. Die Runde müht sich, die Hassentladung von New York zu deuten. Schily sagt, die Anschläge hätten mit den USA ein Land getroffen, das für die Menschenrechte stehe und uns die Demokratie gebracht habe: »Wir schulden Amerika Dank, der nicht bei Worten stehen bleiben darf.« Als der nuschelnde Landsknecht Peter Scholl-Latour plötzlich die Politik der USA geißelt und ihnen vorwirft, Unterdrückung und Despotie in islamischen Ländern gefördert zu haben, wird Schily grantig: »Wir wollen mal hier nicht den amerikanischen

Generalstab spielen.« – »Wir werden in ein allgemeines Schlamassel« geraten, kann Scholl-Latour noch loswerden, bevor Schily und Volker Rühe gemeinschaftlich über ihn herfallen. Gegen Ende der Sendung sagt Schily noch, dass »das Verbrechen aus dem Menschen« komme. Auch die geistig-politische Auseinandersetzung mit dem Terrorismus, die der polizeilich-militärischen folgen müsse, hat er in der Sendung untergebracht. Und ist in seinen Gedanken stehen geblieben.

Warum? Was geistig-politische Auseinandersetzung ist, weiß Otto Schily doch. Er wollte sie als Verteidiger erzwingen für seine Mandanten der Siebzigerjahre. Er nötigte in Beweisanträgen, in Plädoyers, in Auftritten vor Studenten den feindseligen deutschen Staat, die hysterische deutsche Gesellschaft dazu, sich mit jenen verlorenen Söhnen und Töchtern zu befassen, in deren Seelen das Verbrechen begann. Schily lief gegen die Wände der Denkverbote, gegen das: Wer-nicht-für-uns-ist-ist-gegen-uns. Er wollte – selbst Sohn aus gutem Hause – beweisen, dass eine missgestaltete persönliche Entwicklung auch politische Ursachen haben kann, zeigen, woher Terrorismus rührt. Und heute? Heute spricht Otto Schily, der Minister, und viel interessanter als was er spricht, ist das, worüber er schweigt. Er beschwört die geistig-politische Auseinandersetzung mit dem arabischen Terror und seinen Ursachen, kommt aber über die Erkenntnis, der Fundamentalismus sei schuld, nicht hinaus. Er nimmt das Wort »Nahost« nicht in den Mund, wo seit Generationen ein arabisches Volk Steine gegen von Amerika bezahlte Panzer wirft und nicht von ungefähr die Wiege der Selbstmordattentäter steht. Er nimmt das Wort »Irak« nicht in den Mund, wo sich ein von westlicher Machtpolitik gepäppelter Diktator am Thron festkrallt, der jetzt nur noch mit Gewalt in Schach gehalten wird und sich heimlich wiederbewaffnet.

Kein Wort von den Diktaturen des Mittleren Ostens, die von der westlichen Welt gehätschelt werden. Er spricht nicht von kurzsichtiger westlicher Geopolitik, die gestern den Fanatikern der Taliban zugute kam und heute den Banden der Nordallianz. Er scheut sich, über die Ohnmachtsgefühle der arabischen Welt auch nur laut nachzudenken. Er sieht nicht, dass sich hier die Jugend des Orients zusammenballt, die gegen politische Supermächte anstürmt, die dem Islamismus mit der gleichen sinnstiftenden Leidenschaft anhängt wie die Jugend des Okzidents einst dem Marxismus, die in Osama bin Laden, diesem Fleisch gewordenen Heiligenbild, ihren Che Guevara gefunden hat, ihren einsamen Helden, ihren Weltbekrieger, Welterretter, ihren Jesus Christus mit der Knarre.

Geistig-politische Auseinandersetzung? Um Otto Schily herrscht nicht Auseinandersetzung, sondern Denkverbot. Das Wer-nicht-für-uns-ist-ist-gegen-uns propagiert er nun selber. Der Terrorismus hat mit dem Westen nichts zu tun, sagt Schilys Haltung, er trifft ihn bloß. Wer fragt: Warum hassen die uns so?, macht schon gemeinsame Sache mit dem Feind. Früher rüttelten ihn Fernsehbilder toter Kinder aus Vietnam auf. Was ist heute mit den toten Kindern aus Afghanistan? Vom inneren Leid der Gudrun Ensslin zum Leid des Mohammed Atta kann er keine Brücke schlagen. Deshalb ist die geistig-politische Auseinandersetzung des Otto Schily inzwischen das gleiche verbale Leergut wie die geistig-moralische Wende des Helmut Kohl. 27. April 1977: Der aufsässige Verteidiger Otto Schily hält sein Plädoyer im Stammheimer Terroristen-Prozess. Doch er spricht nicht im Gerichtssaal – die RAF-Anwälte haben diesen nach der Enthüllung einer Abhöraffäre aus Protest verlassen. Ihre Plädoyers halten sie nun in einem Saal des Stuttgarter Park Hotels. Nicht vor Richtern, vor Journalisten. Die sind scharenweise gekommen und mit ihnen die Sicherheitskräfte zum Schütze des Staates. Alle schreiben kräftig mit. »Terrorismus«, sagt Schily hier, »ist eine propagandistische Schablone, nichts anderes. Die amerikanischen Befreiungskämpfer gegen die britische Kolonialmacht wurden als Terroristen diffamiert. Terroristen nannte Goebbels die russischen Partisanen und die französischen Widerstandskämpfer.« »Terroristen«, fährt er fort, »nennt man heute noch die Befreiungskämpfer in Rhodesien, in Südafrika, in Südwestafrika – in Namibia, Terroristen nannte man die Freiheitskämpfer gegen Franco, Terroristen hießen auch die Freiheitskämpfer gegen die faschistische griechische Junta, Terroristen heißen die Iraner, die gegen das autoritäre Regime im Iran kämpfen, und heißen die Vietnamesen, die gegen die französische und später gegen die amerikanische Kolonialherrschaft gekämpft haben, und Terroristen hießen sogar jene Amerikaner, die gegen ihre eigene Regierung wegen dieses verbrecherischen Krieges gegen Vietnam gekämpft haben.« Eingedenk solcher Traditionen sei es »nahezu ein Ehrenname für die Gefangenen der Rote-Armee-Fraktion, wenn man sie Terroristen nennt«.

Dies Plädoyer ist lange her. Es stammt aus der Eiszeit des Kalten Krieges, aus der heißen Zeit der Studentenbewegung, als die Generation Otto noch Gerechtigkeit für die Welt forderte. Heute ist Otto Schily Innenminister, und seine Reden sind andere. Heute tritt er für Gesetze ein, gegen die er damals auf die Barrikaden gegangen wäre, und heute stünde er wohl selbst ganz oben auf der Abschussliste jener Leute, die einmal seine Mandanten waren. Schily mahnt im Bundestag die »Unverbrüchlichkeit der Freundschaft zu Amerika« an und erinnert an »die jungen Amerikaner, die zu uns gekommen sind, um die Demokratie in Deutschland aufzubauen«. Der bayerische Innenminister Beckstein nennt Schilys Lob der USA ironisch: »Rache der Geschichte«.

*Herr Minister, hat sich Ihr Bild von den USA geändert?*

Ich hatte im Prinzip – ungeachtet sehr kritischer Äußerungen in den Siebzigerjahren – ein sehr positives Bild von Amerika. Das hängt auch damit zusammen, wie die Amerikaner mir begegneten. Wir haben sie 1945 durchaus als Befreier gesehen. Ich war hungrig damals als Kind. Ich hatte sogar Hungerödeme. Dass die jungen amerikanischen Soldaten ihre Essensrationen mit den Kindern ihrer Kriegsgegner teilten, habe ich nicht vergessen.

*Sind Ihre Kindheitserinnerungen jetzt wieder stärker als die politische Sicht auf dieses Land, die Sie im mittleren Alter hatten?*

Ich hatte ja die unterschiedlichsten Begegnungen mit Amerikanern, überwiegend positive. Die Kennedy-Brüder waren für uns Idole. Die Kritik kam dann eben mit den Ereignissen in Persien und Indochina. Aber auch später in der Grünen-Zeit gab es trotz scharfer Auseinandersetzungen über Nachrüstung immer auch einen guten Kontakt. Persönlichkeiten wie den ehemaligen Botschafter John Kornblum habe ich immer sehr geschätzt, oder Arthur F. Burns, seinen Vorgänger – ein sehr integrer Mann –, der viel Geduld aufgewandt hat, um den Grünen zu vermitteln, wie die Politik der USA zu verstehen ist.

*Hatte die politische Verteidigung der Gudrun Ensslin damals irgendeinen Vorteil für die Vietnamesen? Wussten die davon, dass ihr Problem soeben in deutschen Gerichtssälen ausgebreitet wird?*

Das glaube ich nicht. Aber es gab ja jenseits des Stammheimer Prozesses große Demonstrationen gegen den Vietnamkrieg, hier in Berlin zum Beispiel. Und diese Demonstrationen gab es übrigens auch in Amerika. Damit verbindet sich ein Lob an Amerika: Dort war es möglich, dass man demonstrieren konnte – gegen die eigene Kriegsführung. Viele Intellektuelle haben sich daran beteiligt. Es wäre ein Riesenfehler, wenn man die Kritik an einer einzelnen politischen Maßnahme, also dem Vietnamkrieg, als Antiamerikanismus deutete. Das ist schlicht falsch.

*Amerika ist eine Supermacht, sie betreibt Machtpolitik und ist daher natürlich auch moralisch leicht anzugreifen.*

Das Problem hat doch einen anderen Aspekt. Lon Nol war ein schlimmer Verbrecher, und es war auch meine Meinung, dass er ganz schnell als Herrscher aus Kambodscha verschwinden sollte. Was dann danach kam, Pol Pot, war um das Zigfache schlimmer. Ähnliches gilt für den Iran: Ich war sehr kritisch eingestellt zum Schah-Regime, aber Khomeini war um das Zigfache schlimmer.

*Das sind doch ganz aktuelle Überlegungen.*

Im 13. Stock seines mächtigen Ministeriums, in dem noch nie jemand gelacht zu haben scheint, sitzt an diesem müden Berliner Tag ein fast 70-jähriger und will nicht mehr nach früher gefragt werden. Er hat vor vielen Jahren innerlich einen Koffer gepackt, alle Erinnerungen, Schriftsätze, Beweisanträge und Plädoyers aus RAF-Zeiten hineingetan und ihn für immer in den Keller gestellt. Menschen am Ende einer großen Karriere reden oft gern über die Zeiten, die sie groß werden ließen. Schily nicht. Vielleicht fürchtet er, dass alles, was er einst sagte, heute gegen ihn verwendet werden könnte? Dann sollte ihm jemand sagen, dass es keine Schande ist, einst die Gerechtigkeit im Übermaß geliebt zu haben und heute den Rechtsstaat im Übermaß zu schützen. Er sollte sich daran erinnern, dass Otto & Co auch deshalb in die Regierung gewählt wurden, weil das Volk Menschen mit einer lebendigen Vergangenheit und mit einem Schuss Rebellion im Gemüt an der Spitze sehen wollte, Menschen mit Brüchen in der Biografie, Menschen, die einmal für mehr gekämpft haben als für ihre Gehaltserhöhung. Und wer Otto Schily im Fernsehen neben dem blassen Friedrich Merz agieren sieht, sieht auch den Unterschied zwischen einem, der einmal etwas verändern wollte, und einem, der schon immer so war, wie er ist.

Schily hat die Terroristen satt. Er muss jetzt die Schwachen schützen, die Menschen wollen Sicherheit und nicht nachdenken darüber, was von was kommt. Er hat die Vergangenheit abgeschüttelt und strickt heute an der Legende vom Otto Schily, der schon immer der war, der er ist. Alle Zweifel an seiner Deutung der eigenen Biografie wäscht er mit der ihm eigenen unnachahmlichen Hoffart vom Tisch, sein Auftreten soll Widerspruch im Keim ersticken. Er habe dem Rechtsstaat früher als Verteidiger gedient und heute diene er ihm als Minister, lautet seine Version. Der Mann ist derselbe, die Rolle eine andere, Punktum. Die Verteidigung der Gudrun Ensslin kommt als saure Pflicht daher. Da muss man dem Juristen Schily die damals geltenden »Grundsätze des anwaltlichen Standesrechts« vorhalten: »Der Rechtsanwalt unterliegt auch als Verteidiger der Pflicht zur Wahrheit«, hieß es in Paragraf 68 Absatz 1 Satz 1 dieser Richtlinien. Lügen darf der Verteidiger nicht, nicht in Beweisanträgen und nicht im Plädoyer. Also muss Otto Schily in den Siebzigerjahren gesagt haben, wovon er überzeugt war, oder geglaubt haben, was er sagte. Und wenn er heute als Innenminister die Wahrheit spricht, dann muss es eben zwei Wahrheiten geben im Leben des

Otto Schily, und es wäre der Anfang einer geistig-politischen Auseinandersetzung, würde er uns erklären, wie er von der einen zur anderen gekommen ist.

Otto Schily wird am 20. Juli 1932 als Sohn eines Bochumer Hüttendirektors geboren. Er studiert Jura und eröffnet 1963 eine Anwaltspraxis in Berlin. 1967 übernimmt er sein erstes politisches Mandat, indem er den Vater des von der Polizei erschossenen Studenten Benno Ohnesorg vertritt. Bekannt wird Schily

Mitte der Siebzigerjahre als Strafverteidiger verschiedener Mitglieder der Rote-Armee-Fraktion (RAF), unter ihnen Gudrun Ensslin. 1980 schließt sich Schily den Grünen an und wird 1983 in den Bundestag gewählt. Von 1984 bis 1986 macht er im Flick-Parteispenden-Untersuchungsausschuss auf sich aufmerksam. In den Flügelkämpfen der Grünen steht Schily auf der Seite der »Realos«, bevor er 1989 zur SPD wechselt, wo er 1994 stellvertretender Fraktionschef wird. Im Herbst 1998, in der rot-grünen Koalition, wird Schily Bundesinnenminister. Er setzt sich unter anderem für eine Reform des Staatsbürgerschaftsrechts ein. Nach dem Terrorangriff auf das World Trade Center am 11. September bringt er Antiterrorgesetze auf den Weg, die die Rechte der Sicherheitsbehörden stark erweitern sollen.«

(Sabine Rückert in: Die Zeit, 22. November 2001. Foto: M. Rehm/dpa)

**Fotoblock 5: Vereinsmenschen**

Auf einem einzigen Bild muss erkennbar sein, welche Eigenschaften die porträtierte Person besitzt oder wie seine Tätigkeit, sein Beruf seine äußere Erscheinung prägen. Die Hauptschwierigkeit liegt darin, dass die meisten Menschen in ihrem Alltag nicht gewohnt sind, im Rampenlicht zu stehen und eher camerascheu sind.
(Fotos: Caroline Minjolle/für das Buch »Der Verein von A-Z«)

Kevin Nolle, Schweizer Landjugend

Marlene Landis, Bibliothekarin

Ute Blasche, Tauchklub Dreizack

Thomas Friedli, Klub für lange Menschen

## 12　Aus der Sicht Oft-Porträtierter

Bis hier ist das Porträtbuch aus Sicht von Journalistinnen und Journalisten geschrieben. Doch das ist nur die eine Seite. »Porträts«, sagte Peter Handke einmal, »gibt's eh nur innere.« Und alle verstehen auch diese wieder etwas anders. Porträtierter, Journalist und Konsument bringen je ihren Anteil mit ein. Deshalb hat uns interessiert, wie sich Oft-Porträtierte zu dieser Form stellen. Wir haben einige nach ihren Erfahrungen, ihren Wünschen und Anregungen gefragt. Zum Teil haben sie ihre Beiträge selbst formuliert, mit anderen haben wir Gespräche geführt. Ermutigend für die Porträtarbeit ist, dass sich die beschriebenen Personen eine echte, kritische Begegnung und Auseinandersetzung wünschen, dass sie es mögen, wenn ihre Ansprüche gespiegelt werden und dass einseitige Lobeslieder keineswegs befriedigen.

Eigenständigkeit ist eine andere Forderung: Die Porträts sollen sich nicht allzu sehr gleichen, unterschiedliche Gewichtungen sind durchaus gefragt. Ein Plädoyer für eine mutige, eigenständige Porträtpraxis.

### 12.1　Keto von Waberer (Schriftstellerin, München): »Ansprüche der porträtierten Person spiegeln«

*Sie sind oft und wohl in allen Medien porträtiert worden. Ist das Lust oder lästige Pflicht?*

»Es ist eine lästige Pflicht. Man muss sich einem fremden Menschen öffnen und weiß nicht, was der daraus macht. Und oft sind Porträtgespräche auch langweilig, weil immer die gleichen Fragen gestellt werden.«

*Welches war Ihr bestes Erlebnis – und weshalb?*

»Ich hatte kein wirklich herausragendes Erlebnis. Viele Gespräche und dann auch die Porträts waren o.k. Aber ich habe mich kaum wirklich verstanden gefühlt. Oft fehlt halt auch die Zeit, um wirklich Nähe zu entwickeln. Schön finde ich, wenn die Journalisten vorbereitet kommen, wenn sie sich mit meinen verschiedenen Facetten, mit meinem Werk befasst und mehrere Bücher gelesen haben. Ich möchte über mein Werk, meine Arbeit betrachtet werden.«

*Was erlebten Sie besonders negativ?*
»Ich hatte auch kein wirklich schlechtes Erlebnis. Irritiert bin ich, wenn jemand gar nichts über meine Literatur weiß.«
*Zu einem Porträt gehört auch Persönliches, Privates. Wo liegen da für Sie die Grenzen?*
»Ich bin ein offener Mensch und geneigt, alles Mögliche preiszugeben, wenn die Gesprächsatmosphäre stimmt. Ich wünsche mir, dass die Journalisten damit sorgfältig umgehen. Ich stehe zu dem, was ich sagte, bin aber doch froh, wenn ich den Text vor der Publikation lesen, die Sendung vor dem Ausstrahlen hören kann.«
*Ein differenziertes Porträt beleuchtet auch Schwierigkeiten und Schattenseiten. Was raten Sie Journalisten in diesem Bereich?*
»Ich finde es interessant, was ein Mensch geleistet hat. Journalisten sollen davon ausgehen und Ansprüche der porträtierten Person spiegeln, bzw. hinterfragen. Gerade bei Literaten finden sich im Werk sehr viele Spuren. Mit dem Licht der Literatur kann das Private beleuchtet werden. Es ist legitim, wenn Widersprüche innerhalb des Werkes, aber auch zwischen Aussagen der Autorin und Aussagen im Werk aufgedeckt werden.«
*Verlangen Sie von einem Porträt, dass Sie sich in jeder Eigenschaft wiedererkennen?*
»Das scheint mir ein zu hoher, kaum einlösbarer Anspruch. Man kennt sich selbst ja auch nicht vollumfänglich, und sieht sich nicht immer gleich. Es wäre jedoch wunderbar, wenn ich im Porträt neue Eigenschaften von mir erkennen würde. Dies würde ein freudiges Erstaunen auslösen.«
*Lesen, hören oder schauen Sie Porträts? Weshalb? Und welche besonders gern?*
»Ja, ich lerne gerne neue Menschen kennen. Besonders mag ich die Porträts der Schweizer Journalistin und Autorin Margrit Sprecher. Sie zeugen von einer großen Menschlichkeit. Durch sie entdecke ich stets Züge, die ich bisher im allgemeinen Bild über die porträtierte Person nicht gekannt habe.
Dann mag ich die Texte von André Müller, er geht sehr nahe an die Personen heran, diffamiert sie aber nie, bremst stets rechtzeitig, bevor es peinlich wird.
Die allerbesten Porträts – es sind zweistündige Künstlerporträts – finde ich bei Arte. Dort sehe ich die Menschen beim Arbeiten, höre sie sprechen, treffe sie mit Freunden, bin mit ihnen zuhause. Dabei wird nichts gewertet, die Person wird nicht auf den Punkt gebracht, es wird mir keine Meinung aufgedrückt. Ich kann mir mein ganz eigenes Bild machen.«
*Wie möchten Sie, dass porträtierende Journalisten Ihnen begegnen?*
»Das wichtigste ist, dass ich Interesse an mir spüre. Ohne Neugier, ohne Leidenschaft, ohne dass die Journalistin wissen will, weshalb ich so bin wie ich bin, kann kein gutes Porträt entstehen. Im Gespräch braucht es möglichst Nähe – nachher erst soll die Distanz wieder hergestellt werden.«

*Stellen Sie uns Ihr Lieblingsporträt von Ihnen zur Verfügung? Und sagen Sie uns kurz, weshalb Sie dieses gewählt haben.*

»Am besten gefällt mir ein Gespräch von 2007 im WDR. Es ist kein eigentliches Porträt, sondern ein intensiver Austausch, eine Art verbales Tennismatch, Journalist und ich haben uns die Bälle zugespielt. Es war sehr lebendig. Da es um das neue Buch »Umarmungen« ging und damit auch um die Liebe, wurde das Gespräch – eben übers Buch – sehr persönlich.«

*Haben Sie einen ultimativen Tipp oder Wunsch an Journalisten, die Porträts verfassen?*

»Ich wiederhole mich: Journalistinnen und Journalisten die Porträts verfassen, müssen brennend interessiert sein an ihrem Gegenüber, müssen Fragen haben, die auf der Zunge brennen und die sie klären möchten wie ein Freund. Ich weiß, dass Journalisten als Freunde zu mir kommen, aber sie müssen die Fähigkeit haben, Intimität im Gespräch zu erzeugen.«

## 12.2 Hanspeter Uster (ehemaliger Zuger Regierungsrat): »Die Grenze zur Beliebigkeit...«

Wenn eine Journalistin oder ein Journalist so viel Zeit für ein Porträt gebraucht hätte wie ich für die folgenden Bemerkungen, wäre nie ein Porträt von mir in den Medien erschienen. Über das Porträtiertwerden (und damit auch über sich selbst) zu schreiben, wirft so viele Fragen auf, dass ich kaum in der Lage bin, sie zu bündeln und in einen lesbaren Text zu bringen.

Deshalb möchte ich – passend zum Thema – mit einem Bild beginnen: Mit dem Porträt von Königin Elisabeth II., das im Frühling 1996 die Gemüter in Großbritannien bewegt hat. Ihre zerfurchten Hände waren während Tagen Diskussionsthema. Widerspricht das Porträt dem Bild, das sich ihre Untertanen von ihrer Königin machten und machen? Entspricht das Porträt dem Bild, das sich die Königin von sich selber macht? Und wie sah der Künstler die Königin und ihre Hände? Diese drei verschiedenen Ansichten oder Vorstellungen der gleichen Person machen erst ein Bild aus, insbesondere dann, wenn die Person in der Öffentlichkeit bekannt ist. Diese verschiedenen Perspektiven eines Porträts bündeln sich im Fluchtpunkt, schaffen so erst die Person, die porträtiert wird.

Wenn ich die in den letzten Jahren erschienenen Porträts lese, fällt auf – im Rückblick – dass sie sich ziemlich ähnlich sind. Lassen wir die Möglichkeit einmal beiseite, dass die einen von den andern abgeschrieben haben: Gelang es mir, den

Porträtierenden das (unvollständige und subjektive) Bild, das ich von mir habe, zu vermitteln? Fehlt es an den unterschiedlichen Blickwinkeln, wer ich sein soll? Bin ich gar eindimensional und ohne Perspektive?

Offensichtlich doch nicht ganz: Statt der immer wieder gern kolportierte Student der Philosophie (bleich, mit dünnrandiger Brille) bin ich, in einem der letzten Porträts, immerhin schon »Polizeichef mit der Aura eines Theologiestudenten«. Habe nun ach ... Und wie hast Du's mit der Religion? Immerhin bin ich, glaube ich den Porträts, nicht mehr »Marxist« ohne Dogma, sondern nun »Postmarxist«. Nicht geändert hat sich hingegen der oberste Hemdknopf; er ist und bleibt weiterhin geschlossen. Und auch ich scheine mich seit meiner Wahl Ende 1990 kaum geändert zu haben: Die gleichen Geschichten, oft ähnliche Zitate, das wiederkehrende Bild vom jungen Mann, der so gar nicht »ans Kopfende des Sitzungstisches« passt, im Stuhl fast versinkt und als »Märchenheld für Linke« nunmehr auch die Wiederwahl geschafft hat. Und dennoch: Ich habe mich immer auf die Gespräche mit den Journalistinnen und Journalisten gefreut. Sie gaben mir Gelegenheit, kurze Zeit Abstand zu nehmen vom Tagesgeschäft, Distanz zu gewinnen zu mir selber, indem ich über mich sprach, niemand fragte nach oder bohrte tiefer. Angenehm waren sie, die Gespräche, genauso angenehm wie die Lektüre des fertigen Textes. Und einige der Porträts brachten (auch für mich) Neues, einen anderen Blick auf mich.

Das Echo war in der Regel gering, obwohl die Tiefenwirkung außerhalb des Kantons Zug wohl nicht zu unterschätzen ist; viele Leute in anderen Kantonen, mit denen ich beruflich zu tun hatte oder denen ich zufällig begegnete, begrüßten mich wie einen alten Bekannten. Richtig Staub allerdings wirbelte im Zugerland nur ein Porträt auf, bezeichnenderweise ein Fernsehbeitrag kurz vor den Wahlen 1994. Grund dafür waren allerdings nicht meine Hände (die waren nie ein Thema, nur meine Finger, offenbar aus Gummi und akrobatisch verbiegbar, waren in einem Magazin einmal erwähnenswert). Ein Werbespot sei das gewesen, und erst noch direkt im Anschluss an ein wichtiges Qualifikationsspiel der Fußball-Nationalmannschaft, monierten bürgerliche Exponenten und zogen sogar die Parallele Berlusconi – Uster, DRS-Ombudsmann Arthur Hänsenberger bezeichnete die Ausstrahlung kurz vor den Wahlen denn auch als unmotiviert, meinte aber zum Porträt selber: »Mir scheint das Bild des Regierungsrates Uster, das dieser Bericht zeichnet, recht umfassend, fair und vielleicht sogar liebevoll.«

Liebevoll. Beliebig. Der Unterschied ist klein. Denn offenbar werden Symbole (Karabiner, Velo) und Bezeichnungen (»Marxist«, »jung«) wichtiger als inhaltliche Aussagen. Das mag – neben einer Tendenz zur Personalisierung der Politik – mit der insbesondere auch beim TV-Porträt zu beobachtenden Entwicklung zusammenhängen: Bei den meisten, die (positiv oder negativ) auf den Fernsehbeitrag reagiert haben, standen nicht meine Aussagen um Finanzplatz Zug im Mittelpunkt, sondern vor allem die Tatsache, dass das Fernsehen, prominent platziert, überhaupt ein Porträt ausgestrahlt hatte.

Auch wenn die Grenze zur Beliebigkeit gerade beim Porträt schnell überschritten ist: Auch ich lese gerne Porträts und bin gespannt, was ich erfahren kann. Ich weiß zwar aus eigener Erfahrung, dass in der Regel nicht alles ganz genau stimmt; dennoch fügen sich die Informationen, die ich zusätzlich erhalte, meist nahtlos ein in das Bild, das ich von der porträtierten Person habe.

Viel schwieriger als ein Porträt mit Worten ist heute ein gemaltes Porträt: Der Zuger Regierungsrat hat einen Versuch (schüchtern anknüpfend an die jahrhundertealte Tradition der europäischen Fürsten- und Königshäuser), den jeweiligen Landammann auf Leinwand bannen zu lassen, aufgegeben; zu dürftig waren die Künste, welche die Porträtisten an den Tag gelegt hatten. Was bleibt, stiften die Journalistinnen und Journalisten. Über den Tag hinaus, wenn auch nicht für die Ewigkeit: Ihre Porträts haben, verglichen mit dem untauglichen Versuch, die klassische Porträtmalerei im späten 20. Jahrhundert fortzuführen, zwei Vorteile: Sie sind meist professioneller und bieten die Möglichkeit, das eigene Bild vom Porträtierten beim Lesen eines Porträts mit dem Text zu verbinden. Das erklärt vielleicht ihren Erfolg – und die Welle von Porträts, die jede Woche produziert wird.

## 12.3 Renate Schmidt (ehemalige SPD-Chefin Bayerns): »Frauen nicht aufs Frausein reduzieren«

*Frau Schmidt, Sie sind praktisch schon in jedem Medium porträtiert worden, in Zeitung, Zeitschrift, Radio oder Fernsehen. Macht das Spaß, ist das lästige Pflicht oder irgendetwas dazwischen?*

»Zuerst einmal ist es eine Notwendigkeit, weil die Menschen heute sich mehr als früher vorstellen wollen, wer jemand ist, der da in der Politik ihre Interessen vertreten soll. Insoweit ist die Frage, ob es Spaß macht oder lästig ist, eigentlich obsolet, es muss halt zwischendrin immer wieder mal sein. Es macht mir manchmal Spaß, das liegt dann auch an den Fragestellern. Manchmal ist es schlicht und einfach nur lästig, vor allem dann, wenn man merkt, dass sich jemand gar nicht auf einen vorbereitet, überhaupt nichts weiß und dann noch in eine bestimmte, vorgefasste Richtung will.«

*Was war für Sie ein besonders schlechtes Beispiel?*
»Das war eine Täuschung, wobei ich mit dem Inhalt noch leben konnte. Ein Journalist behauptete, er mache den Beitrag für den Stern, und dann ist, ohne dass ich überhaupt vorgewarnt worden bin, ohne dass ich das Interview jemals noch gesehen oder gar hätte autorisieren können, alles in »Marie Claire« erschienen. Weil es ein Gespräch war, das auch mehr den persönlichen, emotionalen Bereich betraf, fand ich das dann hochgradig unfair.«

*Frau Schmidt, viele, die Sie porträtieren, interessieren sich ja besonders für die »personalities«. Haben Sie das Gefühl, dass man(n) – ich gebrauche da bewusst eher Mann mit zwei »n« – nur ganz bestimmte Seiten ihrer Person darstellen will?*

»Vor ein paar Wochen beispielsweise hat mich ein Journalist, der sich offensichtlich mit Politik noch nie beschäftigt hat, vom »Zeit-Magazin« angerufen. Sein Thema deklarierte er unter der Überschrift »Politiker und Medien«. Aber bald merkte ich, dass es ihm offenbar ausschließlich darauf ankam, mich als eine Art Sex-Symbol in der Politik darzustellen. Ich habe versucht, ihm auch andere Dinge zu erzählen. Im Text, den er mir dann schließlich zugeschickt hat, hat er all dies weggelassen – es blieb nur das übrig, worauf er von Anfang an hinaus wollte. Ich war dann so stinksauer, dass ich das nicht autorisiert habe, es ist auch nicht gedruckt worden. Was ich sagen will: Es gibt eine Tendenz gegenüber Frauen, diese auf ihr Frausein zu reduzieren. Bei mir ist das vielleicht noch ein bisschen stärker als bei anderen, weil ich ganz gerne eine Frau bin und sicherlich auch ein weiblich anzuschauender Mensch. Wenn nur das beschrieben wird, stinkt mir das dann manchmal schon.«

*Auf welche Spielregeln legen Sie denn im Umgang mit Journalisten Wert?*

»Für mich gehört es bei einem Porträt dazu, dass man gerade nach oft stundenlangen persönlichen Gesprächen insbesondere die wörtlichen Zitate noch einmal sehen kann. So kann man manches, was dann doch aus dem Zusammenhang gerissen wird, irgendwie wieder in die Reihe bringen, gemeinsam mit und nicht gegen den Journalisten. Damit meine ich nicht, dass man die persönlichen Beobachtungen des Journalisten irgendwie kritisiert oder korrigiert – das liegt mir überhaupt nicht. Aber was wirklich in den ganz persönlichen Bereich hineingeht, muss noch einmal abgestimmt werden.

Und noch etwas: Ich glaube, dass ein Mensch vielschichtig ist. Ich halte es für wichtig, dass Frauen nicht reduziert werden auf Aussehen, Familie, Kinder, Freund, Mann oder was auch immer: Das mag auch seine Bedeutung haben, aber man muss das verbinden mit dem, was wir politisch zu sagen haben und wie wir politisch agieren. Leider scheint das für manche Medienvertreter absolut uninteressant zu sein.«

## 12.4 Werner Schneyder (Kabarettist): »Wir brauchen sie, die Interviewer«

Das gleich einmal vorneweg: Wir brauchen sie, die Interviewer. Wir wollen befragt werden. Wir, die Komödianten, wollen in Ankündigungen unsere Meinungen (über uns) lesen.

»Klappern gehört zum Handwerk.« Also, keine Arroganz, kein kokettes »Nicht schon wieder!« Die Interviewer und Interviewerinnen sollen kommen. Mit Bleistift, Papier und Recorder. Man kann uns gar nicht wichtig genug nehmen.

Ende der Ouvertüre.

Ich bin im Begriffe, eine meiner wichtigsten Tätigkeiten der letzten über zwanzig Jahre sein zu lassen, das Auftreten als Kabarettist. Das wird ein zahlenmäßig starkes Nachlassen der Interviews zur Folge haben. Diese Tatsache und eine reichhaltige Erfahrung im Rückblick berechtigen mich dazu, eine kleine Typologie der Interviewer zu versuchen. Junge Damen und Herren des journalistischen Gewerbes sind gerne eingeladen, sich darüber hinaus ihres persönlichen Rollenfaches bewusst zu werden.

### Die Debütantin

Beginnen wir mit den Damen: Da gibt es die Debütantin. Die hat nur einen Ehrgeiz: nicht als Debütantin aufzufallen. Daher kaschiert sie ihre Nervosität bis zur Unübersehbarkeit. Sie will in keiner Weise Objekt der Beurteilung werden, auch nicht durch optische Vorzüge. Sie hat sich daher in zusammengestoppelt Überlässiges gehüllt, am Rande der Schlamperei. Sie hat sich für das Interview vorbereitet, hat aus dem Archiv sinnlos viel kopiert, hat sich sogar ein wenig in Texte des zu Interviewenden eingelesen, hat viele, viele Fragen vorformuliert. Sie beginnt mit der ersten Frage, bekommt nicht die Antwort, die zur zweiten Frage führt, muss aufblicken, nachdenken und sich dann entschließen, eine Journalistin zu sein oder nicht. In manchen Fällen ist es eine. Sehr bald schiebt sie die Archivkopien zur Seite, sehr bald hört sie auf, Fragen anzustreichen, zumal sie sie – aufgrund von Präparation – ja auswendig kann. Jahre später wird einem eine gestandene Kulturjournalistin sagen: »Wissen Sie, dass Sie mein erster Interviewpartner waren? Ich muss mich damals fürchterlich blöd aufgeführt haben.« Ich pflege – da ich mich sicher nicht erinnern kann – in solchen Fällen zu lügen. Ich sage: »Ich kann mich noch genau erinnern. Und ich fand Sie sehr sympathisch.« Der zweite Satz ist übrigens nicht gelogen. Denn hätte ich sie unsympathisch gefunden, hätte ich sie mir gemerkt.

## Die Versierte

Eine Begegnung ganz anderer Art ist die mit der in vielerlei Hinsicht Versierten. Die Art des Auftretens, der modische Kick, der Seitenschlitz im Rock, der ungezwungene Umgang mit dem frei getragenen Busen, alles ist von kontrollierter Laszivität. Ihre dunklen Augen schwenken einen ab, ihr leises Lächeln informiert: »Ich habe schon mit Weltklasse-Dirigenten geschlafen, mit großen Tenören, mit dem Staatspreisträger für Lyrik, mir sind auf keinem Gebiet die Sologarderoben fremd, also, Sie komische Figur, strengen Sie sich gar nicht an, sonst bekomme ich einen Lachkrampf.« Und sie legt den Notizblock auf ihre schönen, schwarzbestrumpften Knie. Jetzt gilt es, um für das Interview eine brauchbare klimatische Voraussetzung zu schaffen, der Frau klarzumachen, man würde genau wissen, sie sei für unsereinen zwei Nummern zu groß, aber ein klein wenig Bewunderung könne man sich denn doch nicht verkneifen. Ist das geklärt, führt sie ein gekonntes Interview, in dem sie – im Unterschied zur Debütantin – die Frage nicht unterdrückt, wie es denn mit dem Familienleben so wäre, auf längeren Tourneen, stets allein, in Hotels. Ihr verständnissinniges Lächeln erspart einem jeden Versuch einer Antwort. Das Interview wird ausdrücken: Der Mann ist bis zu einem gewissen Grad vorzeigbar.

## Die Feministin

Wenig erfreulich sind für mich leider die Begegnungen mit kriegerischen Feministinnen, im Extremfall Lesben. Die wissen einfach – und da sind sie von keinerlei Zweifel geplagt – dass ein schwergewichtiger Mann, knapp unter zwei Meter lang, eher gut angezogen und mit Suada begabt, ein widerwärtiger Macho, ein Chauvi sein muss. Sie haben nur einen Ehrgeiz: in den Untertext der journalistischen Routine die Entlarvung einfließen zu lassen. Daher stellen sie ihre Fragen – vorsichtshalber – gar nicht sichtlich böse, sondern in psychologischer Lauerstellung. Jede zarte Bemühung, dieser Journalistin nahe zu bringen, Körpergröße, berufsbedingte Impertinenz, von mir aus auch Rampeneitelkeit seien kein zwingender Beweis für Vergewaltigermentalität und Sexprotzertum, scheitert. Fragt sie, die mir vorführt, wie in Sack und Asche sich ein uneitler Mann anzuziehen hätte, warum ich mich denn für so klug und unfehlbar hielte, dann nützt keine Beteuerung, ich hielte mich für weder – noch. Da speichert sie höchstens noch in den Kriterien ihrer Verachtung, dieser Macho sei sogar zu feige, um zu seinem Männlichkeitswahn zu stehen. Und wenn die Interviewerin in professioneller Korrektheit dann eine Antwort von mir, einen Widerspruch nämlich, unter Anführungszeichen abdruckt, setzt sie hinzu: Und dabei scheint er sich seiner Unglaubwürdigkeit gar nicht bewusst zu sein.

## Die Nervöse

Immer eine Freude ist der Interviewtermin mit der langgedienten, überarbeiteten Nervösen. Sie raucht eine Zigarette nach der anderen (während der Fünften fragend, ob es denn störe?), stochert an ihrem Rekorder herum, der das Band nie in die von ihr beabsichtigte Richtung laufen lässt, verwünscht die Technik oder ihre Kinder, die das Gerät offenbar ruiniert hätten, und erzählt eine Stunde lang nonstop vom Kammerkonzert mit der Uraufführung eines Quartetts eines Komponisten, dessen Namen ich nie gehört habe, von der problematischen Wahl eines Direktors für ein Museum, das mir ebenfalls völlig unbekannt ist. Sie hält mich für einen total belesenen, in allen Disziplinen der Hochkultur auf Höchststand informierten Mann, erachtet mich so als würdig, von ihr über den Zustand der Nationalkultur informiert zu werden. Sollte sich in ihren Gedankengang eine Frage verirren, setzt sie meine Antwort voraus und schließt mit einem: »Das sagen Sie doch auch!«, ab. Nach einer Stunde, nach der sie eilends zusammenpackend zum nächsten, längst versäumten Termin hastet, hat sie definitiv kein Interview gemacht. Am Tag darauf steht es aber in der Zeitung, aus Waschzettel und Kenntnis meiner Person zusammengestellt. Sauber, ohne großes Trara, ohne Häme. Offenbar kann Sie dem Gesprächspartner zuhören, während sie selbst redet.

## Die Interessierte

Den fünften der natürlich selten rein auftretenden Prototypen, weiblich, möchte ich die Interessierte nennen. Ihr Erscheinungsbild ist unangestrengt. Sie geht mit ihren optischen Charakteristika souverän um, besonders mit etwaigem gutem Aussehen. Sie will etwas erfahren. Vom Menschen gegenüber, vom Sujet, dem sie ein wenig misstraut. Sie ist neugierig, weil sie skeptisch ist. Sie möchte ihre Skepsis auf Berechtigung überprüfen. Sie fragt, Tonfall und Inhalt der ersten Frage lassen die Routineantwort absterben. Freund, sagt man sich sofort, hier heißt's ausgeschlafen sein, hier zahlt es sich aus. Dieser Frau, das weiß man bald, kann man auch einmal sagen: Das meinen Sie doch nicht ernst! Denn die ist nicht beleidigt, sondern fragt ruhig: Wieso nicht? Und wenn man diese Gegenfrage wiederum zu beantworten versucht hat, denkt sie kurz nach und macht sich dann eine Notiz. Den Schluss, den sie jetzt zieht, sagt sie nicht. Sie wird ihn wahrscheinlich schreiben. Erst bei der Verabschiedung kommt eine Spur von persönlicher Farbe in die

kühle Sachlichkeit. »Sie sind gar nicht so«, sagt sie. »Inwiefern ›so‹?«, frage ich, wohl ahnend was kommt. »Eine Kollegin hat mich vorgewarnt, Sie wären gelackt und präpotent. Das kann ich so nicht bestätigen.«
Dann geht sie. Und ich freue mich auf das Lesen des Interviews.

### Der junge Löwe

Von den Männern fällt mir zuerst der junge Löwe ein. Der von mir nicht viel mehr weiß, als dass ich zu den Alten gehöre, die sich dumm und dämlich verdienen, im Grunde schon lange nichts mehr zu sagen haben und den Jungen den Platz verstellen. (Was mich stark an meine Blödheit in ebendemselben Alter erinnert.) Der Junge, der aussieht, als sei er mit Rollerskates gekommen, führt das Interview mit der unverhüllten Absicht, mir eine Reihe von Bankrotterklärungen zu entlocken. Wie man sich denn fühle, wenn man ein Leben lang immer nur von Leuten sein Zeug abließe, die ohnehin derselben Meinung seien. Ich erkläre ihm, dass sie nicht immer derselben Meinung sind. Aber es sind doch nur Leute Ihrer Generation, will er beharren. Das stimmt auch nicht, sage ich ihm. Und dann will ich wissen, ob er schon einmal eine Vorstellung von mir gesehen hat. Gerade, dass er nicht sagt, er hätte seine Zeit ja nicht gestohlen. Irgendwann kommt dann, mit der Verachtung für jede Art von Haltung und Engagement im Unterton, die Frage, ob man ernstlich der Meinung gewesen sei, etwas »verändern« oder »bewirken« zu können, ob irgendetwas Sinn hätte, außer »fun«. Ich empfehle die Lektüre meines schon vor Zeiten publizierten Essays zu diesem Thema. Im Interview werden Worte wie »arriviert« und »etabliert« nicht zu knapp vorkommen. Vielleicht auch die Bezeichnung »Oberlehrer«.

### Der Schöngeist

Amüsanter ist ein anderer Interviewer, der Schöngeist. Der feingliedrige, melancholische Mensch, schwarzlockig, mit dem wunderschönen, geknoteten Seidentuch um den Hals, mit der samtenen Stimme, die er nur ganz leise benützt, um sie nicht zu vergeuden. Er strahlt ein unsagbares Gelangweiltsein aus und begreift das Schicksal nicht, das ihm statt des ersten Solotänzers der Oper oder des androgynen Chansonstars einen – igitt! – so brutal aussehenden Kabarettisten vorsetzt. Irgendwie müssten wir die Sache hinter uns bringen, deutet er an, also Sie machen demnächst irgendwas in dieser Art, ach, erzählen Sie doch selbst. Er drückt mit dem Ringfinger auf den Rekorder und macht eine grazile Aufforderungsbewegung. Ich begreife, er will von der Aufgabe nicht weiter behelligt werden, und sage in freier Rede auf, was ich in der Zeitung lesen möchte. Stelle ich meine Ausführungen ein, reißt ihn die Stille aus den schönen Gedanken (wenn er nicht mittlerweile in einem Esoterikbuch geblättert hat). Er denkt nach, ob ihm eine Frage einfällt, aber dann verwirft er diese Anwandlung. Mit einem feinen Lächeln dankt er für meine Mitarbeit und drückt den Halteknopf. Er wird schreiben, was ich gesagt habe. Denn eine Meinung zu so einem will er nicht haben, nein, wirklich nicht. Man kennt doch Künstler.

## Der Kollegiale

Verwirrend ist die Begegnung mit dem Kollegialen, zunächst. Denn der Mann ist so sehr vertraut mit mir und meiner Arbeit, dass es mich wundert, von ihm nicht geduzt zu werden. Er bezieht sich auf viele Gespräche, die wir schon geführt haben, von denen mir aber keines erinnerlich ist. Ja, er findet es toll, von mir etwas zu erwarten zu haben. Denn das damals war ja doch ganz ausgezeichnet, und in der anderen Sache war im Besonderen diese gewisse Passage bärenstark. Wie sollte der Untergang der Menschheit aufgehalten werden, wenn wir beide nicht alles versuchten, jeder auf seine Weise. Und dann befragt er mich zu Personalproblemen der Roten, zu Programmwidersprüchen der Grünen, zur Unzerstörbarkeit der Schwarzen und zur Bedrohung von rechts. Ich gebe Auskunft und nehme zur Kenntnis, wir seien uns in allem und jedem völlig einig, und das würde er genauso sehen. Keine Frage, der Mann ist ein Kumpel. Bevor er geht, sportiv in Lederjacke und Jeans, beklagt er, wahrscheinlich nicht viel Platz für unser Interview zu haben, weil doch der Chef unpolitisch und musikfixiert sei. Und ganz zum Schluss drückt er mir ein paar Blätter in die Hand, es seien satirische Szenen von ihm, ob ich Verwendung hätte oder jemanden wüsste, der ... Kaum ist der weg, lese ich erstaunt die Texte. Sie sind ganz albern.

## Der Nostalgiker

Völlig anders läuft die Nummer mit dem Nostalgiker ab. Das ist ein Mann kurz vor der Pension, ein »Herr« der alten Schule, der alles gesehen hat, beurteilt hat, und jetzt, bei einer guten Zigarre, die Jungen zum Kotzen findet, unpolitisch, unintelligent, ungebildet. Ja, die könne man doch nicht in einem Atemzug nennen mit den Größten der Branche. Er zählt sie alle auf und erinnert verklärt an Episoden. Wieder einmal muss ich widersprechen. So könne man die Jungen nicht über einen Kamm scheren, da seien doch auch außergewöhnliche Leute dabei, natürlich, die Szene sei groß geworden, unübersichtlich, aber es sei ja nicht Schuld der Comedians, wenn man sie von echten Kabarettisten nicht unterscheide. Der Nostalgiker bezweifelt die Existenz neuer, echter Kabarettisten, wie es sie einmal gegeben habe. Irgendwie ärgert es ihn, dass ich nicht gewillt bin, so alt zu sein wie er. Er verdächtigt mich, mich bei den Jungen noch anbiedern zu wollen, nicht einzusehen, dass meine Zeit vorbei sei, wie die aller guten, so auch seine. Ich riskiere es, manche der Alten von der Nachrede weit überschätzt zu finden. Das findet er sichtlich unpassend. Er wird mich, wenn er einmal die wahren Größen aufzählt, weglassen.

## Der Feind

Dann gibt es den Feind. Der Mann, dessen Namen man sich gemerkt hatte, nach der letzten Kritik, nach einer niedergeschriebenen Verachtung ohne sachliche Blößen. Jetzt ist er als Interviewer angekündigt. Der Mann interessiert mich. Ich werde das Interview führen wollen, ich werde von ihm wissen wollen, von welchen weltanschaulichen, von welchen künstlerischen Kriterien er ausgeht, werde herausbringen wollen, was er gegen mich hat. Jetzt sitzt er mir gegenüber. Keine Spur von Unsicherheit, gar von schlechtem Gewissen in seinem Gesicht. Ein gut aussehender, körperlich trainierter Mann tut seinen Job gelassen, völlig cool. Meine Versuche, von ihm über ihn etwas zu erfahren, scheitern. Er hat ein Interview zu machen, kein Gespräch zu führen. Aber seine intelligenten Augen verraten, er merkt, worauf ich hinauswill, nur gibt er mir keine Chance. Es interessiert ihn nicht, dass er mich interessiert. Und seine Meinung über mich steht fest. Was ist das für ein Mann? Fragte ich mich immer wieder. Dann fällt es mir ein: Das ist einer, der in der Reichsschrifttumskammer des nächsten Regimes ganz oben sitzt, der die Schreibverbote unterzeichnen wird. So sahen sie aus. Er ist zu gescheit, um selbst vor Kollegen seine innersten Positionen klarzustellen, er weiß, noch könnte Ehrlichkeit ihm schaden.

Aber wie?

Geneigte Interviewerin, geneigter Interviewer: Gerne bezeuge ich, dass alle beschriebenen Typen auf Sie nicht zutreffen. Sie sind anders. Nur in einer Hinsicht nicht. Auch Sie machen sich vor dem Interview nicht bewusst, wie viel Platz Sie im Blatt haben werden, auch Sie häufen Fragen und Antworten für eine Sondernummer, auch sie vergeuden Gesprächszeit und vor allem Einkürz- und Redigierzeit. Denn wenn Sie die Abschrift der Kassette auf einen Zehntel eingestrichen haben, sind Sie noch genau um ein Drittel zu lang. Dieses fummeln Sie noch irgendwie aus dem Text heraus, um dann vom Chef vom Dienst zu hören, ein Absätzchen müsse noch weg.

Und das sind dann die zwei Striche, die meine Gedanken zu Schwachsinn werden lassen bzw. ins Gegenteil verkehren. Da müsste ich Sie dann anrufen oder Ihnen einen bösen Brief schreiben.
    Ich tue es nicht. Ich habe längst schon resigniert.
    Aber ich freue mich auf unser nächstes Interview. Wir brauchen es nämlich, wir Komödianten.

## 12.5 Jana Caniga (Unternehmerin und ehemalige Fernsehmoderatorin): »Je stärker die Persönlichkeit …«

Ich geb's zu: Mediale Zuwendung schmeichelt mir. Es ist ein überaus lustvolles Erlebnis, veröffentlicht zu werden. Noch gehöre ich nicht zu jenen Abgebrühten oder Abgeschirmten, die von sich behaupten, gar nicht mehr zu lesen, was da alles gegen sie in die Tasten gehauen wird. Ich will es wissen, um Freund von Feind unterscheiden zu können; das ist – neben den Streicheleinheiten fürs Ego – tief innen drin der Antrieb für die Lektüre all der Porträts und Zeitungsartikel über mich selber. Inhaltlich von Interesse sind sie für mich selten. Um noch deutlicher zu werden: Die meisten Porträts langweilen mich, weil ich da gar nichts über mich erfahre. Man darf nicht glauben, Viel-Porträtierte und somit Promis seien diejenigen, die es geschafft haben, die oben sind, eben eine Klasse für sich. Es gibt auch unter den Promis so etwas wie Klassenunterschiede. Sie messen sich an der Klasse der oder des Porträtierenden. Nicht selten habe ich mich geärgert, wenn eine Zeitschrift offensichtlich die/den Praktikantin/-en geschickt hat, um mich nach meinen Lebensdaten abzufragen, die längstens an anderen Orten publiziert worden und darum zugänglich waren. Das gibt zwar meist einen netten Bericht mit Bildchen, war aber aus meiner Sicht reine Zeitverschwendung.
    Wer ein möglichst authentisches Porträt schreiben will, muss zwischen den Zeilen des Gesprächs lesen können, muss ausgesprochen gut beobachten, muss nachhaken und nicht nur auf knackige Quotes aus sein, muss Mut zur Auseinandersetzung mit dem/der Porträtierten haben. Für mich wird das Porträtiertwerden erst spannend, wenn der/die Interviewer/in sich und mich ernst nimmt und ein echtes Interesse an meiner Person hat. (Bin ich als Journalistin in der Rolle der Befragerin, muss ich es genauso halten.) Die gemeinsame Arbeit am Porträt – denn das ist es ja schließlich – muss auch für mich eine Herausforderung sein. Je stärker und erfahrener die Persönlichkeit mir gegenüber ist, umso eher streife ich die Fassade ab, mit der ich mich gewohnheitsmäßig für Interviews rüste.

Wie gesagt, es liegen Welten zwischen den Tausenden von Porträts und Personalityshows, die tagtäglich veröffentlicht werden. Das meiste ist nicht ernst zu nehmen und gehört einfach auf den Markt der Eitelkeit, die sich so gut verkaufen lässt in einer Gesellschaft, die Erfolg über alles stellt und permanent unterhalten werden will. Mein Ideal eines Porträts liegt näher bei dem, was Niklaus Meienberg mit dem Innerrhoder Ständerat Raymond Broger angestellt hat; ein literarisches Porträt, zugegeben, das aus der immensen politischen und historischen Erfahrung auf beiden Seiten schöpfen konnte. Zwei eigenwillige Persönlichkeiten trafen da aufeinander, prägnant, polternd, nicht selten unversöhnlich in ihren Aussagen. Da müssten wir, Produkte der schönen neuen Fernsehwelt, noch einige Zacken, Kanten und Ecken zulegen, um so viel Stoff für ein interessantes und differenziertes Porträt abzugeben. Es könnte einen die Wehmut packen, wenn man sieht, wie wenig echte und gute Porträts in den Printmedien veröffentlicht werden. Das höchste aller Ziele ist die Homestory; da glaubt man, dem Objekt der allgemeinen Begierde am nächsten zu sein. Doch da es sich auf den Redaktionen herumgesprochen hat, dass der Blick in die Wohnstube nicht selten verweigert wird, lässt man sich allerhand Neues und Originelles einfallen: Ob ich den Inhalt meiner Handtasche preisgeben würde, lautete eine Anfrage. Wie sieht es auf Ihrem Schreibtisch aus? Welches sind Ihre Lieblingsspeisen und warum, würden Sie uns Ihre Frühlingsmode präsentieren, wo baden Sie am liebsten? Dies hat mit Porträts selbstverständlich nichts mehr zu tun; der Anspruch wird auch nicht erhoben. Man ist auf Situationen und die dazugehörenden Bilder aus, die allenfalls Rückschlüsse auf die Person zulassen. Die Abgelichteten sind dann ein Teil einer meist unendlich langen Foto-Galerie. Denn interessant an diesen Geschichten ist erst der Vergleich zwischen all den Personen und Persönlichkeiten des öffentlichen Interesses. Es ist ein Jammer: Die Schweiz hat einfach zu wenige von den echten großen, schillernden Promis. Darum zieht man sich viele kleine heran, um die Seiten der Boulevard-Presse zu füllen, die Mini-Promis, die allzeit bereit sind, das Spiel mitzumachen.

Das Unangenehme an dieser Art von Prominenz ist für den davon Betroffenen, dass sie das Verhalten in der Öffentlichkeit beeinflusst. Keiner der Mini-Promis ist davor gefeit, ich eingeschlossen, z. B. beim Betreten eines Restaurants verstohlene Blicke in die Runde zu werfen, um festzustellen, ob man auch erkannt werde. Eitle Selbstüberschätzung oder schlicht das Bedürfnis zu wissen, von welcher Seite ständige Beobachtung droht? Ich tippe für mich selbstverständlich auf die zweite Variante. So setze ich mich beispielsweise prinzipiell mit dem Rücken zum Lokal, um möglichen Augenkontakt mit mir Unbekannten zu vermeiden. Sechs Jahre arbeite ich nun am Bildschirm: Das hat mir zwei Kisten voll von Zeitungsberichten und Porträts beschert, aber auch das häufige Gefühl des Beobachtetwerdens, das Gefühl der Enge, der Einschränkung. Denn gleichzeitig bin ich verdammt zur Freundlichkeit, Wiedererkennungsfreude, wenn mich jemand anlächelt. Ich lächle natürlich zurück. Es handelt sich zwar nur um Sekunden. Aber diese wiederholen sich immer wieder, beim Einkaufen, beim Zugfahren, im Kino oder im Theater. Jemand gab mir den Tipp mit der Sonnenbrille. Aber wer trägt schon im Kino eine Sonnenbrille.

# Literatur

Alt, Jürgen August: Miteinander diskutieren, Frankfurt a. Main 1994.

Ariès, Philippe, und Duby, Georges (Hg.): Geschichte des privaten Lebens, Band 4, Frankfurt 1992.

Baatz, Willfried: Geschichte der Fotografie, Köln 1997.

Bachmann, Dieter: Du Nr. 2, Zürich 1996.

Barnes, Djuna: Porträts, Berlin 1986.

Beck, Ulrich et al: Eigenes Leben, München 1995.

Capote, Truman: Wenn die Hunde bellen, Reinbek 1992.

Die Jury des Henri Nannen Preises (Hg.): Mit einem Erdbeben anfangen!, Hamburg 2007.

Freund, Gisèle: Photographie und Gesellschaft, Reinbek 1997.

Gaus, Günther: Zur Person, Köln 1987.

Hamp, Vinzenz: Die Heilige Schrift, Zürich 1962.

Haller, Michael: Die Reportage, Konstanz 2006.

Häusermann, Jürg und Käppeli, Heiner: Rhetorik für Radio und Fernsehen, Aarau 1994.

Heimisch, Klaus J. (Hg.): Kaiser Friedrich II., München 1977.

Honeff, Klaus: Lichtbildnisse – Das Porträt in der Fotografie, Köln 1982.

Krause-Burger, Sibylle: Der Macht auf der Spur, Zürich 1991.

Krieg, Peter: Wysiwyg oder das Ende der Wahrheit im Dokumentarfilm, in: Heller, Heinz-B. und Zimmermann, Peter (Hg.): Bilderwelten, Weltbilder, Marburg 1990.

Linden, Peter und Bleher, Christian: Das Porträt in den Printmedien, Berlin 2004.

Mast, Claudia (Hg.): ABC des Journalismus, Konstanz 2008.

Meier, Marco: La réalité surpasse la fiction, in: Durrer, Martin und Lukesch, Barbara (Hg.): Biederland und die Brandstifter. Niklaus Meienberg als Anlass, Zürich 1988.

Parnass, Peggy: Prozesse, Frankfurt a. Main 1980.

Popper, Karl Raimund: Objektive Erkenntnis, Hamburg 1974.

Rico, Gabriele L.: Garantiert schreiben lernen, Reinbek 1984.

Rogers, Carl R.: Die nicht-direktive Beratung, Frankfurt a. Main 1985.

Sander, August: Menschen des 20. Jahrhunderts, Schirmer/Mosel 2002.

Scherer, Marie-Louise: Ungeheurer Alltag, Reinbek 1990.

Schulz von Thun, Friedemann: Miteinander reden 1, Reinbek 1981.

Schulz von Thun, Friedemann: Miteinander reden 2, Reinbek 1989.

Vollmer, Gerhard: Warum haben wir keine Frage-Kultur?, in: Universitas, Stuttgart 1993, S. 39–49.

Wall, Renate: Lexikon Deutschsprachiger SchriftstellerInnen im Exil, Freiburg 1995.

Weichert, Stephan und Zabel Christian: Die Alpha-Journalisten, Köln 2007.

Watzlawik, Paul, Beavon, Janet H. und Jackson, Don O.: Menschliche Kommunikation, Bern 1974.

Whorf, Benjamin Lee: Sprache, Denken, Wirklichkeit, Reinbek 1975.

Weischenberg Siegfried: Nachrichtenschreiben, Wiesbaden, 1990.

Weisbach, Christian, Eber-Götz, Monika und Ehresmann, Simone: Zuhören und Verstehen, Reinbek 1986.

# Register

**A**

Abbildung 17
Abneigung 30
Ängste 28, 47, 54, 64, 67, 90
Anlass 26, 131, 185
Annäherung 19, 79, 98, 137, 145, 158, 192
Archivtöne 104, 105
Assoziation 52
Atmosphäre 71, 100, 102, 107, 108, 113, 115
Augstein, Rudolf 17, 131
Auseinandersetzung 17, 26, 32, 43, 89, 198–203, 211, 223
Authentizität 20, 74, 100, 138
Avedon, Richard 135

**B**

Barnes, Dunja 130
Begegnung 17, 19, 32, 41, 50, 53–55, 63, 71, 98, 103, 211, 218
Beziehung 17, 42, 48, 104, 107, 109, 113, 115
Bildfolgen 108, 110, 114
Bildlegende 117
Biografie 18, 55, 78, 88, 129, 168, 203
Blogs 119, 121
Boulevard 44, 45, 53, 144, 224
Brandt, Bill 134

**C**

Cameron, Julia Margaret 133
Capote, Truman 131
Cartier-Bresson, Henri 114
Charakterisierung 81, 82, 103
Cluster 52

**D**

Definition 17, 74, 121
Dekor 146
Dialekt 87
Dialog 23, 84, 101, 106
Distanz 30, 31, 42, 43, 54, 69, 71, 73
Dokumentation 17, 135
Dramaturgie 76, 91, 105, 106, 110, 111
Drehorte 55

**E**

Einschaltquote 139, 141, 144
Einstieg 41, 68, 81, 83, 88, 89, 151, 171
Einzelschicksal 25, 151
Enzensberger, Hans Magnus 17
Ereignis 21, 23, 27, 85, 142

**F**

Fairness 48, 121
Faszination 42, 136
Fernsehen 21, 100, 106, 111, 142–145
Fiktion 17, 124
Fokus 77, 114, 171
Fotos 49, 51, 119, 122, 130, 134, 141
Fragen 23, 28, 30, 32, 42, 49, 52, 68, 69, 113, 115
Frauen 68, 69, 130, 215, 216
Fremdaussagen 50
Freunde 138, 139, 212, 213
Freund, Gisèle 135
Funktion 23, 41, 117

**G**

Gefahren 20, 32, 87, 107
Gefühle 42, 48, 52, 66, 67, 81, 112, 144, 145
Gegenlesen 89, 90

229

Geheimnis  42, 89
Geräusche  97, 102–104, 123, 138, 139
Gespräch  21, 22, 50–55, 63–68, 89–91, 100–114
Gesprächsthemen  52
Glaubwürdigkeit  145
Goldin, Nan  135
Grenzen  29, 43, 44, 47, 116, 123, 212

**H**
Halsmans, Philippe  136
Haltung  22, 41, 45, 51, 73, 112, 144
Häme  219
Herrmann, Eva  48
Hintergrund  20, 111, 124, 133, 135, 138
Hobby  77, 121

**I**
Idealisierung  67, 69, 70
Idee  52, 128
Identifikation  41, 48, 115
Information  49–55, 64, 215
Inszenierung  17, 74, 115, 135–137
Integrität  44
Internet  22, 49, 55, 104, 118–121
Interpretationen  18, 34, 76, 100
Interview  18, 122, 123, 138, 139, 180, 216–222
Intimsphäre  44

**K**
Kamera 102, 107–111, 115, 117, 133–136, 142, 145
Kleider  134
Klischee  28, 33, 66, 86
Kommentar  18, 25, 109–112, 124
Konkurrenten  50
Kurzporträts  19, 21, 124, 141

**L**
Lange, Dorothea  134
Leibowitz, Annie  135

Licht  28, 108, 112, 116, 134

**M**
Machtgefälle  67
Medienprofis  47, 53, 75
Meinung  42, 52, 212, 217, 220–222
Metakommunikation  67
Mikrofon  101, 102, 104
Momentaufnahme  18, 76, 115, 120
Motive  41, 42, 45
Multimedia  118, 122–125
Musik  48, 97, 102–104, 109,–114, 123, 138–140

**N**
Nadar, Félix  132
Nähe  43, 54, 71, 73, 74, 158, 211, 212
Neid  42, 69
New Journalism  131
Newman, Arnold  135
nonverbale Kommunikation  64

**O**
O-Töne  21, 138
Objektivität  18, 129
öffentliche Person  47
Oral History  28
Orte  53

**P**
Penn, Irving  135
People-Geschichte  131
Personalisierung  131, 145
Persönliches  22, 23, 68, 212
Persönlichkeit  17, 22, 69, 115, 190, 223, 224
Perspektive  85, 213
Politiker  23, 26, 42, 44, 50, 68, 69, 75, 116–120, 130, 132
Porträtfoto  133, 134, 136
Porträtmalerei  133, 215
Privates  44, 74, 119, 120, 171, 212
Prominenz  135, 224

Publikum  70, 73, 111, 112, 118–125, 138–141

**R**

Radio  20, 97–106, 112, 122–124, 136–144
Realität  32, 44, 63, 144, 145, 168
Recherche  47, 51, 113, 118
Reduktion  64, 106, 107
Reflexion  17, 56, 74, 144, 169
Reportage  17, 27, 110, 131, 141, 142
Riehl-Heyse, Herbert  41, 42, 48, 73
Risiken  25, 54
Rodtschenko, Alexander  134
roter Faden  26, 79, 139

**S**

Sachreport  146
Sander, August  134
Schluss  77, 81, 85, 90, 171
Schreiben  11–15, 42, 52, 74, 77, 91, 134, 137
Selbstdarstellung  76, 115, 119, 136, 137
Sendung  21, 101, 113, 138–144, 212
Social Communities  119
Sontag, Susan  65
Spiegel  17, 45, 80, 81, 84, 198
Spontaneität  100
Sprache  64, 78, 81, 86, 111–112, 130, 133
Standpunkt  51, 90
Stil  82, 91, 98, 138
Stimme  21, 98–106, 111, 112, 123, 138, 220

Subjektivität  73, 115, 121
Sympathie  31

**T**

Talk  146, 199
Technik  107, 115, 138
Themensetzung  66
Titel  77, 81–85, 113, 114
Töne  111, 121, 122, 124, 136, 138, 139

**V**

Vertrauen  23, 45, 47, 71, 89, 115, 136
Videojournalisten  107
Vollständigkeit  76, 111
Vorbereitung  20, 47–56, 70, 71, 116
Vorgespräch  21
Vorurteile  23, 28, 43, 67

**W**

Wahrheit  32, 48, 49, 129, 145
Warnsignale  29
Watzlawick, Paul  48
Web 2.0  119, 120
Wertungen  48, 64, 66, 77
Widersprüche  17, 32, 69, 107, 212
Wikipedia  121
Wochenpresse  131
World Wide Web  119, 121
Wünsche  116, 211
Würde  20, 43, 74, 117, 130, 144

**Z**

Zitate  77, 82, 85–90, 171, 186, 216

# Journalismus

**BRIGITTE ALFTER**

**Grenzüberschreitender Journalismus. Handbuch zum Cross-Border-Journalismus**

*Praktischer Journalismus*, 105
2017, 204 S., Broschur, 240 x 170 mm, dt.

ISBN (Print)   978-3-86962-232-3
ISBN (PDF)     978-3-86962-233-0

Steueroasen, Finanzkrisen, Flüchtlingsströme aber auch internationale Abkommen und wachsende soziale Ungleichheit: Die drängenden gesellschaftlichen Fragen dieser Jahre sind international, die journalistische und mediale Tradition sowie die Erwartung des Publikums jedoch noch weitgehend national. Journalisten versuchen diese Herausforderung durch Zusammenarbeit in internationalen Teams zu lösen, dem sogenannten ›Cross-Border-Journalismus‹. Aber wie geht das? Der journalistische Arbeitsprozess der Cross-Border-Recherche ist das Schwungrad des Buches und der praktischen Einführung in diese neue journalistische Arbeitsmethode.

**HERBERT VON HALEM VERLAG**
Schanzenstr. 22 · 51063 Köln
http://www.halem-verlag.de
info@halem-verlag.de